K. Lakshmana Sarma:
Das Große Yoga (Maha Yoga):

Die Überlieferung der Upanishaden im Licht der Lehre Ramana Maharshis

aus dem Englischen übersetzt von

Gabriele Ebert

Bibliografische Informationen der Deutschen Bibliothek

Die Deutsche Bibliothek verzeichnet diese Publikation in der Deutschen Nationalbibliografie; detaillierte bibliografische Daten sind im Internet über http://dnb.ddb.de abrufbar.

K. Lakshmana Sarma:
Das Große Yoga (Maha Yoga):
Die Überlieferung der Upanishaden im Licht der Lehre Ramana Maharshis
1. Auflage 2018

Titel der Originalausgabe:
K. Lakshmana Sarma („Who"): Maha Yoga or The Upanishadic Lore in the Light of the Teachings of Bhagavan Sri Ramana
Tiruvannamalai, 14th ed. 2014

Herstellung und Verlag: BoD – Books on Demand, Norderstedt
ISBN: 978-3-7460-5931-0

Umschlaggestaltung: BoD
Foto mit freundlicher Genehmigung des Sri Ramanashram
Printed in Germany

INHALTSVERZEICHNIS

ABKÜRZUNGSVERZEICHNIS

Die zitierten Werke werden folgendermaßen abgekürzt:

AAM: Arunachala Akshara Manamalai (Die Hochzeitsgirlande aus Buchstaben)

BG: Bhagavad Gita

GVK: Guru Vachaka Kovai

UN: Ulladu Narpadu (Vierzig Verse)

UNA: Ulladu Narpadu Anubandham (Anhang zu den Vierzig Versen)

US: Upadesa Saram

Näheres s. Literaturverzeichnis

In diesem Buch unterzieht der Verfasser den philosophischen Teil der Lehre Sri Ramana Maharshis der advaitischen Feuerprobe und erklärt, dass die Lehre im Sinn des Advaita echt sei. Denn der Verfasser ist ein begeisterter und unnachgiebiger Verfechter der Lehre, dass Welt, Gott und individuelle Seele wirklich eine Einheit bilden und dass ihre scheinbare Trennung nur eine Illusion ist.

Ich bin ein zu wenig kompetenter Metaphysiker, um über seine Schlussfolgerungen zu urteilen, aber ich erkenne, dass er seine Standpunkte vorbringt, indem er die Ansichten des Meisters sammelt und sie so überzeugend verteidigt, dass es schwierig ist, sie zu widerlegen.

Auf jeden Fall hat er viele richtige Punkte über andere Aspekte der Lehre Sri Ramana Maharshis herausgestellt, wie etwa den Aspekt des Wesens des persönlichen Ichs und die Notwendigkeit irgendeiner Form von Hingabe. Er schreibt mit solcher Gedankenklarheit und so ausdrucksstark, dass ich oft seinen Geist und seinen literarischen Stil bewundert habe.

Es ist mir ein Vergnügen, dieses Buch der Aufmerksamkeit jener zu empfehlen, die an der metaphysischen Seite der Schriften und Gespräche des Maharshi interessiert sind.

Das Große Yoga (Maha Yoga): Die Überlieferung der Upanishaden im Licht der Lehre Bhagavan Sri Ramanas ist sowohl eine tiefgründige Darstellung der Lehre Sri Ramanas als auch eine klare Zusammenfassung der ganzen vedantischen Philosophie, der alten Überlieferung der Upanishaden.

Bevor der Sucher mit der Übung der Selbstergründung beginnt, die der Grundpfeiler von Sri Ramanas Lehre und die Essenz der Überlieferung der Upanishaden ist, ist es sehr nützlich, wenn nicht gar notwendig, dass er ein klares und fundiertes Verständnis des theoretischen Hintergrunds hat, auf dem die Übung der Selbstergründung beruht. Solch ein klares Verständnis erhält der Sucher möglicherweise nirgendwo anders als in diesem Buch, das viele wichtige Aspekte von Sri Ramanas Lehre erläutert.

Der Verfasser dieses Buches, Sri K. Lakshmana Sarma („Who") besaß die Kompetenz, eine solche Darstellung zu schreiben, weil er mehr als zwanzig Jahre in enger Verbindung mit Bhagavan Sri Ramana verbracht und seine Lehre unter seiner persönlichen Führung genau studiert hat. 1928 oder 1929 fragte Sri Bhagavan ihn eines Tages: „Hast du Ulladu Narpadu (Die Vierzig Verse) gelesen?" Lakshmana Sarma verneinte, da er das klassische Tamil, in dem es geschrieben war, nicht verstand, fügte aber eifrig hinzu, dass er es gern studieren würde, vorausgesetzt, Sri Bhagavan würde ihm seine Bedeutung erklären.

Damit begann die enge Verbindung des Schülers mit dem Lehrer. Sri Bhagavan erklärte ihm langsam und im Detail die Bedeutung jedes einzelnen Verses, und Lakshmana Sarma, der Sanskrit liebte, übersetzte jeden Tamilvers, wie er ihm erklärt wurde, ins Sanskrit. Jeden neuen Sanskritvers gab er Sri Bhagavan zur Korrektur und Zustimmung, und wenn Sri Bhagavan nicht damit einverstanden war, überarbeitete er ihn so oft, bis er sie erhielt. Auf diese Weise übertrug er in wenigen Monaten alle Verse von Ulladu Narpadu ins Sanskrit.

Aber Lakshmana Sarma beließ es nicht dabei. Er war von der tiefgründigen Bedeutung der Vierzig Verse so fasziniert, dass er sich dazu getrieben fühlte, seine Sanskritübersetzung so oft zu überarbeiten, bis sie genau dem tamilischen Original entsprach. Zwei oder drei Jahre lang überarbeitete er sie mit der Hilfe und unter der Führung von Sri Bhagavan, der seine ernsthaften Bemühungen immer unterstützte. Einmal meinte Ramana: „Es ist, als wäre es für ihn ein großes *Tapas* [spirituelle Übung], seine Übersetzung so oft zu überarbeiten." Aufgrund seiner wiederholten Bemühungen, eine möglichst genaue Übersetzung von Ulladu Narpadu ins Sanskrit zu machen, hatte Lakshmana Sarma die Gelegenheit, detaillierte und einschlägige Anweisungen von Sri Bhagavan über den Kern seiner Lehre zu erhalten.

Zunächst dachte Lakshmana Sarma nicht daran, seine Sanskritübersetzung der Vierzig Verse zu veröffentlichen. Er hatte sie für sich selbst gemacht und wollte auch keine ausführliche Darstellung von Sri Bhagavans Lehre schreiben. Doch Ende 1931 wurde ein Buch veröffentlicht, das einen Kommentar über Sri Bhagavans Lehre enthielt. Als Lakshmana Sarma es las und sah, dass es ein völlig verzerrtes Bild der Lehre wiedergab, war er so bekümmert, dass er zu Sri Bhagavan ging und ehrfürchtig sagte: „Wenn deine Lehre bereits zu deiner Lebzeiten auf solche Weise missinterpretiert wird, wie wird es dann erst in Zukunft sein? Werden die Leute nicht glauben, dass du diesem Buch deine Zustimmung gegeben hast? Sollte man solch eine falsche Interpretation nicht öffentlich verurteilen?" Sri Bhagavan erwiderte: „Je nach der Reinheit des Geistes (*Antahkarana*) einer jeden Person wird dieselbe Lehre auf verschiedene Weise reflektiert. Wenn du glaubst, du kannst sie besser erklären, dann kannst du deinen eigenen Kommentar schreiben."

Von Sri Bhagavan auf diese Weise aufgefordert, begann Lakshmana Sarma einen tamilischen Kommentar zu Ulladu Narpadu zu schreiben, der 1936 veröffentlicht wurde, und „Maha Yoga" (Das Große Yoga), das 1937 veröffentlicht wurde. Später machte Sri Bhagavan einmal die Bemerkung, dass von allen Kommentaren über Ulladu Narpadu der tamilische Kommentar von Lakshmana Sarma der beste sei.

Maha Yoga beruht hauptsächlich auf zwei Sanskritwerken, nämlich Sri Ramana Hridayam und Guru Ramana Vachana Mala. Sri Ramana

Hridayam ist Lakshmana Sarmas Sanskritübersetzung von Ulladu Narpadu mit Anhang, einem der bedeutendsten Tamilwerke Sri Ramanas. Guru Ramana Vachana Mala besteht aus 350 Versen von Lakshmana Sarma, wovon etwa 300 Übersetzungen von ausgewählten Versen aus Sri Muruganars Guru Vachaka Kovai (The Garland of Guru's Sayings) sind, die die mündliche Lehre Sri Bhagavans enthalten.[1]

Wie Lakshmana Sarma Sri Ramana Hridayam mit der Hilfe und unter Führung Sri Bhagavans gedichtet hat, dichtete er auch Guru Ramana Vachana Mala mit Sri Bhagavans und Sri Muruganars Hilfe. Dadurch ergab sich für ihn eine weitere Möglichkeit, Sri Bhagavans Lehre genau zu studieren und sachdienliche Anweisungen von ihm zu bekommen.

Einmal wurde Lakshmana Sarma gefragt, warum er Maha Yoga und seinen tamilischen Kommentar von Ulladu Narpadu unter dem Pseudonym „Who" geschrieben habe. Er erwiderte: „Ich habe in diesen Büchern nur das geschrieben, was ich von Sri Bhagavan und Sri Muruganar gelernt habe. ‚Wer' (who) schrieb sie also?"

Zusätzlich zu den vielen in diesem Buch zitierten Versen von Sri Ramana Hridayam und Guru Ramana Vachana Mala zitierte der Verfasser auch viele andere Aussprüche und Gespräche Sri Bhagavans, besonders im letzten Kapitel. Diese hörte und überlieferte der Verfasser selbst, und der Beweis für ihre Authentizität beruht in der Tatsache, dass viele von ihnen auch in Maharshi's Gospel (Die Botschaft des Ramana Maharshi) und den Talks with Sri Ramana Maharshi (Die Gespräche mit Ramana Maharshi) überliefert sind, die beide nach diesem Buch veröffentlicht wurden.

Paul Brunton schreibt in seinem Vorwort zur ersten Auflage von Maha Yoga, das in dieser Ausgabe wieder eingefügt wurde, dass der Verfasser in diesem Buch „den philosophischen Teil der Lehre Sri Ramana Maharshis der advaitischen Feuerprobe unterzieht und dann erklärt,

---

[1] Der Sanskrittext von Sri Ramana Hridayam zusammen mit der englischen Übersetzung wurde als „Revelation" veröffentlich. [s. Übersetzung der Verse und des Kommentars am Ende des Buches] Die englische Übersetzung von Guru Ramana Vachana Mala gibt es als eigenständiges Buch.

dass die Lehre im Sinne des Advaita echt sei." Doch im Vorwort zu dieser Ausgabe erklärt der Verfasser, dass seine Absicht genau gegenteilig war, da er Sri Bhagavans Lehre als erste Autorität betrachtet, die die alte Überlieferung der Upanishaden vielmehr bestätigt, anstatt dass sie andersherum seine Lehre bestätigen würde. Um seine eigenen Worte zu zitieren: „Die alte Überlieferung der Upanishaden hat eine bemerkenswerte Bestätigung durch das Leben und die Lehre des Weisen vom Arunachala, der als Bhagavan Sri Ramana bekannt ist, erfahren. Für seine Schüler aus Ost und West sind die Schriften und die mündliche Lehre des Weisen die vorrangige Enthüllung, und die alte Überlieferung ist insofern von Wert, als sie mit seiner Lehre voll übereinstimmt. Aber selbst für jene, für die die alte Überlieferung Vorrang hat, muss die Lehre eines lebenden Weisen von großem Interesse sein. Auf diesen Seiten wird versucht, die alte und neue Offenbarung zusammen darzustellen."

Als die erste Auflage von Maha Yoga herausgekommen war, wurde sie von der Öffentlichkeit warm aufgenommen und bald von Jean Herbert ins Französische übersetzt, der Maha Yoga für „ein bemerkenswertes Buch" hielt. Die französische Übersetzung wurde 1939 veröffentlicht und dann 1940 als erster Band der Reihe „Études sur Ramana Maharshi", wozu Swami Siddeswarananda, der erste Präsident der Sri Ramakrishna Mission in Frankreich, ein ausführliches Vorwort schrieb. Er schloss mit den Worten: „Diese Mystik des Maharshi basiert auf einem tiefgreifenden und intelligenten Verständnis des Lebens und seiner Schwierigkeiten. Dazu ist es nötig, den Maharshi in seinem philosophischen und kulturellen Milieu zu sehen. Von diesem Gesichtspunkt aus betrachtet ist kein Werk der indischen Überlieferung besser und glaubhafter, als diese schöne Studie hier. Der Verfasser Dr. K. Lakshmana Sarma ist einer unserer Freunde. Er hat Jahre beim Maharshi verbracht und sich nach besten Kräften darin geübt, ihn in seinen Worten über die philosophischen Probleme und in seinem erleuchteten Leben, das sie illustriert, zu verstehen. Der Weise ist wie das große Feuer, das auf dem Berg Arunachala entzündet wird, ein wahrhaftiger Leuchtturm für jene, die im modernen Indien die wiederbelebende

Wirkung der von der Zeit geheiligten Lehren der Upanishaden erleben wollen."

Da die erste Auflage von Maha Yoga so viel Zustimmung erhielt, fühlte sich Lakshmana Sarma dazu ermutigt, sie für eine zweite Auflage, die 1942 erschien, zu überarbeiten und zu erweitern. Diese Ausgabe entspricht im Wesentlichen der zweiten Auflage, außer einigen Änderungen des Verfassers in der dritten und vierten Auflage und abgesehen vom Anhang, der in der ersten Auflage enthalten war und den wir wiederum eingefügt haben.[2] Seit der zweiten Auflage wurde Maha Yoga in viele europäische Sprachen übersetzt wie in Deutsch und Portugiesisch.[3]

Zum Schluss soll noch etwas über den Titel dieses Buches gesagt werden. Am Ende von Kapitel 9 schreibt der Verfasser: „Der Weise hat einmal dem Verfasser gesagt, dass die Ergründung das große Yoga, das Maha-Yoga sei, weil, wie hier gezeigt wurde, alle Yoga-Arten in der Ergründung enthalten sind." Deshalb erhielt das Buch den Titel „Maha Yoga" (Das Große Yoga).

Einige Jahre nach der Veröffentlichung dieses Buches stieß Sri Bhagavan auf einen Vers im Kurma Purana (2.11.7), in dem der Herr Shiva erklärt: „Dieses (Yoga), in dem man das Selbst (*Atman*), das ‚Ich bin‘, sieht, die eine, makellose und ewige Seligkeit, ist das Maha Yoga, das dem Höchsten Herrn gilt." Dass dieser Vers Sri Bhagavans Sichtweise bestätigt, dass die Selbstergründung, die Übung, die sich dem Selbst widmet, das Maha Yoga ist, sagt er am Ende des 9. Kapitels.

---

[2] In der ersten Auflage von Maha Yoga wurde dieser Anhang mit den Worten eingeleitet: „Die folgenden Abschnitte sind Auszüge des Briefes eines kritischen Schülers, der den Vedanta Kesari in Mylapore im Madras-Distrikt besucht hatte. Aus der französischen Übersetzung wissen wir allerdings, dass der anonyme Besucher Swami Tapasyananda, ein angesehenes Mitglied der Ramakrishna Mission, war.

[3] Die erste deutsche Übersetzung erschien unter dem Titel: K. Lakshmana Sarma: Maha Yoga: Die Lehren Sri Ramana Maharshis, Frankfurt am Main, 1958. (Anm. der Übers.)

Wir freuen uns, eine neue Auflage dieses wertvollen Buchs herauszu-
bringen und sind gewiss, dass es wie zuvor für alle Wahrheitssucher
Führung und Inspiration bietet.

Sri Ramanasramam, 14. April 1984, T.N. Venkataraman (Herausgeber)

Maha Yoga ist die direkte Methode, die Wahrheit über uns selbst zu finden. Sie hat nichts mit dem gemein, was üblicherweise als „Yoga" bezeichnet wird, und ist sehr einfach, ohne Geheimnisse, weil sie sich mit der völligen Wahrheit unseres Seins befasst, die sehr einfach ist.

Maha Yoga befreit den Übenden von seinem Glauben und bindet ihn nicht an einen neuen Glauben, sondern befähigt ihn, erfolgreich die Ergründung des wahren Selbst zu verfolgen, das alle Glaubenslehren überschreitet.

Maha Yoga wurde als ein Prozess des Verlernens beschrieben. Wer ihn übt, muss sein ganzes Wissen verlernen, weil es nur relativ ist und somit Nichtwissen bedeutet und ein Hindernis darstellt.

Dieses wahre Yoga ist das Thema der Upanishaden. Aber die Wahrheit, die man durch dieses Yoga findet, ist ewig und muss von Zeit zu Zeit von lebenden Zeugen bekundet werden. In diesem Buch wird die vernünftige Annahme vorangestellt, dass nur ein lebender Lehrer uns die Wahrheit der Upanishaden lehren kann und nicht die Upanishaden selbst, weil sie nur Worte sind, während der lebende Lehrer die Verkörperung der Wahrheit ist, die wir suchen.

Der lebende Lehrer unserer Zeit war der Weise vom Arunachala, Bhagavan Sri Ramana, dessen Leben im ersten Kapitel kurz dargestellt wird. Seine Lehre wird in diesem Buch als die vorrangige Autorität behandelt und die Upanishaden als die zweitrangige zur Verstärkung und als Ergänzung. Der Leser muss nichts glauben, was hier behandelt wird, außer es stimmt mit der tatsächlichen Lehre des Weisen überein.

1. DER WEISE VOM ARUNACHALA

In uns gibt es eine tiefgreifende Wahrheit – die Wahrheit über uns selbst, die praktische Erkenntnis, die uns befreit. Aber derjenige, der befreit sein will, muss zuerst nach jemandem suchen, der selbst frei ist und den er ehrfürchtig fragen kann, so heißt es in der alten Überlieferung.[4] Damit wird die Notwendigkeit betont, bei einem lebenden Lehrer der Wahrheit des wirklichen Selbst Zuflucht zu suchen, falls man einen solchen finden kann. Das Wissen, das man sich durchs Studium der heiligen Überlieferung aneignet, ist nur von geringem Wert. Man kann von der Stille eines lebenden Lehrers mehr und schneller lernen als durch ein lebenslanges Schriftstudium.

Der große Lehrer Sri Ramakrishna Paramahamsa hat von zwei Arten von Weisen gesprochen: von solchen, die mit dem Auftrag zu lehren und andere zu erheben geboren wurden, und von solchen, die diesen Auftrag nicht haben. Erstere sind von Geburt an frei von weltlichen Wünschen. Sie erlangen die Befreiung ohne nennenswerte Mühe, wenn sie erwachsen werden. Letztere wurden in Abhängigkeit von weltlichen Wünschen und Schwächen geboren und müssen sich lange und zielgerichtet anstrengen, um dasselbe Ziel zu erreichen. Die erste Art von Weisen ist natürlich sehr selten. Wenn ein solcher Weiser auftritt, dann zieht er Scharen von Schülern und Verehrern an, die aus seiner Gegenwart einen großen Nutzen ziehen. Bhagavan Sri Ramana ist ein solcher Weiser. Er ist der letzte einer langen Linie großer Weisen, die die Lehre der alten Offenbarung erneuert und bestätigt haben.

Er wurde im Dorf Tiruchuli, etwa 48 Kilometer von Madurai entfernt, in Südindien geboren und erhielt den Namen Venkataraman. Sein Vater starb, als er zwölf war. Danach wurde er von seiner Mutter und seinen Onkeln erzogen. Der Junge wurde zunächst in Dindigul zur

---

[4] „Versuche, die Wahrheit zu lernen, indem du zu einem spirituellen Meister gehst. Stelle ihm demütig deine Fragen und diene ihm. Die selbstverwirklichten Seelen können dir Wissen vermitteln, weil sie die Wahrheit kennen." (BG 4.34)

Schule geschickt, dann in Madurai, das ein großer Wallfahrtsort ist. Seine Erzieher ahnten nichts von seiner späteren Bestimmung. Sie taten ihr Bestes, um seine Zukunft nach ihren eigenen Vorstellungen zu prägen. Sie versuchten, ihn für das Leben in der Welt auszurüsten und ihm eine gute Bildung zukommen zu lassen.

Dem Jungen fehlte es nicht an Verstand, aber der Lernstoff interessierte ihn nicht. Er strengte sich nicht an, etwas zu lernen und zu behalten. Wenn er sich etwas merkte, dann ohne eigentliches Interesse. Der Grund dafür war, dass er keinen Ehrgeiz hatte, in der Welt voranzukommen, den jeder überdurchschnittliche Junge hat. Heute wissen wir, dass er zu jenen seltenen Menschen gehört, die eine spirituelle Begabung mitbringen. Die Vollkommenheit, die ihn zum verehrten Meister von Millionen von Menschen machen sollte, schlummerte bereits in ihm. Es ist ein Naturgesetz, dass eine spirituelle Begabung einen Menschen für weltliche Gewinne indifferent macht. Weil der durchschnittliche Mensch kaum spirituell begabt ist, fällt er weltlichen Wünschen leicht zum Opfer. Getrieben von diesen Wünschen strengt er sich an, um im Leben erfolgreich zu sein. Wir wissen, dass auch Sri Ramakrishna diese unverbesserliche Abneigung gegen die Ausbildung, die auf das Erwerbsleben vorbereitet, hatte.

So lernte der junge Ramana kaum etwas in der Schule. Aber die Vorsehung spielte ihm ein heiliges Tamil-Buch in die Hände, das ausführlich von den 63 Heiligen des Shiva-Kults erzählt.[5] Er las es mit Leidenschaft. Wir haben Grund zu der Annahme, dass er damals schon ein Heiliger gleich hohen Grades gewesen ist und diese Stufe der spirituellen Entwicklung bereits hinter sich gelassen hatte. Er trug die Fähigkeit zu etwas viel Höherem in sich, nämlich dem Zustand eines Weisen.

Im Kapitel über die Hingabe werden wir den Unterschied zwischen einem Heiligen und einem Weisen kennenlernen. Für jetzt genügt die Feststellung, dass der Weise sich vom Heiligen unterscheidet wie die reife Frucht von der Blüte. Heiligkeit ist nichts weiter als die Verheißung der Weisheit, die allein Vollkommenheit ist. Wenn Jesus zu sei-

---

[5] [das Periya Puranam von Sekkilar]

nen Schülern sagte: „Seid vollkommen, wie auch euer Vater im Himmel vollkommen ist", meinte er damit den Weisen und nicht den Heiligen.

Schon als kleiner Junge war sich Ramana beständig etwas äußerst Heiligem gewahr, dessen Name „Arunachala" ist. Das erfahren wir aus einem seiner Gedichte, das er später für seine Schüler schrieb. Wir sehen, dass er aus seinen vergangenen Leben eine völlig reife Hingabe an dieses geheimnisvolle Sein mitbrachte, das die meisten von uns „Gott" nennen, das aber besser als das spirituelle Zentrum des Lebens beschrieben werden sollte. Das wird bei einem Vorfall in seiner Jugend deutlich, als sein Onkel ihn barsch anfuhr. Er ging nicht zu seiner irdischen Mutter, um getröstet zu werden und Friede zu finden, sondern zu seiner göttlichen Mutter im Dorftempel. Manchmal fiel er auch in einen besonders tiefen Schlaf, aus dem ihn nichts wecken konnte. Wenn wir das von der Vollkommenheit her beurteilen, die er später erlangte und die er auch im Wachzustand genießt, können wir vermuten, dass dieser scheinbare Schlaf in Wirklichkeit eine spirituelle Erfahrung auf einer höheren Seinsebene war.

So ging sein Leben weiter, ein Doppel-Leben: das Leben in der Welt, das er mechanisch und ohne Interesse wie einer, der nicht zur Welt gehört, führte, und das Leben im Geist, von dem die Leute, die ihn umgaben, nicht die geringste Ahnung hatten. Das blieb so bis gegen Ende seines sechzehnten Lebensjahres. Er war in der letzten Klasse der Oberschule, und man erwartete, dass er am Ende des Schuljahrs die Reifeprüfung für die Universität in Madras ablegen würde. Dazu sollte es jedoch nicht kommen, denn es geschah etwas, das die Schulzeit des Jungen abrupt beendete.

Das Alter von sechzehn und siebzehn ist für alle kritisch. Der Geist des durchschnittlichen Jugendlichen wird dann von Vorstellungen und Wünschen überrannt, die um die Sexualität kreisen. Aber für einige besondere Seelen ist es die Zeit des Erwachens zum wahren Leben – mit dem verglichen das, was wir Leben nennen, der Tod ist – zum Leben, das mit dem Erblühen der spirituellen Vollkommenheit beginnt, die bereits in ihnen schlummert. Das geschieht im Leben aller Heiligen und Weisen dieser Welt.

Ebenso ist es eine Tatsache, die sich im Leben der Weisen der Vergangenheit zeigt, dass dieses Erwachen in der Regel mit einer plötzlichen Todesangst beginnt. Es ist zwar richtig, dass die Todesangst auch dem gewöhnlichen Menschen vertraut ist, denn er erlebt sie oft genug. Der Unterschied besteht aber in der Reaktion auf diese Angst. Für den gewöhnlichen Menschen macht es kaum einen Unterschied. Er denkt an den Tod, wenn er einen Leichenzug sieht. Manchmal denkt er mehr oder weniger darüber nach, was seine Tradition darüber sagt, aber diese Empfindung dauert nur bis zu seiner nächsten Mahlzeit. Danach wird er wieder „normal". Sein Leben geht wie zuvor weiter.

Der geborene Weise reagiert anders auf den Todesgedanken. Er beginnt gelassen, aber mit aller Macht seines Verstandes über das Problem des Todes nachzudenken. Dieses Nachdenken ist der Beginn eines konzentrierten Bemühens, den Bereich des Todes zu überschreiten. So war es bei Gautama Buddha. So war es auch bei Ramana.[6] Er überlegte: „Wer oder was stirbt? Es ist der sichtbare Körper, der stirbt. Die Verwandten kommen, bringen in fort und verbrennen ihn zu Asche. Aber sterbe auch ich, wenn dieser Körper stirbt? Das hängt davon ab, was ‚ich' in Wirklichkeit bin. Bin ich dieser Körper, dann sterbe ich, wenn er stirbt. Bin ich nicht dieser Körper, dann überlebe ich."

Da entstand in ihm der überwältigende Wunsch, hier und jetzt herauszufinden, ob er – sein wirkliches Selbst – den Tod überleben würde. Es kam ihm in den Sinn, dass der sicherste Weg dafür wäre, den Todesvorgang zu spielen. Das tat er, indem er sich vorstellte, dass der Körper tot sei. Ein toter Körper spricht und atmet nicht mehr noch empfindet er etwas. Das alles stellte er sich so wirklichkeitsgetreu vor, dass sein Körper bewegungslos und steif wie der einer Leiche wurde. Seine Lebenskräfte wurden von ihm abgezogen und sammelten sich in seinem

---

[6] Buddha bedeutet Weiser. Buddha wurde auch *Sugata* genannt, was „einer, der Befreiung erlangt hat" bedeutet.

Geist, der sich jetzt nach innen wandte, belebt durch den Willen, das wirkliche Selbst zu finden, falls es eines gab.

In diesem Augenblick stieg eine geheimnisvolle Macht aus dem Innersten seines Seins empor und nahm seinen ganzen Geist und sein Leben völlig in Besitz. Durch diese Kraft wurde er – das heißt sein Geist und sein Leben – nach innen gezogen. Was dann geschah, ist ein Geheimnis. Doch wir können aus der Lehre des Weisen eine Vorstellung davon bekommen. Wir müssen davon ausgehen, dass der Geist von dieser Kraft, die identisch mit dem ist, was Gläubige „Gnade" nennen, in Besitz genommen wurde, tief in die Quelle allen Lebens und Geistes eintauchte und mit dieser Kraft verschmolz. Das geschah, während er ganz wach war. So wurde er sich seines eigenen wahren Selbst gewahr, frei von jeder Gedankenregung. Dieses Selbst war frei von der Bindung durch Wünsche und Ängste und deshalb voller Friede und Glückseligkeit. Der Zustand, den er jetzt erreicht hatte, war der ichlose Zustand, wie er in einem späteren Kapitel beschrieben wird – der Zustand, in dem allein das wahre Selbst in gelassener Stille regiert. So wurde Ramana zu einem Weisen. Wir werden nie wissen, was das für ein Zustand ist, solange wir ihn nicht selbst erlangt haben und in ihm verweilen. Aber mithilfe seiner Offenbarung können wir verstehen, was er nicht ist.

Aus diesem Geschehen erkennen wir, dass eine beständige, auf eins gerichtete Entschlossenheit, das wahre Selbst zu finden – diese höchste und reinste Form der Hingabe – das Mittel ist, das Selbst zu gewinnen. Das entspricht auch der alten Offenbarung, die besagt: „Nur der wird dieses Selbst finden, der in völliger Hingabe machtvoll zu ihm hingezogen wird. Ihm offenbart sich dieses Selbst, wie es wirklich ist." (Katha Upanishad 1.2.23)

Das ist die höchste Wahrheit aller Religionen. Jesus drückte sie anders aus, wenn er sagte: „Bittet, und es wird euch gegeben. Klopft an, und es wird euch aufgetan."

Es ist eben dieser Weg, den der Weise in seinen Antworten und Schriften seinen Schüler lehrt. In einer seiner Schriften nennt er ihn „den direkten Weg für alle" (US 17), durch den alle Probleme des Lebens überwunden werden. Der Zustand, den man erreicht, wenn man ihm folgt, nennt man den „Natürlichen Zustand" (*Sahajabhava*). Er wird so genannt, weil in ihm das Selbst, wie es wirklich ist, manifest wird und nicht wie es dem Unwissenden erscheint. Er wird auch als der ichlose und der geist-lose (mindless) Zustand beschrieben. Die Wahrheit über diesen Zustand, wie er vom Weisen und von den alten Offenbarungen enthüllt wird, ist das Thema eines späteren Kapitels. Hier genügt es zu sagen, dass der Natürliche Zustand der höchste ist, den es gibt, und dass für jenen, der ihn erlangt hat, es nichts mehr gibt, wonach er streben könnte. Für ihn ist die Pilgerreise des Lebens zu Ende.

Ramana ist durch diese Erfahrung ein Weiser geworden, oder vielmehr wurde der Weise, der immer schon in ihm war, enthüllt. Für ihn konnte es deshalb keine Weiterentwicklung in der Spiritualität geben. Geist und Körper sind durch diese Erfahrung völlig vom Selbst getrennt. Das bedeutet, dass der Geist nicht länger den Körper mit dem Selbst identifiziert.

Nichtwissen ist genau diese Identifizierung und nichts anderes, und der Geist selbst ist ein Ergebnis dieses Nichtwissens, wie wir später sehen werden. Aus diesem Grund wird dieses große Ereignis auch die Zerstörung oder Vernichtung des Geistes genannt. Deshalb ist es zweifellos richtig, dass es für den Weisen weder Körper noch Geist noch Welt gibt. Das bedeutet allerdings nicht, dass Körper und Geist in dem Sinn vernichtet sind, dass andere Leute ihn nicht mehr sehen können. Für sie sind Körper und Geist des Weisen weiterhin sichtbar und scheinbar Ereignissen unterworfen. Deshalb geht auch die Geschichte des Weisen weiter. Der Weise scheint auf verschiedene Art tätig zu sein, obwohl die Handlungen nicht wirklich die seinen sind. Somit gehören die Ereignisse, die nach diesem großen Ereignis geschehen – einige werden hier noch erzählt werden – nicht wirklich dem Weisen an. Sie betreffen ihn überhaupt nicht.

Obwohl Ramana nichts über das Namen- und Gestaltlose, das Unbeschreibliche, das die Gelehrten als *Brahman* bezeichnen, gelesen oder gehört hatte, zweifelte er nicht an seinem Zustand, den er durch dieses Ereignis erlangt hatte. Als er später erfuhr, dass die heiligen Schriften die Befreiung als den Zustand, in dem das Selbst mit dieser Wirklichkeit identisch ist, beschreiben, hatte er nicht die geringste Schwierigkeit zu verstehen, dass er diesen Zustand erlangt hatte.[7]

Was sich im Leben des Weisen nach diesem großen Ereignis abgespielt hat, betraf nur den Körper und den Geist, die scheinbar das Ereignis überlebt hatten, nicht aber den Weisen selbst. Die göttlichen Eigenschaften und Kräfte, die dem Natürlichen Zustand innewohnen, wurden bald offensichtlich, da sie für die Erfüllung der Mission des Weisen in der Welt nötig waren.

So geschah es, dass unmittelbar nach diesem bedeutenden Ereignis, als sein Geist noch nicht völlig im Natürlichen Zustand untergegangen war, er noch die Notwendigkeit eines Objekts, an das er sich halten konnte, spürte. Das einzige Objekt, das annehmbar war, war Gott, in dessen Liebe die 63 Heiligen ihr höchstes Glück gefunden hatten.

Also begann Ramana, den Tempel öfter als bisher zu besuchen. Dort weilte er in Gottes Gegenwart, während ihm reichlich Tränen aus den Augen strömten, Tränen, wie sie nur aus den Augen eines leidenschaftlichen Devotees fließen können. Das ersthafte Gebet aller Devotees hat immer die Bitte um eine solch tiefe Hingabe zum Inhalt, denn reiche Tränen gelten als eine Äußerung der höchsten Hingabe, die die Frucht göttlicher Gnade ist. Wir können diese Tränen bei Ramana nur verstehen, wenn wir annehmen, dass er in einem vergangenen Leben solch ein großer Devotee gewesen ist. Vielleicht aber diente dieser Tränenfluss in diesem Fall auch einem göttlichen Zweck, denn die Tränen der Liebe zu Gott reinigen, und jene, die sie vergießen, werden dadurch erhoben. Sie verwandeln die Gefäße des Bewusstseins. Deshalb können wir annehmen, dass sich der Körper und der Geist Ramanas auf

---

[7] Von Suka, dem Sohn des Vyasa, einem großen Weisen alter Zeiten, wird erzählt, dass ihm das große Ereignis ohne jegliche Anstrengung seinerseits zufiel, dass er aber danach den Zweifel hegte, ob dieser Zustand das endgültige Ziel sei oder nicht. Er fragte seinen Vater, der es ihm bestätigte. Da Vyasa erkannte, dass der Junge nicht überzeugt war, schickte er ihn zu König Janaka, um sich von ihm seinen Zweifel klären zu lassen. Von Janaka erfuhr der Junge, dass es für ihn nichts mehr gab, wonach er noch streben konnte. Es ist erwähnenswert, dass Ramana diesen Zweifel nicht hatte.

diese Weise veränderten und dadurch würdig wurden, als Wohnstatt eines großen Lehrers und Boten Gottes zu dienen.

Zusammen mit diesen Tränen hatte er zu jener Zeit auch ein starkes Hitzeempfinden. Das alles dauerte an, bis der Weise Tiruvannamalai erreichte und den dortigen Tempel besuchte. Wir wissen, dass Sri Ramakrishna ähnliche Hitzeempfindungen hatte.

Wir haben gesehen, dass Ramana kein guter Schüler war. Jetzt wurde er noch schlechter als zuvor, da er oft in diesen seltsamen Zustand fiel, den er durch seine mühelose Suche des wirklichen Selbst gewonnen hatte. Aber auch wenn er nicht darin versunken war, verspürte er nicht die geringste Neigung zu lernen. Die Erwachsenen konnten nicht verstehen, was mit dem Jungen geschehen war. Sie tendierten dazu, sich über ihn zu ärgern, weil er nicht lernen wollte. Sie fühlten sich mehr als jemals zuvor von ihm provoziert. Sein älterer Bruder, der selbst noch zur Schule ging, war von seinen neuen Gewohnheiten sehr irritiert. Eines Tages, etwa sechs Wochen nach seiner ersten Erfahrung des ichlosen Zustands, beobachtete der Bruder, wie er in diesen Zustand versank, als er seine Lektionen lernen sollte. Da machte er folgende scharfe Bemerkung: „Was nützen diese Dinge (die Bücher und alles andere, was einen Schüler ausmacht) einem wie dir?"

Die Worte verfehlten nicht ihre Wirkung. Aber sie bewirkten nicht das, was der Sprecher beabsichtigte. Der Junge lächelte nur und las weiter in seinem Buch. Doch er dachte bei sich: „Ja, er hat Recht. Was bedeuten mir die Schule und die Bücher?" Sofort nahm der Gedanke Gestalt an, dass er sein Zuhause verlassen und weit weg leben müsse, ohne dass jene, die ihn für sich beanspruchten, es wussten.

Er hatte bereits erfahren, dass sein geliebter Arunachala dasselbe wie Tiruvannamalai, ein bekannter Pilgerort, ist. Ein Verwandter, der von einer Pilgerreise zurückgekommen war, hatte es ihm erzählt. Auf die Frage, wo er gewesen sei, hatte er geantwortet: „Am Arunachala." Das war für den Jungen eine große Überraschung gewesen, denn er konnte sich nicht vorstellen, dass Arunachala ein Ort auf Erden sei. Der Verwandte hatte ihm dann erklärt, dass Arunachala nur ein anderer Name für Tiruvannamalai sei.[8]

Dieser Ort war für seine gegenwärtige Absicht weit genug von Madurai entfernt, aber nicht so weit, dass er ihn nicht erreichen konnte. So beschloss er, heimlich sein Zuhause zu verlassen, dorthin zu gehen und sich dann von der Vorsehung leiten zu lassen. Das Glück unterstützte sein Vorhaben. Das Schulgeld seines älteren Bruders war für diesen Monat noch nicht bezahlt worden. Sein Bruder gab ihm fünf Rupien, die er in der Schule abliefern sollte. Davon nahm er drei, da er glaubte, das reiche für seine Bahnreise aus. Den Rest ließ er mit einem Brief zurück, in dem er schrieb, dass er sich dazu entschieden habe, fortzugehen und seinen göttlichen Vater zu suchen, und dass man nicht nach ihm suchen sollte.

Er kaufte eine Fahrkarte und bestieg den Zug in Madurai. Sobald er sich gesetzt hatte, fiel er in den ichlosen Zustand und blieb fast die ganze Zeit darin. Während der Reise verspürte er kaum Hunger und aß fast nichts. Ihm war bei der Reiseplanung ein Fehler unterlaufen, der sich jedoch glücklicherweise berichtigen ließ. Er musste einen Teil des Wegs zu Fuß gehen, weil er nicht mehr genug Geld hatte. Unterwegs versetzte er seine goldenen Ohrringe und bekam etwas Geld dafür. So erreichte er Tiruvannamalai mit dem Zug.

Er ging direkt in den Tempel und rief in Ekstase: „Vater, ich habe Dir gehorcht und bin gekommen!" Sofort verschwand sein Hitzeempfinden und damit das Gefühl, dass etwas fehlte. Auch flossen keine Tränen mehr, außer einmal, als er viel später eine der Fünf Hymnen an Arunachala für seine Schüler dichtete.

Dann verließ er den Tempel und veränderte völlig sein Äußeres. Aber das tat er mechanisch, ohne es zu beschließen. Ein Friseur bot ihm seine Dienste an, und der Junge ließ sich den Kopf kahlscheren. Er legte seine Kleider ab, bis auf das Lendentuch (*Kaupina*), und warf den

---

[8] Arunachala ist der Sanskrit-Name des Berges, der als Symbol Gottes betrachtet wird. In Tamil heißt er Annamalai. Die Vorsilbe „Tiru" bedeutet heilig. Deshalb ist der Tamilname des Ortes Tiru-Annamalai, ausgesprochen als Tiruvannamalai.

Rest seines Geldes, seine Kleidung und was er noch von seinem letzten Aufenthalt auf der Reise dabei hatte auf die Stufen eines Wasserbeckens. Das alles tat er mit der Überzeugung, dass der Körper nicht er selbst sei und nicht behandelt werden sollte, als sei er wichtig. Er gönnte sich nicht einmal das Bad, das normalerweise der Rasur folgt. Aber ein plötzlicher Regenguss durchnässte ihn auf seinem Rückweg zum Tempel.

Lange hatte er keine feste Bleibe. Er saß einfach an irgendeinem Ort, an dem er ungestört von neugierigen und boshaften Leuten im ichlosen Zustand verweilen konnte. Für lange Zeitspannen war er sich seines Körpers und seiner Umgebung überhaupt nicht bewusst. Die Leute, die ihn beobachteten, hielten ihn für einen Einsiedler, der ein Schweigegelübde abgelegt hatte. Deshalb versuchten sie ihn nicht zum Sprechen zu bewegen. Er wiederum tat nichts, um ihre Ansicht zu widerlegen, und schwieg. Dieses unbeabsichtigte Schweigen währte viele Jahre, sodass er mit der Zeit die Fähigkeit zu sprechen verlor. Als später Schüler zu ihm kamen und er ihre Fragen beantwortete, musste er seine Antworten aufschreiben. Erst nach einiger Zeit konnte er, nicht ohne einige Mühe, wieder sprechen.

Er hatte immer zu essen, denn die Leute erkannten seine hohe Spiritualität und waren begierig darauf, sich um seine Bedürfnisse zu kümmern, um damit den Verdienst zu erlangen, einem Heiligen zu dienen. Aber zu Beginn hatte er Schwierigkeiten mit einigen boshaften Jungen, was jedoch seinen inneren Frieden nicht zu stören vermochte.

Bald nachdem er nach Tiruvannamalai gekommen war, verwirklichte er aufgrund seiner beständigen Erfahrung des ichlosen Zustands die Wahrheit der höchsten alten Offenbarung: „Ich und mein Vater sind eins." Somit wurde er zu einem vollkommenen Weisen. Jetzt musste er nicht länger in sich selbst eintauchen, um die Glückseligkeit des wahren Selbst zu genießen. Er erfuhr sie immer, ob er sich nun der Welt bewusst war oder nicht. So wurde er fähig, seine Mission in der Welt als ein Bote Gottes oder vielmehr des wahren Selbst, da es kein Gott außer dem Selbst gibt, zu erfüllen. Dieser Zustand der ununterbrochenen Erfahrung des wahren Selbst wird als der Natürliche Zustand (*Sahajabhava*) bezeichnet.[9]

Die energische Suche der Familie nach dem vermissten Jungen blieb erfolglos. Aber einige Jahre nach seiner Flucht wurde durch einen Zufall bekannt, dass er in Tiruvannamalai war. Zuerst kam sein Onkel, dann seine Mutter. Sie bedrängten ihn zurückzukommen und in ihrer Nähe zu leben, wenn er schon nicht bei ihnen leben wollte. Aber sie konnten ihn nicht umstimmen. Er schien ihre Ansprüche gar nicht zu bemerken. Diese Ansprüche beruhten auf der Annahme, dass er der Körper sei.

Viel später kamen seine Mutter und sein jüngerer Bruder – der inzwischen einzige überlebende Bruder – um bei ihm zu bleiben, und er ließ sie gewähren. Er nahm diese Gelegenheit zum Anlass, seine Mutter zu unterweisen und sie auf den Weg der spirituellen Vollkommenheit zu führen.

Zu Beginn seines Lebens in Tiruvannamalai musste der Weise viele Prüfungen bestehen. Aber nichts konnte seinen Geistesfrieden stören. Wie die Gita und andere heilige Schriften es beschreiben, verkörpert der Weise die Wahrheit, dass der Mensch, der fest im ichlosen Zustand gegründet ist, auch in den schlimmsten Versuchungen nicht von ihm abweicht.[10] Die richtige Erklärung dafür scheint zu sein, dass die Ereignisse der äußeren Welt, auch das, was dem Körper zustößt, für den Weisen nicht wirklich sind, da er in einem Zustand unzerstörbaren Glücks weilt, eines Glücks, dass so reich ist, dass es von ihm aus-

---

[9] Es ist fast unmöglich, keine Fehler beim Versuch zu machen, die wahre Natur dieses Zustands zu verstehen. Die Beschreibungen in den Büchern sind meist tastend und nicht frei von der Unwissenheit des Schülers. Sie müssen durch andere Beschreibungen korrigiert werden. Dieser Zustand kann vielleicht bis zu einem gewissen Grad durch die Diskussion in Kapitel 8 erklärt werden.

[10] „So verankert, weicht man niemals von der Wahrheit ab. Wenn man diese Stufe erreicht hat, ist man davon überzeugt, dass es keinen größeren Gewinn gibt. Dann gerät man niemals ins Wanken, nicht einmal inmitten der größten Schwierigkeiten." (BG 6.22)

23

strahlt, Schüler und Verehrer an ihn zieht und sie ein Leben lang an ihn bindet. Viele sehen in ihm Gott in menschlicher Gestalt.

Es ist eine seltsame Tatsache, dass der Weise keinerlei Bücherwissen über das wirkliche Selbst besaß. Die alten Schriften, die so viel von der Wahrheit dieses Selbst offenbaren, wie in Worten ausgedrückt werden kann, fielen ihm nicht in die Hände. Weder wurde er von jemandem in die Geheimnisse der Schriften eingeweiht noch wusste er, dass es solche Schriften gab, bis er viel später, als er den Zustand, die sie beschreiben, bereits erlangt hatte, auf sie stieß. Als jedoch Schüler zu ihm kamen und den Sinn einiger unklaren Stellen der heiligen Schriften von ihm erklärt haben wollten, musste er sie lesen. Mit Leichtigkeit verstand er ihren Sinn, da diese Schriften genau diesen ichlosen Zustand beschreiben, den er beständig genoss. Somit war er in der Lage, diese Stellen richtig zu interpretieren, im Gegensatz zu vielen, die diese Überlieferung eifrig studieren und doch nicht verstehen können. Deshalb ist der Weise eine Ausnahme von der allgemeinen Regel der alten Überlieferung, der zufolge jeder, der nach Befreiung sucht, der Schüler eines kompetenten Lehrers werden und von ihm in die Geheimnisse eingeweiht werden muss. Der kompetente Lehrer wird als Guru bezeichnet.

Ein anderes besonderes Merkmal des Weisen ist, dass er mehr durch Schweigen als mit Worten lehrte. Die Besucher kamen von nah und fern mit ihren Fragen zu ihm, aber wenn sie sich vor ihm verneigt und vor ihn hingesetzt hatten, vergaßen sie, ihre Fragen zu stellen, und bemerkten nach einiger Zeit, dass sich die Fragen verflüchtigt hatten. Sie verstanden, dass die Fragen keiner Antwort bedurften, oder sie fanden die Antwort in sich selbst.

Der Weise beantwortete gerne jede Frage, die nicht nur das Weltliche betraf, in klaren und kurzen Worten. Seine Lehre ist frei von Fachbegriffen, von denen es in den meisten Büchern nur so wimmelt. Und wie er spricht, so schreibt er. Das kann als ein Beweis dafür gelten, dass er aus eigener Erfahrung spricht und nicht aus Bücherwissen. Der Gelehrte kann nicht ohne die Fachausdrücke der Bücher, die er studiert hat, lehren. Man kann sagen, dass die Bücher den Menschen beherrschen und nicht der Mensch die Bücher.

Der Weise hat einige Bücher geschrieben, die alle sehr dünn, aber inhaltsreich sind. Er schrieb sie nicht, weil er Bücher schreiben wollte, sondern weil bestimmte Schüler ihn bedrängten, die eine Erläuterung von ihm wollten und sich nicht mit den heiligen Schriften zufrieden gaben. Er hat auch auf Bitten seiner Schüler hin einige ältere Schriften ins Tamil übersetzt. Seine Schüler sind denen überlegen, die sich auf die alten Schriften der Vergangenheit stützen müssen. Zudem wurden auch die mündlichen Antworten, die der Weise auf Fragen gegeben hat, von Schülern aufgeschrieben.

Schüler kamen aus der ganzen Welt zum Weisen und profitierten sowohl von seinem stillen Einfluss als auch von seiner Lehre, je nachdem, wie stark ihr Wunsch nach Befreiung von der Gebundenheit war. Ihre Eindrücke von ihm unterscheiden sich je nach ihrer Geistesverfassung. Aber alle erkannten, dass er eine einmalige Person war, die tiefe Verehrung verdiente. Worin beruht das Geheimnis seiner Kraft? Die Antwort lautet, dass er den Zustand der Befreiung erlangt hat, nach dem jeder Sucher mehr oder weniger ernsthaft strebt. Manche erleben in seiner Gegenwart auch den Vorgeschmack dieses Seinszustandes.

Ein besonderes Merkmal an ihm ist die Tatsache, dass weder Lob noch Tadel bei ihm eine Wirkung ausüben. Er freute sich über kein Lob und fühlte sich von keiner Kritik oder Herabsetzung verletzt. Das mag nicht sehr wichtig erscheinen, aber Tatsache ist, dass jeder gute Mensch zwar die anderen guten Charakterzüge in verschiedenem Ausmaß besitzt, aber nicht diesen. Tatsächlich ist es das Merkmal, an dem man den Weisen erkennen kann. Selbst der Heiligste, der noch nicht den ichlosen Zustand erlangt hat, reagiert wie der gewöhnliche Mensch auf Lob und Tadel. (s. UNA 37) Solange auch nur die geringste Spur des Ichs übrig bleibt, ist es unmöglich, von Lob und Tadel nicht berührt zu sein. Nur der Weise im ichlosen Zustand wird davon nicht berührt.

Da der Weise ichlos ist, sieht er weder einen Unterschied zwischen sich und den anderen noch zwischen einer Person und einer anderen.

Für ihn existieren weder Geschlecht noch Vermögen noch sozialer Status. Sein Gleichheitsempfinden ist vollkommen. Selbst Tiere – Hunde, Katzen, Vögel, Eichhörnchen – behandelt er wie menschliche Wesen. Und so unbeschreiblich es aussehen mag – in seinen Augen ist keiner unwissend oder ein Sünder.

Viele behaupten, dass nur ein Weiser einen Weisen erkennen kann und dass deshalb keiner behaupten kann, dass einer ein Weiser sei. Das stimmt nicht ganz. Wer ernsthaft einen fähigen Führer, einen Guru, finden will, der ihn auf dem Weg der Befreiung führt, muss irgendwie entscheiden, ob die Person, die er ausgewählt hat, ein Weiser ist oder nicht. Wenn er rein und hingebungsvoll ist, dann hilft ihm die göttliche Gnade, die richtige Wahl zu treffen. Es ist für ihn auch hilfreich, wenn er die fundierten Wahrheiten, die der Weise ihm enthüllt, versteht. Wir haben bereits einige Merkmale des wahren Weisen erwähnt. Später werden wir weitere Merkmale aufzeigen.

Der Auftrag eines geborenen Weisen oder Boten Gottes ist von zweierlei Art. Zum einen erneuert und bestätigt er die Grundlage der alten Offenbarung. Zum anderen ist er für seine Schüler der Mittelpunkt der göttlichen Gnade – besonders für jene, die ihn intuitiv oder durch ihr Verständnis der heiligen Lehre als eine Verkörperung Gottes erkennen und ihm deshalb dieselbe Verehrung entgegenbringen, die sie früher Gott entgegengebracht haben, da sie keinen Unterschied zwischen den beiden sehen. Das entspricht dem Geist der alten Überlieferung, die sagt: „Ich verneige mich vor dem Herrn der göttlichen Weisheit, der grenzenlos wie der Himmel ist und der drei in einem ist, Gott, Guru und das wahre Selbst."[11] Derjenige, der diese Wahrheit versteht und ein Schüler und Devotee des Weisen wird, muss nicht immer bei ihm leben. Der Weise überschreitet Raum und Zeit und ist deshalb überall.

Wir wollen jetzt die Lehren aller Weisen studierten, aber immer die des Weisen [Ramana Maharshi] besonders hervorheben.

---

[11] Sureshvaracharya in seinem Kommentar über Sri Shankaras Dakshinamurti Stotram

2. SIND WIR GLÜCKLICH?

Diese Welt dient uns nur als Mittel zum Zweck, nämlich glücklich zu werden. Wenigstens dürfte das für die meisten von uns zutreffen. Einige behaupten, dass wir um der Welt willen hier sind und nicht um unserer selbst willen. Sie meinen damit, dass wir nicht um unserer selbst willen leben sollten, sondern für die Welt. Aber das ist etwas ganz anderes. Tatsache ist, dass wir an erster Stelle um unserer selbst willen leben und auch für die Welt, insoweit das Wohl der Welt auch unserem Wohl dient. Da das so ist, müssen wir uns irgendwann damit befassen, ob wir das Glück gefunden haben, und wenn nicht, warum. Wir müssen über die Frage nachdenken, ob wir auf der Suche nach Glück in und durch diese Welt nicht von falschen Voraussetzungen ausgegangen sind.

Wir beginnen unser Leben im Glauben, dass wir in und durch die Welt Glück erlangen können. Die meisten Leute glauben das bis an ihr Ende. Sie halten nicht inne, um nachzudenken. Sie nehmen von der Tatsache keine Notiz, dass ihre Hoffnungen auf Glück sich nicht verwirklicht haben. Wie können sie dann über die nächste Frage nachdenken, warum ihre Hoffnungen nicht in Erfüllung gegangen sind?

Alle Religionen und Philosophien dieser Welt zusammen können nicht das für uns tun, was wir für uns selbst tun können, wenn wir innehalten und darüber nachdenken, denn von ihnen bekommen wir nur viel Gedankengerümpel, nur Vorstellungen und Reden, die nicht zu dem passen, was wir wirklich sind. Denn nur das, was wir selbst erfahren, kann uns wirklich nützen. Wir können aber nichts von wirklichem Wert finden, nicht einmal durch eigene Erfahrung, wenn wir nicht innehalten und nachdenken. Wenn diese Religionen und Philosophien schneller den Tag herbeiführen, an dem wir innehalten und nachdenken, dann haben sie genug für uns getan.

Was uns vom Innehalten und Nachdenken abhält, ist der Glaube, dass wir vom Leben das Gewünschte, nämlich Glück, bekommen oder bald bekommen werden. Das Einzige, was möglicherweise diesen Glauben erschüttern kann, ist die Erfahrung der tragischen Seite des Lebens.

Der Weise vom Arunachala sagt, dass das natürlich sei, und gibt uns als Beweis den Vergleich mit dem Traum. Träumen wir von angenehmen Dingen, dann wachen wir nicht auf. Aber wir wachen auf, sobald wir etwas Schreckliches träumen. Ein angenehmes Leben verhindert ernsthaftes Nachdenken über ernsthafte Themen, und dabei sind die religiös Gesinnten nicht besser als wir Übrigen.

Wir wollen einmal annehmen, dass wir vom Leben enttäuscht sind und es unerträglich finden, sei es unser eigenes Leben oder das der ganzen Menschheit. Wir müssen davon ausgehen, dass diese Fragen nur jene stellen, die vom Leben enttäuscht sind. Das betrifft viele von uns, und das nicht nur einmal, sondern immer wieder.

Was tun wir dann jedes Mal? Wir fragen Priester und Astrologen um Rat oder beten zu Gott. Das sind die üblichen Heilmittel gegen die Krankheit, die uns alle plagt. Doch sie zögern die Krise nur hinaus. Das wird so lange geschehen, bis wir innehalten und nachdenken.

Wir haben in all den beschwerlichen Jahren Glück gesucht. Wir waren immer wieder dabei, es zu erobern und es uns für immer anzueignen. Aber jedes Mal sind wir enttäuscht worden. Ohne innezuhalten und nachzudenken – wie wir es jetzt tun werden – sind wir einfach auf dem alten Weg geblieben. Wenn wir jetzt innehalten und nachdenken, dann wird uns eventuell der Gedanke kommen, dass wir uns vielleicht ohne das richtige Verständnis über das wahre Wesen und den Ursprung des Glücks auf die Suche nach ihm gemacht haben.

Blicken wir zunächst auf das Glück selbst, um herausfinden, was es ist. Mit „Glück" meinen wir etwas Beständiges, etwas, das in aller Frische und Reinheit so lange bei uns bleibt wie wir leben. Stattdessen hat uns die Welt nur etwas Vorübergehendes und Veränderliches gegeben, dessen richtiger Name „Vergnügen" ist. Glück und Vergnügen sind zwei völlig verschiedene Dinge. Wir nehmen jedoch an, dass Vergnügen Glück ist. Wir glauben, wenn wir uns einen beständigen Strom an Vergnügen verschaffen könnten, dann wäre uns das Glück für alle Zeit sicher.

Aber es ist das Wesen des Vergnügens, unbeständig zu sein, denn Vergnügen ist nur eine Reaktion auf die Wirkung äußerer Dinge. Bestimmte Dinge können uns Vergnügen bereiten, und wir versuchen, sie zu erlangen und festzuhalten. Aber dieselben Gegenstände bereiten uns nicht für alle Zeiten Vergnügen. Manchmal bereiten sie auch Schmerz. So werden wir oft von den Vergnügen betrogen, um die wir schachern, und finden heraus, dass sie uns manchmal Schmerz bereiten. Vergnügen und Schmerz sind in Wirklichkeit untrennbare Gefährten.

Der Weise vom Arunachala sagt, dass selbst das Vergnügen nicht von den Dingen kommt. Wenn das Vergnügen, das wir im Leben schmecken, wirklich von den Dingen käme, dann müsste es sich vermehren, je mehr man besitzt, und verringern, je weniger man besitzt, und gleich null sein, wenn man nichts besitzt. Aber das ist nicht der Fall. Die Reichen, die einen Überfluss an Dingen besitzen, sind nicht unbedingt glücklich, noch sind die Armen, die sehr wenig haben, unbedingt unglücklich. Doch alle sind äußerst glücklich, wenn sie einen gesunden, traumlosen Schlaf haben. Um einen ungestörten Schlaf genießen zu können, versorgen wir uns mit allem Möglichen – mit weichen Betten und Kissen, Moskitovorhängen, warmen Decken oder einem Ventilator usw. Schlaflosigkeit gilt als ein großes Übel. Um des Schlafes willen sind die Menschen bereit, das lebenswichtige Organ, das Gehirn, mit tödlichen Drogen zu vergiften. Das alles zeigt, wie sehr wir den Schlaf lieben. Und wir lieben ihn, da wir in ihm glücklich sind.

Wir dürfen mit Recht vermuten, dass das wahre Glück etwas ist, das zu unserem eigenen inneren Wesen gehört, wie viele Weisen es uns gesagt haben. Die Weisen haben stets gelehrt, dass Vergnügen nicht unabhängig existiert. Es wohnt den äußeren Gegenständen nicht inne. Es scheint nur zufällig den Gegenständen innezuwohnen. Vergnügen entsteht, wenn unser eigenes natürliches Glück freigesetzt wird, das in den Tiefen unseres Seins eingesperrt ist. Diese Freisetzung geschieht, wenn nach einem ziemlich schmerzhaften Bestreben etwas Ersehntes erlangt oder etwas Verabscheutes beseitigt wird. Wie ein hungriger Straßenköter, der an einem nackten Knochen nagt und dabei sein eigenes Blut schmeckt, glaubt, der Geschmack käme vom Knochen, so nehmen wir an, dass das Vergnügen in den Dingen liegt, die wir suchen und erlangen. Man kann sagen, dass der Wunsch die Ursache unserer Verbannung vom uns innewohnenden Glück ist, und dass es uns ermöglicht wird, eine Zeitlang ein wenig von dieser Seligkeit zu genießen, wenn diese Verbannung einen Moment lang aufhört.

Da wir uns die meiste Zeit etwas wünschen oder etwas loswerden wollen, sind wir die meiste Zeit unglücklich. Der Wunsch, etwas loswerden zu wollen, beruht auf Angst. So sind Wunsch und Angst die beiden Feinde des Glücks. Solange wir damit zufrieden sind, ihnen unterworfen zu sein, werden wir niemals wirklich glücklich sein. Dem Wunsch oder der Angst unterworfen zu sein bedeutet, unglücklich zu sein. Je intensiver der Wunsch oder die Angst ist, desto heftiger ist das Unglück.

Der Wunsch sagt jedes Mal zu uns: „Wenn du das bekommst, dann wirst du glücklich sein." Wir glauben es blindlings und versuchen, es zu bekommen. Wir sind unglücklich, weil wir es haben wollen, aber wir vergessen das Unglück der Anstrengung. Wenn wir es nicht bekommen, dann leiden wir. Wir sind aber auch nicht glücklich, wenn wir es bekommen, denn der Wunsch findet dann etwas anderes, wonach wir streben, und wir erkennen nicht, wie der Wunsch uns die ganze Zeit zum Narren hält. Der Wunsch ist tatsächlich ein Fass ohne Boden, das man nie auffüllen kann, oder wie das alles vernichtende Feuer, das umso heftiger lodert, je mehr wir es nähren.[12] Alles Wünschen ist endlos. So ist es auch mit der Angst, denn die Dinge, die wir aus Angst vermeiden, sind endlos.

Somit kommen wir zu folgendem Schluss: Solange Wunsch und Angst uns beherrschen, werden wir das Glück nie erlangen. Sind wir damit zufrieden, an sie gebunden zu sein, müssen wir als rationale Lebewesen jede Hoffnung auf Glück aufgeben.

Da wir aber wissen, dass Wunsch und Angst unsere Feinde sind, können wir sie da nicht durch reine Willenskraft beseitigen? Die Antwort der Erfahrung lautet: Nein. Wir können, wie die Stoiker, mit ihnen

---

[12] „Die Lust wird nie dadurch gestillt, dass man sie befriedigt, sondern wächst nur noch mehr, wie das Feuer durch die Opfergabe." (Mahabharata)

ringen und sie eine Zeitlang erfolgreich überwinden. Aber unser Sieg dauert nicht an, und schließlich geben wir den Kampf auf. Wir spüren, dass wir ohne die Hilfe eines anderen nicht hoffen können, dauerhafte Befreiung zu erlangen. Und wer kann uns helfen, außer einer, der selbst Wunsch und Angst überwunden und das vollkommene Glück gewonnen hat?

Solch einen müssen wir suchen und finden, wenn wir ernsthaft beschlossen haben, frei von unseren Feinden, den Feinden des Glücks, zu werden. Nur er kann uns den Weg zeigen und die Kraft geben, ihn zu beschreiten, denn nur er kennt den Weg und das Ziel. Die alte Überlieferung rät uns – und wir können nun sehen, dass sie es zu Recht tut – dass einer, der ernsthaft nach Freiheit sucht, einen suchen und ehrfürchtig fragen muss, der selbst frei ist. Wer die akute Notwendigkeit eines Heilmittels gegen die Krankheiten, die untrennbar mit dem Leben verbunden sind, sucht, der kann nicht anders als einen zu suchen, der fähig ist, ihn richtig zu leiten. Er kann nicht anders, wie auch ein Kranker nicht anders kann, als nach einem Arzt zu suchen.

In der Vergangenheit gab es Menschen, die wahres Glück für sich gewonnen haben und dadurch auch anderen helfen konnten. Was sie ihren Schülern gelehrt haben, wurde mehr oder weniger zuverlässig in den heiligen Schriften der Religionen berichtet, als deren Gründer sie gelten. Aber die Berichte, wie sie uns vorliegen, sind unvollständig und mehr oder weniger durch die fehlende Klarheit derer, die sie aufgeschrieben haben, entstellt. Die Lehren wurden mündlich überliefert und erst lang nach dem Tod des Meisters aufgeschrieben.[13] Sie können für uns nicht denselben Stellenwert haben wie die Worte eines leben-

---

[13] Das ist der Grund, warum die christlichen Evangelien unvollständig sind. Sie enthalten in ihrer Offenbarung so gut wie nichts über die Befreiung und den Weg, sie zu erlangen. Es gibt nur einen einzigen Satz, der zeigt, dass Jesus wenigstens einem Schüler eine entsprechende Lehre erteilt hat. Auf die Frage, wie man frei werden könne, antwortete der Meister: „Erkenne die Wahrheit. Sie wird dich frei machen." Aber es gibt in allen vier Evangelien sowie im übrigen Neuen Testament keine weitere Stelle, die dem Sucher nach Befreiung irgendwie weiterhelfen könnte. Offensichtlich waren die Jünger, denen Jesus diese Weisheit lehrte, nicht am Verfassen der Evangelien beteiligt.

den Meisters, und dies nicht nur, weil wir sicher sein können, dass seine Lehre unverfälscht ist, sondern hauptsächlich deshalb, weil der lebende Lehrer ein Mittelpunkt jener spirituellen Kraft ist, die uns fehlt. Der Weise vom Arunachala ist solch ein Lehrer.

3. DAS NICHTWISSEN

Nur der Weise kann unsere Krankheiten richtig diagnostizieren und die richtige Medizin verschreiben. Nur er kann den verwickelten Strang aus richtigem und falschem Wissen, der unseren Geist erfüllt, entwirren.

Als erstes sagt der Weise, dass die Ursache all unserer Leiden in uns selbst liegt und nicht außerhalb. Buddha soll gesagt haben: „Du leidest allein an dir. Keiner zwingt dich dazu." Der Weise vom Arunachala antwortet auf die Frage, ob etwas mit der Welt falsch sei, dasselbe: „Die Welt ist richtig, wie sie ist. Wir sind es, die dafür getadelt werden müssen, weil wir auf die falsche Weise denken. Was wir zu tun haben, ist, den anfänglichen Irrtum, der auf dem Grund unseres Geistes lauert, aufzuspüren und auszureißen. Dann ist alles in Ordnung."

Dieses Aufspüren und Ausreißen unseres fundamentalen Irrtums ist das einzige radikale Heilmittel, das es gibt. Alle anderen Heilmittel lindern nur die Symptome. Im besten Fall können sie uns zum richtigen Heilmittel führen. Die religiösen Glaubensbekenntnisse und Übungen, die die Welt aufspalten, sind nur insofern von Wert. Oft bezaubern und schwächen sie nur den Geist und verzögern den Tag der Befreiung.

Von diesem Gesichtspunkt aus betrachtet ist ein ernsthafter Skeptiker viel besser dran als ein fanatischer Gläubiger – die Art von Gläubigen, die nicht erkennen kann, dass alle Religionen für die Menschen gedacht sind und nicht umgekehrt. Ein solcher Gläubiger hält nicht leicht und vorläufig an seinem Glauben fest als etwas, das sich möglicherweise durch die tatsächliche Erfahrung der Wahrheit als falsch herausstellt, wofür er nur als Mittel dient. Er hält ihn für die reine Wahrheit. Der sogenannte Skeptiker ist in Wirklichkeit gar keiner, wenn er glaubt, dass es etwas Wahres gibt, das alleine zählt. Ganz sicher ist derjenige, der der Wahrheit hingegeben ist, der beste aller Frommen.

Kein Gläubiger ist es wert, erwähnt zu werden, wenn er nicht erkennt, dass die Wahrheit alles in allem ist und dass der Glaube nur um der Wahrheit willen heilig ist und nicht anders herum. Ein solcher Mensch ist in einer viel schlimmeren Lage als der ehrliche und ernsthafte Skeptiker, da es von vornherein sehr unwahrscheinlich ist, dass er Ergründung üben wird, wie sie in diesen Kapiteln aufgezeigt wird. Zweitens wird er wahrscheinlich die Lehre eines Weisen missverstehen, wenn er zu einem lebenden Weisen geht und seine Führung sucht. Deshalb geben die Weisen in der Regel nicht die ganze Lehre an alle Sucher gleichermaßen weiter. Sie halten die tieferen Wahrheiten vor denen zurück, die keinen offenen Geist haben, denn eine Wahrheit, die falsch verstanden wird, ist fataler als die reine Unwissenheit.[14] Wer deshalb vollständig von einem Weisen unterwiesen werden will, muss darauf vorbereitet sein, seinen ganzen Glauben beiseite zu legen. Er darf keinem Glauben fanatisch anhängen. Der aufgeschlossene Schüler, der wenig oder kein Bücherwissen besitzt, ist deshalb viel besseren dran als der Gelehrte, dessen Geist von seinem Glauben versklavt wird.

Wir gehen mit einem aufgeschlossenen Geist zum Weisen und fragen ihn, warum wir an Wünsche und Ängste gebunden sind. Er erwidert, dass das so sei, weil wir uns selbst nicht richtig kennen, weil wir uns für etwas halten, was wir nicht sind.

Auf den ersten Blick mag diese Antwort als doppelt falsch erscheinen. Einerseits sind wir unfähig zu erkennen, dass eine richtige Selbsterkenntnis für das Leben nötig ist. Wir wollen wissen, wie wir diese Welt nach unserem Willen zurechtbiegen können oder, als Zweitbestes, wie wir uns an die Welt anpassen können, damit wir fähig sind, das Beste aus ihr zu machen, so schlecht sie auch ist. Wir können nicht erkennen, wie die richtige Selbsterkenntnis uns dabei helfen könnte. Andererseits sind wir völlig davon überzeugt, dass wir uns selbst recht gut kennen.

---

[14] Es ist überliefert, dass Gautama Buddha einmal einem Sucher auf eine Frage eine Antwort gegeben hat, die den Frager in seinem Glauben erschütterte, da er zu unreif war, die Antwort richtig zu verstehen. Ein andermal schwieg er, als ihm von einem anderen unreifen Besucher eine Frage gestellt wurde. Später erklärte er einem Schüler, dass er dies getan habe, weil jede Antwort, die er hätte geben können, sicher von ihm falsch verstanden worden wäre.

Wir halten Wissen für wichtig und wollen die Wahrheit über alles wissen, auf das wir möglicherweise im Leben stoßen. Wir sind dabei sogar so fanatisch, dass wir allen die Aneignung dieses Wissens vorschreiben wollen. Dieses ganze Wissen betrifft die Welt und nicht uns selbst. Im Laufe der Jahrhunderte hat jede Nation oder Völkergruppe große Mengen an Wissen angehäuft – Geschichte, Geographie, Astronomie, Chemie, Physik, Ethik, Theologie, Biologie, Soziologie und das, was unter dem stolzen Namen Philosophie oder Metaphysik bekannt ist. Wenn all das Wissen ist, dann müsste mit zunehmender Anhäufung eine Zunahme von menschlichem Glück einhergehen. Aber das ist nicht der Fall.

Man kann behaupten, dass das zunehmende Wissen uns eine größere Meisterschaft über die blinden Naturgewalten gegeben hat und dass das zum Guten dient. Aber so ist es nicht, denn diese Meisterschaft wurde durch ein widriges Schicksal in die Hände einiger weniger gelegt, und je größer diese Meisterschaft, desto tiefer versinken die Massen in Erniedrigung und Verzweiflung. Und das Empfinden ihres unverminderten Elends kann wiederum nur das Glück – oder das scheinbare Glück – der wenigen Begünstigten, die nicht ganz selbstbezogen sind, vergiften. Das Millennium, das die Wissenschaftler eines inzwischen vergessenen Zeitalters prophezeit haben, ist weiter entfernt als jemals. In Wirklichkeit hat die Wissenschaft die Erde so weit gebracht, dass das Überleben der menschlichen Rasse ernsthaft gefährdet ist. Nein, es ist reine Bosheit – unwürdig eines jeden Menschen, der nach reinem und ungetrübtem Glück strebt – zu behaupten, dass all dieses Wissen zum Besten sei. Das sollte uns zu dem Verdacht führen, dass das überhaupt kein Wissen ist. Wir werden eingestehen müssen, dass durch diese Art von Wissen kein Glück erlangt werden kann. Die Lehre der Weisen bestätigt es. Der Weise vom Arunachala geht sogar so weit, dieses ganze Wissen als Nichtwissen zu bezeichnen.

Einmal kam ein junger Mann frisch von der Universität zum Weisen. Er hatte Naturwissenschaften studiert und fragte ihn nach der „leeren Wand des Nichtwissens", mit der der Wissenschaftler bei seiner Erforschung der endgültigen Wahrheit des Universums konfrontiert wird. Bei der Untersuchung des unendlich Kleinen kann er durch die Existenz und das Verhalten von bestimmten geheimnisvollen Teilchen, die Elektronen, Protonen, Positronen und Neutronen heißen, Rückschlüsse ziehen, kann aber nicht zu ihnen vordringen und sie aus eigener Erfahrung kennen, vom Auffinden der einen, endgültigen Substanz, die die Ursache von allem ist, ganz zu schweigen. Andererseits kommt er weder bei seiner Untersuchung des unendlich Großen über den Sternennebel hinaus noch kann er das Geheimnis der Grundlagen von allem Objektiven, nämlich Raum und Zeit, erforschen. Der Weise antwortete, dass die Erforschung der äußeren Welt nur zur Unkenntnis führen könne und dass das Wissen eines Menschen, der etwas anderes erkennen wolle als sich selbst, ohne die Wahrheit seiner selbst zu kennen, kein richtiges Wissen sei. (s. UN 11)

Es mag uns sehr seltsam erscheinen, das menschliche Wissen grundsätzlich in Frage zu stellen. Aber wenn man unvoreingenommener ein wenig nachdenkt, wird einem klar, dass der Weise recht hat. Erstens ist dieses Wissen bereits suspekt, wie wir oben gesehen haben, weil es nicht in der Lage ist, menschliches Glück hervorzubringen. Zweitens gibt es keine wirkliche Übereinstimmung unter denen, die wir als Gelehrte kennen. Oft erfährt die Öffentlichkeit nichts von dieser fehlenden Übereinstimmung, weil die Mehrheit der Fachleute, die sich zu einer bestimmten Theorie bekennen, Zustimmung erfährt. Sie machen den ganzen Lärm, während andere, die es besser wissen und deren Meinung von der Mehrheit abweicht, keine Zustimmung erfahren und praktisch nicht zu Wort kommen. Es kommt oft vor, dass sie Recht haben und nicht die laute Mehrheit, die meist nur aus mittelmäßigen Geistern besteht.

Der Laie glaubt, es gäbe etwas wie Wissenschaft unabhängig vom Wissenschaftler. Aber wie in der Religion oder Philosophie, so ist es auch in der Wissenschaft. Es gibt verschiedene Meinungen entsprechend der verschiedenen Intelligenzen und Charakteren. Bernhard Shaw hat die Bemerkung gemacht, dass die Bekehrung der Barbaren zum Christentum in Wirklichkeit die Bekehrung des Christentums zur Barbarei gewesen sei, denn die Grausamkeit hört nicht mit der Taufe und dem Lernen des Katechismus auf. Das Streben nach Wahrheit verlangt vom Sucher eine gewisse Vollkommenheit im Verstand und

Herz, die gewiss selten ist. Die Allgemeinbildung hat bestimmt nicht dazu beigetragen, die Anzahl der wirklich fähigen Sucher zu vergrößern. Deshalb kommen verschiedene Leute zu verschiedenen Rückschlüssen, obwohl sie dieselben Tatsachen kennen. Also müssen wir zugeben, dass der Weise trotz allem recht hat.

Die Begründung, die der Weise gibt, lautet, dass einer, der die Wahrheit über irgendetwas, was immer es auch sein mag, wissen will, sich zuerst selbst kennen muss. Er meint damit, dass derjenige, der sich nicht selbst kennt, mit einem grundlegenden Fehler beginnt, der alles Wissen, das er bei seinen Untersuchungen erlangt, verfälscht. Derjenige, der sich selbst kennt, unterliegt diesem Fehler nicht, und deshalb ist nur er fähig, die Wahrheit über die Welt oder die Dinge der Welt zu entdecken. Die Eigenschaft des scheinbar Wissenden ist ein unvermeidliches Element in der von ihm gewonnenen Erkenntnis. Es handelt sich nur dann um wahre Erkenntnis, wenn der scheinbar Wissende richtig für die Frage nach der Erkenntnis ausgerüstet ist.

Das ist die wirkliche Erklärung der Tatsache, dass die Wissenschaft gescheitert ist, obwohl das viele leugnen werden. Der Wissenschaftler nimmt an, dass er sich selbst nicht richtig kennen muss. In jedem Fall beginnt er seine Erforschung der objektiven Wirklichkeit mit bestimmten Annahmen über das Selbst, die falsch sind.

Aber kennen wir uns denn nicht? Wir denken, dass wir das tun. Der Durchschnittsmensch ist sich sehr sicher, dass er sich wirklich kennt. Er kann nicht einsehen, dass das nicht der Fall ist, selbst dann nicht, wenn er einem Weisen zuhört. Denn es erfordert einen sehr fortgeschrittenen und äußerst reinen Geist, allein um die Tatsache wahrzunehmen und anzuerkennen, dass wir uns selbst nicht kennen und dass unsere Vorstellungen von uns selbst, die wir die ganze Zeit hegen, falsch sind. Die Weisen sagen, dass unsere Vorstellungen von uns selbst eine Mischung aus Wahrheit und Irrtum sind.

Einmal kamen einige Anhänger einer Glaubensrichtung, die vehement den Gebrauch von Götterbildern verurteilt, zum Weisen und begannen, ihm Fragen zu stellen. Sie wollten seine Zustimmung, dass es falsch sei, Gott in einem Götterbild zu verehren.

Ihr Sprecher fragte den Weisen: „Hat Gott eine Gestalt?"

Der Weise antwortete: „Wer sagt, dass Gott eine Gestalt hat?"

Der Frager: „Wenn Gott gestaltlos ist, ist es dann nicht falsch, ihn in einem Götterbild zu verehren?"

Der Weise: „Lass Gott einmal beiseite! Sag mir, hast du eine Gestalt oder nicht?"

Der Frager antwortete spontan: „Ja, ich habe eine Gestalt, wie du siehst."

Der Weise: „Wie!? Bist du dieser Körper, der etwa 170 cm groß ist, dunkelhäutig und mit Bart?"

Der Frager: „Ja."

Der Weise: „Bist du das auch im traumlosen Schlaf?"

Der Frager: „Natürlich, denn wenn ich erwache, bin ich derselbe."

Der Weise: „Auch wenn der Körper stirbt?"

Der Frager: „Ja."

Der Weise: „Wenn das so ist, warum sagt der Körper dann nicht zu den Leuten, die ihn zur Einäscherung wegtragen wollen: ,Ihr dürft mich nicht wegtragen! Das ist mein Haus, und ich will hier bleiben'?"

Da erkannte der Frager endlich seinen Fehler und sagte: „Ich habe mich geirrt. Ich bin nicht der Körper. Ich bin das Leben, das in ihm wohnt."

Der Weise: „Sieh her, bis jetzt hast du ernsthaft geglaubt, dass du dieser Körper bist. Jetzt erkennst du, dass du dich geirrt hast. Erkenne, dass dies das ursprüngliche Nichtwissen ist, aus dem unausweichlich das ganze Nichtwissen, das den Menschen versklavt, entsteht. Solange dieses ursprüngliche Nichtwissen vorherrscht, spielt es keine große Rolle, ob du Gott als Form betrachtest oder ohne Form. Wenn aber dieses ursprüngliche Nichtwissen verschwindet, dann verschwindet auch der Rest mit ihm."

Wie wir sehen, führt der Weise die Krankheit – die Bindung an Wünsche und Ängste – darauf zurück, dass wir unser wahres Selbst nicht kennen und deshalb irrtümlich den Körper für das Selbst halten. Das wird durch die Beobachtung bestätigt, dass Wunsch und Angst aufgrund des Körpers entstehen.

Viele von uns sind nicht klüger als der Frager in diesem Gespräch. Wir alle sind völlig davon überzeugt, dass der Körper, der so beständig in unseren Gedanken und das Objekt all unserer angstvollen Sorgen ist, das Selbst ist. Das Gespräch zeigt auch, dass wir uns in diesem Glauben irren.

Der Frager oben glaubt an die Unsterblichkeit des Selbst. Deshalb muss er zugeben, dass er sich geirrt hat. Aber es gibt auch die Materialisten und Atheisten, die behaupten, dass es außer dem Körper kein Selbst gibt. Werden wir jedoch von einem Weisen belehrt, dann sind die Argumente dieser Leute für uns nicht maßgebend. Denn der Weise spricht aus direkter Erfahrung, und wir sind viel eher dazu bereit, ihm zu glauben als diesen Halb-Philosophen. Aber der Weise sagt nicht in vielen Worten: „Du musst mir glauben, weil ich es aus eigener Erfahrung weiß." Im Gegenteil, er versucht, uns durch Argumente, die auf unserer eigenen Erfahrung beruhen, zu überzeugen. Die Überzeugungskraft dieser Argumente ist vielleicht schwer zu erkennen, solange seine ganze Lehre nicht verstanden wird. Für den Augenblick werden wir uns mit einer kurzen Darlegung zufrieden geben müssen.

Zunächst einmal existiert das Selbst in allen drei Seins-Zuständen, die wir kennen, nämlich im Wachen, Traum und Tiefschlaf, während der Körper nur in den ersten beiden Zuständen existiert, nicht aber im dritten. Das wird jene, deren Geist fest im materialistischen Denken verstrickt ist, noch nicht ganz überzeugen. Aber selbst sie können erkennen, dass es einen Zustand gibt, nämlich den Tiefschlaf, in dem das Selbst ohne einen Körper existiert.

Ein anderes Argument ist, dass das Selbst die einzige unbezweifelbare Wirklichkeit ist, während die Wirklichkeit aller anderen Dinge, der Körper und sogar der Geist mit eingeschlossen, zweifelhaft sind. Dieses Argument wird im Kapitel über die Welt verständlich werden.

Wenn wir die volle Überzeugungskraft dieser Argumente erfassen, werden wir nicht mehr von den Argumenten der Materialisten geplagt.

Dann kann man aber fragen: Was ist mit jenen Verehrern und Philosophen, die behaupten, dass der Körper nicht das Selbst ist, die nicht glauben können, dass beides identisch ist und die fest an ein Selbst glauben, das vom Körper unabhängig existiert? Sie behaupten, dass die Seele ein äußerst subtiles Sein ist, das den Körper bewohnt, wie man ein Haus bewohnt, indem man es eine Zeitlang benutzt und es dann verlässt, um einen anderen Körper zu bewohnen. Werden sie nicht durch ihren unerschütterlichen Glauben von dieser Illusion bewahrt? Sind sie ebenso unwissend wie der Frager im obigen Gespräch?

Es stimmt, dass sie zunächst der Meinung sind, dass sie durch diesen Glauben über den gewöhnlichen Menschen stehen. Aber schließlich werden sie desillusioniert. Sie werden einsehen, dass ihr Wissen rein theoretisch und nicht praktisch ist und dass sie auf keine Weise besser dran sind als die Übrigen. Sie verwechseln immer noch wie die anderen den Körper – sei er grobstofflich oder subtil – mit dem Selbst. Ist der Körper klein, sind sie klein, ist er groß, sind sie groß. Ist er schön, sind sie schön, ist er schwach und krank, sind auch sie schwach und krank. Erholt er sich und wird gesund, sind wiederum sie es, denen das geschieht. Auf dieselbe Weise behandeln sie den Geist als das Selbst. Ist der Geist aufgeweckt, fröhlich oder klar oder das Gegenteil, sind sie selbst so. Die Bindung an Wünsche und Angst ist nicht geringer als zuvor, vielmehr vielleicht noch stärker aufgrund der zusätzlichen Wertschätzung des Ichs.

Die Weisen lehren uns, dass wir damit aufhören sollen, uns mit diesem Körper zu identifizieren, um so ein für alle Mal frei von den Leiden zu sein, die von ihm herrühren, indem wir das wahre Selbst direkt erfahren. So wie wir jetzt die direkte Erfahrung vom Körper als dem Selbst machen, so müssen wir die direkte Erfahrung des Selbst machen, wie es wirklich ist.[15]

Dieses Nichtwissen ist eine tiefsitzende Denkgewohnheit, die im Geist durch eine lange Zeit des falschen Handelns und Denkens bewirkt wurde. Daraus sind unzählige Anhaftungen an Dinge entstanden. Diese Denkgewohnheiten bilden die Struktur des Geistes. Und die Hinführung zu einem gegensätzlichen Gedanken, der sehr schwach ist wie ein neugeborenes Baby, macht noch keinen großen Unterschied. Der Geist wird weiterhin seinen gewohnten Kurs nehmen. Er ist weiterhin denselben Attraktionen und Abneigungen unterworfen. Und das ist so, weil der vielbelesene Philosoph zwar manchmal fühlen kann, dass er nicht der Körper ist, aber nicht mit derselben Mühelosigkeit, dass er nicht der Geist ist. Dieses doppelte Nichtwissen hört erst dann auf, wenn das Selbst durch eine wirkliche Erfahrung erkannt wird – nicht theoretisch, sondern praktisch.

Bis sich diese Erkenntnis einstellt, kann man vom Philosophen nicht behaupten, dass er sein Nichtwissen abgelegt hat. Es überlebt mit aller Macht. Seine philosophische Gelehrsamkeit macht nicht einmal einen Unterschied in seinem Charakter. Tatsächlich ist es so, wie der Weise sagt (s. UNA 36), dass der belesene Philosoph noch schlechter dran ist als andere Menschen. Sein Egoismus ist durch den Stolz auf sein Wissen aufgeblasen. Sein Herz ist neuen Neigungen verhaftet, von denen der Ungebildete frei ist. Sie lassen ihm keine Zeit für das Unternehmen, das wahre Selbst zu finden. Oft ist er sich der dringenden Notwendigkeit, sich für dieses Unternehmen vorzubereiten, nicht bewusst, der Notwendigkeit, die Inhalte seines Geistes zu harmonisieren und seine Energie auf das Selbst anstatt auf die Welt zu lenken. Daraus folgt, dass derjenige, der das Selbst nur aus Büchern kennt, es nicht besser kennt als die bescheidenen Leute. Deshalb vergleicht der Weise ihn mit einem Grammophon. Er ist durch seine Büchergelehrsamkeit

---

[15] „Wenn jemand sich des Selbst durch die Erfahrung ‚Ich bin Es' bewusst wird, warum und womit kann der Körper ihn dann noch erregen?" (Brihadaranyaka Upanishad 4.4.12)

nicht besser als ein Grammophon, das seine Platten abspielt. (s. UNA 35)

Wir sollten uns daran erinnern, dass Bücher nichts weiter sind als Wegweiser auf der Straße zur Weisheit, die uns frei macht. Diese Weisheit ist nicht in den Büchern selbst enthalten, denn das Selbst, das wir erkennen müssen, ist innen und nicht außen. Wenn das Auge der Weisheit geöffnet ist, erstrahlt das Selbst direkt und ohne ein Medium in all seiner Herrlichkeit. Das Bücherstudium dagegen erzeugt die Wahrnehmung, dass das Selbst etwas außerhalb ist, das man als ein Objekt durch das Medium des Geistes erkennen muss.

Der Weise sagt, dass die große Verwirrung bei philosophischen und theologischen Spekulationen auf diesem Nichtwissen beruht. Jeder ist völlig davon überzeugt, dass die verworrenen Fragen über Welt, Seele und Gott durch intellektuelle Spekulationen, die auf Argumenten beruhen, die der allgemeinen menschlichen Erfahrung entsprechen – die aufgrund dieses Nichtwissens ist, wie sie ist – endgültig und befriedigend gelöst werden können. Philosophen und Theologen disputieren endlos seit Anbeginn der Schöpfung – falls es eine Schöpfung gab – über die erste Ursache, die Art der Schöpfung, über das Wesen von Zeit und Raum, über die Wahrheit oder Nicht-Wahrheit der Welt, über den Widerspruch von Schicksal und freiem Willen, über den Zustand der Befreiung usw., haben aber auf keine Frage eine endgültige Lösung gefunden.

Der Weise erklärt, dass keine endgültige Lösung, die nicht durch neue oder scheinbar neue Argumente erschüttert werden kann, möglich sei bis das wahre Selbst erreicht wird. Für ihn, der das Selbst verwirklicht hat, hören diese Streitigkeiten auf, aber für andere müssen sie weiterbestehen, bis sie den Rat des Weisen befolgen: all diese Fragen beiseitezulassen und sich von ganzem Herzen der Suche nach dem Selbst hinzugeben. Entweder akzeptieren wir die Lehre der Weisen über diese Dinge wenigstens vorläufig, damit wir nicht mehr durch diese Diskussionen von der Ergründung abgelenkt werden, oder wir anerkennen die grundlegende Wahrheit, dass diese Fragen völlig bedeutungslos sind und nicht beantwortet werden müssen und dass das einzig Notwendige darin besteht, das Selbst zu finden. Denn diese Fragen stellen sich, wenn überhaupt, nur denen, die Geist und Körper für das Selbst halten. (s. UN 34)

Wir verstehen auf diese Weise, dass all unser Leid auf der Unkenntnis des wirklichen Selbst beruht. Diese Unkenntnis muss beseitigt werden, wollen wir jemals wirkliches Glück genießen. Die Beseitigung dieser Ursache ist die einzige Radikalkur, die es gibt. Alles andere sind nur Linderungsmittel, die sogar auf Dauer schaden, indem sie die Krankheit unterstützen. Wir können diese Unwissenheit nur dadurch loswerden, indem wir das Selbst wirklich erfahren.

Das ist nicht leicht, da das Werkzeug, mit dem wir daran arbeiten müssen, der Geist ist. Er muss von allem anderen abgewandt und auf das wahre Selbst gerichtet werden, aber er lässt nicht bereitwillig von seinen gewohnheitsmäßigen Beschäftigungen ab. Wird er dazu gezwungen, dann hält das nicht vor, und er kehrt bald zu ihnen zurück. Das ist so, weil der Geist voller Vorstellungen ist, die die Nachkommen dieses Nichtwissens sind. Und diese Vorstellungen stellen sich natürlich als Armee auf, um das Leben ihres Vaters, dieses Nichtwissens, zu verteidigen. Denn sein Leben ist auch ihr eigenes. Wir müssen deshalb all diese Vorstellungen auflösen.

Weil diese Vorstellungen die Nachkommen dieses ursprünglichen Nichtwissens sind, sind sie vermutlich falsch. Und es ist einleuchtend, dass falsches Wissen dem Aufdämmern der Wahrheit entgegensteht. Deshalb müssen wir diese Vorstellungen untersuchen und zurückweisen, wenn wir sie als falsch oder auch nur als zweifelhaft erkennen. Nur so sind wir gegen die verräterischen Überfälle in unserem Rücken gewappnet, während wir uns mit der Ergründung des wahren Selbst befassen.

Bei dieser Untersuchung müssen wir uns von der völligen Hingabe an die Wahrheit führen lassen. Die Gita sagt: „Wer die Wahrheit liebt und sein ganzes Sein dieser Liebe zur Wahrheit unterwirft, der wird sie finden." (BG 4.39) Diese Voraussetzung ist sehr wichtig. Es kann sicherlich keine teilweise Liebe der Wahrheit geben. Diese (teilweise) Liebe würde eine größere oder geringere Liebe zur Unwahrheit beinhalten. Vollkommene Liebe zur Wahrheit bedeutet eine völlige Bereitschaft, allem zu entsagen, was durch eine unvoreingenommene Untersuchung als unwahr erkannt wird. Es bedeutet auch die Bereitschaft, allen Glauben, den wir über Welt, Seele und Gott haben, einer gründlichen Prüfung zu unterziehen, ohne an diesen Glaubensvorstellungen zu haften. Es ist das Merkmal des Wahrheitsliebenden, dass er nicht mehr an seinem eigenen Glauben als an dem anderer haftet. Er hält diesen Glauben vorübergehend fest und denkt ruhig über die Möglichkeit nach, herauszufinden, dass er unhaltbar ist und wert, zurückgewiesen zu werden. Es ist die Freiheit von der Anhaftung an den eigenen Glauben, die ihn befähigt, seine Gültigkeit unparteiisch zu überprüfen. Wenn er aufgrund einer solchen Untersuchung seine Ungültigkeit herausfindet, weist er ihn nicht nur zurück, sondern ist immer für seine mögliche Rückkehr gewappnet, bis er seine Kraft über ihn verloren hat. Deshalb müssen wir darauf achten, dass wir der Wahrheit und nur der Wahrheit hingegeben sind, frei von Irrtümern. Um dessentwillen müssen wir die Liebe für unsere gegenwärtigen Glaubensvorstellungen zurückweisen, damit die Wahrheit in unserem Herzen regiert, wenn wir sie gefunden haben.

Philosophie ist diese unparteiische Erforschung all unserer Vorstellungen und des ganzen Inhalts unseres Geistes. Nur das ist wahre Philosophie. Alles andere ist Pseudo-Philosophie. Man kann sicher sagen, dass jene Pseudo-Philosophen sind, die entweder die Tatsache, dass sie das Selbst nicht kennen, nicht verstanden haben oder zufrieden damit sind, von diesem Nichtwissen abhängig zu bleiben.

Wir werden jetzt darüber nachdenken, wie wir uns bei unserem Philosophieren sicher sein können, dass wir die Fallen, die auf dem Weg lauern, vermeiden und zu Vorstellungen kommen, die unserem Streben nach der Erforschung des wahren Selbst nicht entgegenstehen.

4. DIE AUTORITÄT

Wir haben gesehen, dass wir uns auf die Suche nach dem wirklichen Selbst vorbereiten müssen, wodurch wir frei von der Bindung an Wünsche und Angst werden, indem wir unsere Vorstellungen ändern und die abwerfen, die uns bei der Verfolgung der Suche behindern. Diese Veränderung unserer gegenwärtigen Vorstellungen als Vorbereitung auf die Ergründung heißt Philosophie, denn Philosophie ist ein Mittel und kein Selbstzweck.

Es gibt jedoch solche und solche Philosophien. Wenn es nicht die richtige Philosophie ist, dann führt sie uns noch tiefer ins Nichtwissen hinein, das die Ursache all unserer Krankheiten ist. Die richtige Philosophie ist eine unvoreingenommene Kritik an all unseren gegenwärtigen Vorstellungen von der Dreiheit: Welt, Seele und Gott. Die Philosophien, deren Zweck es ist, diese Vorstellungen zu bestätigen, stehen der erfolgreichen Ergründung im Weg und müssen vermieden werden.

Die Philosophie, die wirklich hilft, muss mit der Erkenntnis des ursprünglichen Nichtwissens beginnen, über die im letzten Kapitel gesprochen wurde. Das bedeutet, dass alle unsere gegenwärtigen Vorstellungen aus dem vom Weisen gegebenen Grund fragwürdig sind. Sie müssen einer völligen Kritik unterzogen und durch andere Vorstellungen ersetzt werden, die nicht zu beanstanden sind und der Ergründung helfen. Im Verlauf dieser Kritik müssen wir den Beweis oder Nicht-Beweis für die Gültigkeit unserer Vorstellungen untersuchen. Aber der Beweis, auf den wir uns beziehen, muss der richtige sein.

Wie aber sieht der stichhaltige Beweis aus? Besteht er in der allgemeinen Erfahrung der Menschen? Diese Erfahrung ist das Resultat des ursprünglichen Nichtwissens! Wenn man sich auf diese Beweis bezieht, stempelt man die Vorstellungen, die wir kritisieren, als philosophische Wahrheit ab. Wir benötigen also einen anderen Beweis.

Wir können jetzt verstehen, wie es dazu gekommen ist, dass Philosophie für eine sinnlose Beschäftigung gehalten wird. Es ist unbestreitbar, dass die Philosophen generell daran gescheitert sind, uns wirklich bei der Lösung der Probleme des Lebens zu helfen. Das gilt besonders für den Westen. Dieses Versagen beruht auf ihrer nicht stichhaltigen Beweisführung. Sie ziehen als Beweis die gewöhnliche Erfahrung der Menschheit heran, die, wie wir gesehen haben, untauglich ist, da sie unserem Nichtwissen entspringt. Und die Philosophien benutzen diese falsche Art von Beweis, weil sie dieses Nichtwissen nicht erkennen. So kommt man zwangsläufig zu dem Schluss, der dieses Nichtwissen bestätigt, und verbaut sich den Weg zur Befreiung.

Einige behaupten, dass der Körper das Selbst sei, andere, dass der Geist das Selbst sei. Beide sind der Meinung, dass die Welt wirklich und das Selbst ein Individuum sei, eines von einer Unzahl von Selbsten. Einige geben zu, dass das Selbst weder der Körper noch der Geist, wie wir ihn kennen, ist, sondern glauben an einen höheren Geist als das wahre Selbst. Alle diese Anschauungen stimmen darin überein, dass das Selbst endlich ist. Aber Endlichkeit ist die Ursache von Bindung. Wenn, wie diese Philosophen sagen, das Selbst wirklich begrenzt wäre, dann wäre Endlichkeit sein Wesen, und wir müssten alle Hoffnungen aufgeben, frei zu werden. Deshalb gibt es keinen wesentlichen Unterschied zwischen diesen Sichtweisen. Diese Philosophien können uns überhaupt nicht helfen, unser ursprüngliches Nichtwissen loszuwerden.

Wer richtig philosophiert, muss die Fehler dieser Philosophen vermeiden. Er muss seinen Beweis richtig wählen. Er muss den Beweis der Erfahrung suchen und finden, der nicht aus dem Nichtwissen kommt. Ein Beweis, auf den man sich beziehen kann, ist nicht die Erfahrung des Unwissenden, sondern des Weisen, der völlig von diesem Nichtwissen frei ist. Nur auf der Grundlage seiner Erfahrung können wir eine Philosophie errichten, die den Griff, mit dem dieses Nichtwissen uns festhält, lockert und es uns ermöglicht, die Ergründung aufzunehmen und bis zum Ende durchzuführen, sodass wir die gleiche Erfahrung machen.

Professor James aus Amerika war der Meinung, dass die Wahrheit nicht ohne den Beweis der Erfahrung der Menschheit erlangt werden kann. Er beschrieb dieses Bedürfnis [nach spiritueller Erfahrung] in seinem Buch Varieties of Religious Experience, wobei er von Dr. Bucke's Cosmic Consciousness freien Gebrauch machte. Der Beweis, der in diesen Büchern erbracht wird, beruht auf der Erfahrung von außergewöhnlichen Menschen. Aber die ganze Beweisführung ist unkritisch, da die Verfasser keine klare Vorstellung vom ursprünglichen Nichtwissen hatten.

Es gibt mindestens drei Klassen von außergewöhnlichen Menschen, und sie stehen nicht auf derselben Stufe. Sie gehören einer der drei Klassen an, nämlich den Yogis, den Heiligen oder den Weisen. Wir müssen sie voneinander unterscheiden und herausfinden, welche von ihnen die richtigen Zeugen für unsere Untersuchung sind.

Auf die Yogis kann man sich nicht zuverlässig beziehen, da sie den Bereich des Nichtwissens nicht überschritten haben. Das wird durch die Tatsache deutlich, dass sie verschiedener Meinung sind. Dasselbe trifft auch auf die Heiligen zu. Nur die Lehren der Weisen unterscheiden sich nicht, da sie das Nichtwissen überschritten haben. Kein Weiser widerspricht jemals einem anderen Weisen. Die Offenbarung zeigt, dass alle Weisen eins sind. Wir werden später die Richtigkeit dieser Feststellung erkennen können.

Was den Unterschied zwischen den Yogis und den Heiligen betrifft, sollte man lieber letzteren folgen als ersteren, obwohl wir auch zwischen den Heiligen unterscheiden müssen. Wir werden im Kapitel über die Hingabe sehen, dass ihre Ansichten entsprechend ihrer Reife voneinander abweichen. Je näher sie der Heiligkeit stehen, desto weiser sind ihre Äußerungen. Aber es gibt auch Heilige, deren Äußerungen boshaft sind. Wir wissen auch, dass die Heiligen Stimmungen unterworfen sind, was bei den Weisen nicht der Fall ist.

Die Erfahrungen der Yogis sind äußerst komplex. Deshalb sind sie für uns so faszinierend. In Wirklichkeit jedoch sind sie sich nicht einmal der Macht des Nichtwissens bewusst. Ihr Ziel ist es nicht, das Nichtwissen zu beenden, sondern sie wollen ein Ziel im Bereich des Nichtwissens erreichen, einen glorreichen Zustand, der ihnen erstrebenswert erscheint. Sie sind davon überzeugt, dass der Geist das Selbst sei, auch wenn sie es leugnen. Sie glauben an eine selige Existenz, in der der Geist weiterlebt, indem er verklärt und mit wunderbaren Kräften ausgestattet wird. Das halten sie für das höchste Ziel, das man erlangen kann. Einige von ihnen wollen noch mehr. Sie hoffen, nach dem Erwerb dieser Kräfte, die sie irrtümlich für die Befreiung halten, Herrschaft über die Welt zu erlangen und sie dann völlig zu verändern und einen greifbaren Himmel auf Erden zu errichten. Die Heiligen sind frei von solchen Wünschen.

Dass weder die Yogis noch die Heiligen die richtige Sichtweise der Wahrheit haben können, hat der Weise Shankara klar aufgezeigt. In seinem Viveka Chudamani (Vers 365) sagt er, dass die Sicht der Wahrheit der Nicht-Weisen durch die Einmischung des Denkens zur Verzerrung neige, was beim Weisen nicht der Fall sei.

Nach Aussage der Weisen ist dieser verherrlichte Geist der Yogis lediglich ein subtilerer Körper. Der Glaube, er sei das Selbst, ist nur das ursprüngliche Nichtwissen in einer gefährlicheren Form. Der einfache Mensch ist in Wirklichkeit viel besser dran als der Yogi, denn letzterer ist nur tief in das Nichtwissen vorgedrungen und hat den Tag der Befreiung verschoben.

Bei allem Respekt für die Yogis sind sie deshalb für uns unglaubwürdig. Die Klasse der Heiligen ist es zwar wert, dass man sich auf sie bezieht, aber im Augenblick müssen wir auch ihr Zeugnis beiseitelassen und unsere Philosophie allein auf dem Zeugnis der Weisen aufbauen. Doch wenn wir das getan haben, werden wir uns dem Zeugnis der Heiligen wieder zuwenden und es im Licht der Lehre des Weisen betrachten. Solch eine Analyse ist von großem Wert, wie wir zur gegebenen Zeit sehen werden.

Weise hat es in jedem Zeitalter bis in die Gegenwart hinein gegeben. Ihr Zeugnis ist uns in Büchern wie den Upanishaden oder dem Vedanta überliefert. Diese Schriften enthalten viele Textstellen, die unmittelbar überzeugen. Tatsächlich ist es das Herz allen Lebens, das wirkliche Selbst, das durch sie zu uns spricht. Der Studierende erkennt gleichzeitig zweierlei: dass die Lehre wahr ist und dass der Lehrer ein Weiser ist.

Aber es kann kein Zweifel darüber bestehen, dass der ernsthafte Schüler die Worte eines lebenden Weisen diesen Büchern vorzieht, wenn er einen finden kann. Man kann an der Echtheit der Texte der alten Offenbarung zweifeln. Aber die Echtheit der Lehre eines lebenden Weisen kann nicht angezweifelt werden, und wir stehen auf noch sichererem Boden, wenn der Weise selbst seine Lehre aufgeschrieben hat. Das hat auch den Vorteil, dass, wenn wir uns über die Bedeutung einer Aussage im Zweifel sind, wir uns an den besten Kommentator halten können, nämlich den Weisen selbst.

Die Schüler des Weisen vom Arunachala haben deshalb einen größeren Vorteil als jene, die sich auf ältere Schriften oder Gelehrte beziehen, die diese Bücher studiert haben. Der Weise hat seine Lehre niedergeschrieben und selbst die Bedeutung einiger Textstellen erläutert. Er hat auch mündlich viele Fragen beantwortet, die ihm im Laufe der Zeit gestellt wurden, und diese Antworten sind ziemlich genau von seinen Schülern aufgeschrieben worden.[16] Natürlich ist es davon abgesehen großartig, sich an einen lebenden Weisen zu halten, wie die alten Offenbarungen es uns empfehlen. Wer das versäumt, verliert eine gute Gelegenheit. Ein Lehrer, der kein Weiser ist, sondern nur ein Gelehrter (*Pandit*), kann den Geist der alten Offenbarung nicht verstehen. Noch weniger kann er die latente spirituelle Energie des Devotees wecken, weil seine eigene nicht geweckt worden ist. Der Guru oder Meister, der uns lehren soll, sollte selbst eine Verkörperung dieser Weisheit sein, die er uns vermitteln will.

Die Lehre unseres Weisen ist deshalb für uns eine neue Offenbarung. Und aus diesem Grund ist diese Offenbarung für uns die autoritativste. Wir sollten sie als die Grundlage unserer Philosophie verstehen und auch die alten Offenbarungen nutzen, insofern sie zur Erklärung beitragen.

Es gibt natürlich die unausgesprochene Ansicht der orthodoxen Gelehrten, dass die alte Offenbarung die höchste Autorität darstellt und die Worte eines lebenden Weisen nur insofern autoritativ sind, als sie diese Offenbarung wiedergeben. Wir werden später noch darauf zu-

---

[16] z. B. Die Botschaft des Ramana Maharshi oder Gespräche mit Ramana Maharshi

rückkommen. Jetzt sollten wir zu einer klaren und rationalen Sichtweise darüber kommen, was Autorität bedeutet.

Autorität ist lediglich das Zeugnis der Weisen, das uns eine Vorstellung von ihrer eigenen Erfahrung des wahren Selbst gibt, die das Nichtwissen überschreitet. Man spricht von Autorität, weil es der einzige Beweis ist, den wir über das wahre Selbst und den Zustand der Befreiung haben können, solange wir dem Nichtwissen unterworfen sind.

Es gibt einen offensichtlichen Konflikt zwischen Autorität und Vernunft. Ein europäischer Philosophiestudent, der einige Jahre lang zu Füßen des Weisen verbracht hatte, sagte einmal zum Weisen, dass, wie die Geschichte zeige, dies das Zeitalter der Vernunft sei und dass die Lehre, auf die wir hören und die wir annehmen sollen, ebenfalls vernünftig sein müsse. Der Weise antwortete: „'Wessen Vernunft?' Auf diese Frage musst du mit: ‚Meiner Vernunft' antworten. Also ist der Verstand dein Werkzeug. Du gebrauchst ihn als Messinstrument. Du bist es nicht selbst, noch ist er etwas, das unabhängig von dir existiert. Du bist die beständige Wirklichkeit, während die Vernunft nur eine Erscheinungsform ist. Du musst dich selbst finden und an dir festhalten. Im Tiefschlaf gibt es keinen Verstand. Auch das kleine Kind hat keinen Verstand. Er entwickelt sich erst mit den Jahren. Wie aber kann es eine Entwicklung oder Manifestation des Verstandes geben, ohne dass er im Schlaf oder in der Kindheit angelegt ist? Warum muss man die Geschichte zu Hilfe nehmen, um diese grundsätzliche Tatsache zu entdecken? Das Maß der Wahrheit der Geschichte ist dasselbe wie das Maß der Wahrheit des Historikers."

Anders ausgedrückt: Die Nützlichkeit des Verstandes ist von seinem Ursprung, nämlich dem ursprünglichen Nichtwissen, begrenzt. Für jene, die sich ihrer Abhängigkeit von diesem Nichtwissen nicht gewahr sind oder damit zufrieden sind, in diesem Nichtwissen zu bleiben, ist der Verstand ein Werkzeug, das ihren Zwecken gut genug dient. Das bedeutet, er ist ein hervorragendes Werkzeug im Dienst des Nichtwissens. Um es aber zu überschreiten, ist er nur von geringem Nutzen. Das Äußerste, was der Verstand für uns tun kann, ist, seine eigene

Begrenzung zu erkennen und damit aufzuhören, unsere Ergründung der Wahrheit zu verhindern. Das kann er aber erst tun, wenn er die Tatsache versteht, dass sein Ursprung makelhaft ist und dass es nötig ist, sich auf das Zeugnis der Weisen als Hilfe für die Ergründung zu beziehen, durch die eine authentische Enthüllung des wahren Selbst gewonnen werden kann. Somit ist der Konflikt zwischen Verstand und Enthüllung nur scheinbar.

Unser Bezug auf das Zeugnis der Weisen ist nicht unvernünftig, auch wenn dieser Bezug nur vorübergehend besteht. Die Weisen sprechen vom wirklichen Selbst und wie man es durch direkte Erfahrung erlangen kann. Aber wir sollten nicht alles blind glauben, was sie uns erzählen, sondern müssen ihre Lehre mit unserer eigenen Erfahrung der Wahrheit dieses Selbst überprüfen. Ihre wesentliche Lehre besteht nicht darin, was sie uns über den Zustand der Befreiung oder das wahre Wesen des Selbst erzählen, sondern was sie über die Methode sagen, durch die dieser Zustand erreicht wird. Deshalb sagt der Weise seinen Schülern von Anfang an, dass sie das Selbst durch die Ergründung, wie er sie lehrt, finden müssen. Was immer er sonst noch lehrt, ist nur ein Hilfsmittel bei dieser Suche. Deshalb sollen wir seine Lehre nur vorübergehend akzeptieren, sodass wir in der Lage sind, Ergründung zu üben und zum Erfolg zu führen.

Jeder Konflikt zwischen Verstand und Glaube an den Guru wird verschwinden, wenn wir fortfahren, seine Lehre zu studieren. Generell zielen die Weisen auf unsere eigene Erfahrung als weltliche Menschen ab, und der Weise vom Arunachala ist hier keine Ausnahme. Es stimmt zwar, wie wir bereits gesehen haben, dass unsere Erfahrung als Nachkomme des ursprünglichen Nichtwissens von höchst zweifelhaftem Charakter ist. Aber trotzdem finden die Weisen Möglichkeiten, die es uns erleichtern, ihrer Lehre zu folgen, so revolutionär sie auch bei fast jedem Schritt zu sein scheint. Das Licht, das sie auf unsere vergangenen Erfahrungen werfen, lässt uns erkennen, dass es in Wirklichkeit keinen Konflikt zwischen Glaube und Verstand gibt.

Da darin das wahre Wesen der Autorität besteht, folgt daraus, dass als letzte Instanz jeder seine eigene Autorität ist. Bevor er die Lehre eines

Weisen als autoritativ annimmt, muss er sich entscheiden, ob es sich um einen Weisen handelt oder nicht – eine Person, die die Erfahrung des wahren Selbst unmittelbar erfahren hat und durch die Kraft dieser Erfahrung im Zustand der Befreiung, den auch er erlangen will, gefestigt ist. Er muss zum Schluss kommen, dass die fragliche Person reines und ununterbrochenes Glück genießt, weil sie frei von Verlangen und Furcht ist, den beiden Feinden des Glücks. Der Schüler muss nicht seinen Verstand unterwerfen, bis er einen findet, dem er ihn unterwerfen kann mit der Aussicht auf einen unschätzbaren Gewinn. Der Weise, dem er sich unterwirft, wird zu seinem Guru oder Meister.

Es ist nicht möglich, klare Regeln zu formulieren, um den Neuling in diesem delikaten Unterfangen, einen Weisen zu erkennen, zu führen. Und es muss betont werden, dass solche Regeln auch nicht nötig sind. Wem es bestimmt ist, einen Weisen zu finden und sein Schüler zu werden, der wird keinerlei Schwierigkeiten haben, ihn zu erkennen, wenn er ihn gefunden hat. Wem das nicht bestimmt ist, nützen auch keine Regeln. Die göttliche Gnade spielt eine entscheidende Rolle in dem Prozess, in dem der Weise als solcher erkannt und als der eigene Guru angenommen wird. Ist aber die Wahl einmal gefallen, kann der Schüler die verfügbaren Prüfmethoden nutzen, ob es sich um einen Weisen handelt, um seine Wahl zu bestätigen. Das Hauptmerkmal eines Weisen ist Gelassenheit und unerschütterliches Glück, was dasselbe wie vollkommener Friede ist. Ein anderes Merkmal ist Selbstlosigkeit, und sie wird v.a. durch Gleichmut gegenüber Bewunderung und Kritik bewiesen, wie bereits erwähnt. Andere Merkmale werden noch im Laufe dieser Darstellung Erwähnung finden.

Wir werden jetzt das Verständnis von Autorität der orthodoxen Gelehrten, die nicht zu Füßen eines Weisen gesessen sind, erörtern. Sie glauben folgendes: Es gibt bestimmte Schriften, die unbestreitbar in ihrer Ganzheit autoritativ sind, da sie göttlichen Ursprungs sind. Jeder Satz und jeder Satzteil stammt von Gott, und wir dürfen ihre Authentizität und Autorität nicht anzweifeln. Es heißt, dass diese Schriften *Svatah-pramanam* seien, d.h. sie beweisen sich selbst. In dieser Bedeutung ist Autorität eine Art spiritueller Diktatur, die von außen auferlegt wird. Die Unterwürfigkeit des Wahrheitssuchers geht sogar noch weiter.

Man muss nicht nur die heilige Überlieferung als autoritativ annehmen, sondern sich auch von vornherein auf sie verpflichten und die Interpretationen diskutierter Stellen, die diese Gelehrten anbieten, annehmen.

Diese Auffassung von Autorität ist eine der vielen bedauerlichen Auswirkungen der in Kirchen oder Hierarchien organisierten Religionen. Sie mag jenen genügen, die in Unwissenheit leben und sterben wollen. Wer sie aber überschreiten will, benötigt eine andersartige Autorität.

Selbst die heilige Überlieferung besitzt nur relative Gültigkeit und benötigt irgendeinen Beweis für ihre Richtigkeit. Es gibt nur etwas, das sich selbst beweist, nämlich das Selbst.

Die Bewahrer der rechtgläubigen Ansicht erkennen das Zeugnis eines lebenden Weisen als unabhängige Autorität nicht an. Sie glauben, dass der alten Überlieferung eine besondere Heiligkeit anhaftet und ihr nichts hinzugefügt werden darf. Dabei ist es gerade umgekehrt. Die Autorität der alten Überlieferung beruht auf der Tatsache, dass sie Teile enthält, die mehr oder weniger richtige Berichte der Zeugnisse von Weisen sind, die in der Vergangenheit gelebt haben. Und die Weisen sind immer gleich. Wie die alte Überlieferung feststellt, leben sie nicht in der Zeit, sondern überschreiten sie. Zudem gibt die heilige Überlieferung die Anweisung, uns von einem lebenden Weisen unterrichten zu lassen. In Wahrheit ist der Weise keine Person, sondern die Verkörperung der Göttlichkeit, wie es in der Gita (7.18) heißt: „Der Weise ist Mein Selbst." Und diese eine fundamentale Lehre der alten Überlieferung wird anscheinend von den Gelehrten nicht ausreichend verstanden.

Mit der Lehre eines lebenden Weisen zu beginnen ist auch der natürlichste Weg, da wir durch unsere intuitive Wahrnehmung entscheiden können, ob ein Lehrer ein Weiser ist oder nicht. Die Weisen der Vergangenheit können wir dagegen nicht beurteilen.

Zudem können wir uns nie ganz sicher sein, dass die Schriften, wie wir sie jetzt vorfinden, alle richtig überliefern, was die Weisen gesagt haben. Es ist möglich, dass diese Schriften aus den tatsächlichen Worten der Weisen sowie denen anderer Philosophen, die keine Weisen waren, zusammengesetzt sind. Die authentischen Lehren sind vermutlich für lange Zeit gar nicht niedergeschrieben worden, bevor sie in diese Schriften aufgenommen wurden. In der Zwischenzeit wurden sie durch mündliche Überlieferung bewahrt, weshalb dieselben Textstellen in mehreren Schriften verschieden auftauchen.

Der Anspruch auf höhere Autorität für die alte Überlieferung gründet sich auch darauf, dass sie alt ist. Aber eine alte Überlieferung ist kein Argument für eine Untersuchung, bei der die Gültigkeit der Zeit als eine objektive Wirklichkeit in Frage gestellt wird, wie wir noch sehen werden.

Unser höchstes Vertrauen soll deshalb dem Zeugnis des Weisen vom Arunachala gelten. Die alte Überlieferung werden wir zur Ergänzung heranziehen.

5. DIE WELT

Wir haben gesehen, dass die Wahrheit des Selbst sich enthüllt, wenn der Geist nicht aufhört, nach ihr zu suchen, getrieben vom Entschluss, sie zu finden. Das kann der Geist nur dann tun, wenn er nicht von äußeren Gedanken von der Suche abgelenkt wird. Der nicht abgelenkte Geist ist ein geeignetes Instrument für das Auffinden des Selbst. Der Geist des Weisen vom Arunachala war solch ein geeignetes Instrument, weil er von Wünschen und Anhaftungen, die Gedankenströme hervorbringen und den Geist von der Ergründung abhalten können, unberührt war. Solch ein Weiser muss sich nicht in Diskussionen über die Welt ergehen. Er hat einmal gesagt: „Von welchem Nutzen sind Diskussionen über die Welt, ob sie wirklich oder eine illusionäre Erscheinung ist, ob sie bewusst oder unbewusst ist, ob sie glücklich oder elend ist? Alle Menschen lieben den ichlosen Zustand, den man erreicht, wenn man sich von der Welt abwendet und das unberührte, wahre Selbst erkennt, das die Behauptungen überschreitet, es sei eines oder es sei vielfältig." (UN 3)

Hier äußert der Weise einen Standpunkt, der zunächst falsch zu sein scheint. Er behauptet, dass wir alle den ichlosen Zustand lieben, den man gewinnt, indem man sich von der Welt abwendet. Und weil wir der Welt sowieso den Rücken kehren müssen, spiele es für uns keine Rolle, was die Welt sei. Es gibt aber nur wenige Menschen, die vom ichlosen Zustand gehört haben, und noch weit weniger, die ihn auch wollen. Was meint der Weise dann, wenn er sagt, dass alle Menschen ausnahmslos diesen Zustand lieben?

Der Weise selbst gibt die Erklärung, die in völliger Übereinstimmung mit der Lehre der alten Überlieferung steht: Es stimmt, dass nicht alle bewusst den ichlosen Zustand lieben. Sie tun es unwissentlich. Sie zeigen es durch ihre große Vorliebe für einen Zustand, der dem ichlosen Zustand sehr ähnelt, nämlich dem traumlosen Tiefschlaf. Er ist jedoch dem ichlosen Zustand weit unterlegen, wie wir noch sehen werden. Er ist ein glücklicher Zustand, aber seine Glückseligkeit kann mit der im ichlosen Zustand nicht verglichen werden. Trotzdem ähnelt er dem ichlosen Zustand, weil er ich- und weltlos ist.

Später werden wir sehen, dass seine Ichlosigkeit unvollkommen ist. Weil er ichlos ist, ist er auch weltlos, und das macht ihn glücklich. Der Weise sagt, dass jemand, der den Schlaf trotz seiner Unvollkommenheit liebt, nicht behaupten kann, er liebe den ichlosen Zustand nicht. Deshalb müssten wir nicht über die Welt diskutieren, wenn wir nur wüssten, was wir wirklich wollen. Es ist das Selbst, das uns interessieren sollte, nicht das Nicht-Selbst. Deshalb, so sagt der Weise, sei es absurd, das Nicht-Selbst zu untersuchen, wie es auch absurd wäre, wenn ein Friseur den Haufen geschorener Haare untersuchen würde, anstatt ihn in den Mülleimer zu werfen.

Alle Untersuchungen des Nicht-Selbst sind vergebens, wenn nicht schädlich, weil sie das hauptsächliche Vorhaben verzögern, nämlich die Suche nach dem Selbst. Das trifft sogar zu, wenn man die richtige Schlussfolgerung über das Wesen der Welt gezogen hat und dann nicht mit der Ergründung beginnt.

Doch für jene, die ernsthaft das Selbst finden wollen, ohne die Frage mit einem konzentrierten Geist verfolgen zu können, ist diese Erforschung weder unnötig noch unerwünscht. Die Notwendigkeit besteht darin: Die meisten Menschen, selbst jene, die ernsthaft von der Bindung befreit werden wollen, werden durch unerwünschte Gedanken, die auftauchen und den Geist füllen, an ihrem Unterfangen gehindert. Der Geist ist es gewohnt, sich auf die Welt zu richten, nicht auf das Selbst. Auch wenn es einem gelingt, den Geist von der Welt abzuwenden und auf das Selbst zu konzentrieren, löst er sich wieder davon und wandert zurück zur Welt.

Aber warum drängen sich Gedanken in den Geist, selbst wenn sie unerwünscht sind? Die Weisen antworten: Weil wir glauben, dass die Welt wirklich ist. Der Weise vom Arunachala sagt in einem seiner Gedichte, dass sich uns das Selbst sehr leicht offenbaren würde, wenn wir nicht an die Wirklichkeit der Welt glauben würden. Das größte Wunder, sagt der Weise, ist, dass wir uns bemühen, mit ihm eins zu werden, obwohl wir immer das wahre Selbst sind. Es werde ein Tag kommen, an dem wir über unser jetziges Bemühen lachen werden. Doch das, was uns am Tag des Lachens offenbar wird, existiert auch jetzt als die Wahrheit. Wir können nicht das Selbst werden, da wir es bereits sind.

Man kann fragen, was unser Glaube mit der Ergründung zu tun hat. Eine Erklärung ist folgende: Alles, was wir für wirklich halten, besitzt ein unbestreitbares Recht, in den Geist einzutreten. Gedanken über die Wirklichkeit können nicht willentlich den Zutritt verwehrt werden. Aber das ist noch nicht alles. Wir halten jetzt die Welt in einem Sinn für wirklich, in dem sie nicht wirklich ist. Und dadurch machen wir es uns unmöglich, das Selbst zu erkennen, bis wir unseren falschen Glauben aufgeben. So geschieht es, dass eben diese Welt das Selbst für uns vernebelt.

Wie ist das möglich? Die Weisen lehren, dass das Selbst die Wirklichkeit ist, die der Welt zugrunde liegt. Es ist wie mit einem Seil, das man für eine Schlange hält. Die Schlange vernebelt das Seil. Ebenso vernebelt die Welt das Selbst. Es gibt nur eine Wirklichkeit, die uns in unserem Nichtwissen als die Welt erscheint und so erscheinen wird, wie sie wirklich ist, nämlich als das Selbst, wenn wir das Nichtwissen überwinden. Wenn wir die Wahrheit erleben, werden wir herausfinden, dass das, was uns jetzt als diese vielfältige Welt aus Namen und Gestalten in Raum und Zeit erscheint, nur das reine Selbst ist, die unteilbare Wirklichkeit, namenlos, gestaltlos, zeitlos, ortlos und unveränderlich. Und es ist unumstößlich, dass eine Erscheinung die Wirklichkeit ausschließt. Solange das Seil für eine Schlange gehalten wird, kann es nicht als das Seil gesehen werden, das es wirklich ist. Die falsche Schlange verbirgt wirksam das echte Seil.

Dasselbe trifft auf das Selbst zu. Solange uns das Selbst als die Welt erscheint, werden wir es nicht als das Selbst erkennen. Das Erscheinen der Welt verbirgt wirksam das Selbst und wird es so lange tun, bis wir diese Erscheinung loswerden. Das geschieht aber erst dann, wenn wir verstehen, dass das Erscheinen der Welt unwirklich ist. Deshalb ist die Wirklichkeit, die auch das Selbst ist, für den praktisch nicht vorhanden, der an die Wahrheit der Welt glaubt, wie das Seil für den nicht vorhanden ist, der es als Schlange sieht. Deshalb ist er ein *Nastika* (Nichtgläubiger), auch wenn er ehrlich glaubt, dass es eine Wirklichkeit gibt.

So geschieht es, dass aufgrund dieses falschen Glaubens das unendlich große und selige Selbst, das unser liebster Besitz ist, wenn wir es als Besitz bezeichnen können, uns solange verloren ist. Und welcher Verlust könnte größer sein?

Die Vorstellung eines Selbst ist uns aber angeboren. Wir können die Existenz irgendeines Selbst nicht bezweifeln. Das Selbst ist die einzige unbestreitbare Wirklichkeit, die es gibt. Würde jemand an der Wirklichkeit des Selbst zweifeln, so würde er sich sofort selbst leugnen. Um überhaupt eine Frage stellen zu können, muss man zugeben, dass man existiert. Deshalb geschieht es, dass wir wegen der Vernebelung des wahren Selbst eine Leere spüren, die wir mit einem falschen Selbst füllen.

Solange wir jedoch die Welt für wirklich halten und unfähig sind, an irgendeine Wirklichkeit jenseits der Welt zu denken, müssen wir dieses hypothetische Selbst in der Welt lokalisieren. Und das kann nur geschehen, indem wir das Selbst mit dem Körper identifizieren. Da es zwei Körper gibt, den physischen oder grobstofflichen und den geistigen oder subtilen, können wir nicht anders als einen oder beide für das Selbst zu halten. Wir müssen verstehen, dass wir in beiden Fällen der Unwissenheit zum Opfer fallen. Das wahre Selbst ist weder der Körper noch der Geist, wie wir noch sehen werden. Durch dieses Nichtwissen sind wir nicht in der Lage, das wirkliche Selbst, das sowohl den Geist als auch den Körper überschreitet, wahrzunehmen. Deshalb werden wir nie das wahre Selbst, das die Weisen bezeugt haben, erkennen, solange wir nicht dazu bereit sind, den Glauben, dass die Welt als solche wirklich ist, nämlich als Welt, zurückzuweisen.

Um die ursprüngliche Unwissenheit loszuwerden, müssen wir also den Glauben an die Wirklichkeit der Welt zurückweisen, außer unser Geist wäre von solcher Reinheit und Harmonie durchdrungen, dass wir jeden Gedanken an die Welt und den Körper beiseitelegen können, während wir uns mit der Ergründung befassen. Deshalb müssen wir hören, was die Weisen uns über die Welt sagen, und ihre Lehre wenigstens versuchsweise für wahr halten.

Der Weise vom Arunachala erklärt uns, dass die Welt sowohl wirklich als auch unwirklich ist. Und er zeigt uns auch, dass sich das nicht widerspricht. Die Welt ist auf die eine Weise wirklich und auf die andere unwirklich. Die Welt ist wirklich, da das, was als Welt erscheint, die Wirklichkeit, das wahre Selbst ist. Sie ist unwirklich, weil sie, wenn man sie als Welt betrachtet, nur eine Erscheinung der Wirklichkeit darstellt. Getrennt von der Wirklichkeit existiert die Welt nicht. Ihr Erscheinen als Welt beeinträchtigt die Wirklichkeit jedoch nicht, da sie niemals wirklich zur Welt wird, so wie das Seil nie zur Schlange wird.

Somit wird uns gelehrt, dass die Welt als solche unwirklich ist. Sie ist nicht völlig unwirklich, da es etwas gibt – die Wirklichkeit, das Selbst – das hinter der falschen Erscheinung steht. Das bedeutet, dass die Wirklichkeit uns nicht so erscheint, wie sie wirklich ist, da sie von der Welt verschleiert ist. Diese Lehre ist als *Maya-Vada* bekannt. Die Welt wird als *Maya* bezeichnet, als eine illusorische Erscheinung der Wirklichkeit. *Maya* kann als die geheimnisvolle Kraft beschrieben werden, die das Wirkliche als etwas erscheinen lässt, was es nicht ist.

Diese Lehre wurde heftig kritisiert. Es wird behauptet, sie sei nicht in den Upanishaden zu finden und sei eine Erfindung neuerer Autoren, die Sri Shankara übernommen habe. Für uns ist der Streit darüber durch das Zeugnis des Weisen vom Arunachala erledigt.

Die Lehre, dass die Welt *Maya* sei, stellt nur einen Grundsatz auf, den alle kennen und dem alle zustimmen, nämlich dass Dinge nicht das sind, was sie zu sein scheinen. Die moderne Wissenschaft, besonders die Physik, hat das als ein Grundprinzip der Materie bestätigt. Während die Wirklichkeit eine Einheit ist, unteilbar, unveränderlich, unbefleckt, gestaltlos, ohne Zeit und Raum, stellt sie sich unserem Geist als vielfältig, zerbrochen in unendlich viele Fragmente, veränderbar, verunreinigt durch Wunsch, Angst und Sorge, auf Formen beschränkt und zeitlich und räumlich begrenzt vor. Diese lange und komplizierte Aufzählung wird im Grundsatz zusammengefasst, dass das alles *Maya* ist.

Die Vedanta-Philosophie, die diese Lehre vertritt, wird Advaita genannt.

Wer diese Lehre zurückweist, braucht sie nicht anzunehmen. Sie wird nur jenen angeboten, die verstanden haben, dass die Ursache der Bindung Nichtwissen ist, und die sie ernsthaft loswerden wollen. Ihre Sichtweise unterscheidet sich fundamental von der anderer Leute, und so unterscheidet sich natürlich die für sie bestimmte Lehre.

Der Verdienst dieser Lehre beruht darauf, dass sie uns eine Synthese von zwei scheinbar zusammenhanglosen Lehren der alten Überlieferung anbietet: zum einen, dass die Wirklichkeit die Ursache der Welt ist, und zum anderen, dass sie davon unberührt bleibt und jede Zweiheit überschreitet. Jene, die glauben, dass die Wirklichkeit tatsächlich zu all dieser Verschiedenheit geworden ist, können diese Lehre nicht annehmen. Für sie haben die alte Überlieferung und die Heiligen andere Wege des spirituellen Fortschritts vorgesehen. Die Weisen stören sich nicht daran, wenn diese Leute behaupten, dass ihr Weg der einzig richtige sei. Wenn aber Nichtwissen überwunden werden soll, gibt es keinen anderen Weg, als diese Lehre anzunehmen. Denn wäre die Welt als solche wirklich, gäbe es keine unveränderbare Wirklichkeit und somit keine Befreiung.

Deshalb ist die Lehre über die Welt tatsächlich von zweifacher Art. Doch der Teil der Lehre, der besagt, dass das wahre Selbst die Wahrheit ist, die der Erscheinung der Welt zugrunde liegt, ist vom anderen Teil der Lehre unabhängig. Abgesehen davon ist es wichtiger, dass wir mit dem letzten Teil der Lehre, nämlich dass die Welt als solche nicht wirklich ist, beginnen, weil sie als Gegenmittel für den falschen Glauben, die Welt als solche sei wirklich, dient. Der vorige Teil der Lehre ist auch schwerer zu begreifen. Deshalb empfehlen die Weisen die Kultivierung des Glaubens, dass die Welt unwirklich ist, obwohl dies nicht die ganze Wahrheit über die Welt ist. Jene, die die ganze Lehre nicht aufnehmen können, sind damit auf der sicheren Seite, wenn sie diesen Teil der Lehre akzeptieren, der besagt, dass die Welt unwirklich ist.

Das ist der sichere Weg, denn die Alternative zu dieser Sichtweise, dass die Welt unwirklich ist, ist oft die, dass die Welt als Welt wirklich ist. Denn der durchschnittliche Geist ist so gestrickt, dass er nicht in der Ungewissheit über eine Frage gehalten werden kann. Er muss auf jede Frage die eine oder andere Antwort finden.

Gründe für die Sichtweise, dass die Welt als solche unwirklich ist, gibt es in ausreichender Menge. Wir werden sie nun untersuchen.

Der erste Grund ist die Tatsache des Nichtwissens, die all unseren Erfahrungen zugrunde liegt. Jemand fragte einmal den Weisen: „Wie kann ich die Lehre annehmen, dass die Welt, die ich die ganze Zeit auf so verschiedene Weise wahrnehme, nicht wirklich ist?" Der Weise antwortete: „Diese Welt, von der du beweisen willst, dass sie wirklich ist, verhöhnt dich die ganze Zeit, wenn du versuchst, sie zu erkennen, ohne zuerst dich selbst zu kennen!"

Wenn wir einmal verstehen, dass wir uns selber nicht richtig kennen, wie können wir dann vorgeben, dass wir die Welt richtig kennen? Der Weise hat dieses Argument folgendermaßen zum Ausdruck gebracht: „Wie kann die Erkenntnis von Objekten, die in ihrer relativen Existenz vor einem auftauchen, der die Wahrheit über sich selbst, dem Erkennenden, nicht kennt, wirkliche Erkenntnis sein? Erkennt man die Wahrheit über sich selbst, das ‚Ich', in dem es sowohl Wissen als auch Nichtwissen gibt, dann hört zusammen mit dem Nichtwissen auch das (relative) Wissen auf." (UN 11)

Jemand, dem die volle Überzeugungskraft dieses Argumentes einleuchtet, braucht keine weitere Debatte. Die Lehre, dass die Welt als solche nicht wirklich ist, wird offensichtlich, sobald man erkennt, dass die Unkenntnis des Selbst die Quelle alles weltlichen Wissens ist. Bis dahin mag eine ausführlichere Diskussion der Frage nützlich sein.

Der zweite Grund: Unser Glaube an die Wirklichkeit der Welt als solche beruht nicht auf irgendeinem zuverlässigen Beweis. Wir werden sogleich über die Stichhaltigkeit des angebotenen Beweises diskutieren. Aber zunächst müssen wir einen anderen möglichen Einwand ausräumen.

Man kann uns vorwerfen, dass wir mit der Behauptung, es gäbe keinen zufriedenstellenden Beweis der Wirklichkeit der Welt, einfach die Beweislast an die Gegenseite weiterreichen. Darauf können wir antworten, dass die Beweislast tatsächlich bei demjenigen liegt, der behauptet, dass die Welt existiert, und nicht bei demjenigen, der ihre Existenz leugnet. Vor Gericht gilt die Regel, dass die Beweislast bei demjenigen liegt, der etwas behauptet, und nicht bei demjenigen, der diese Behauptung verneint. Und das ist eine völlig vernünftige Regel. Es gibt keinen Grund, warum in der Philosophie eine andere Regel gelten sollte. Der Grund für diese Regel ist, dass eine Leugnung normalerweise keinen Beweis erbringen kann, während eine Behauptung von etwas Positivem, etwas Existierendem beweisfähig ist. Derjenige, der etwas leugnet, gewinnt seinen Fall zu Recht, wenn derjenige, der etwas behauptet, nicht in der Lage ist, eindeutig einen positiven Beweis für seine Behauptung zu erbringen. Ist er dazu nicht in der Lage, wird das Urteil gegen ihn ergehen. Somit liegt die Beweislast rechtmäßig bei jenen, die behaupten, die Welt wäre als solche wirklich. Wir werden den von ihnen erbrachten Beweis prüfen, und wenn er nicht eindeutig ist, müssen wir daraus schließen, dass ihre Behauptung unbegründet ist. Natürlich erbringen die Weisen einen eindeutigen Beweis, aber wir brauchen uns im Augenblick nicht darauf berufen.

Bevor wir mit dieser Diskussion beginnen, müssen wir eine Norm dessen aufstellen, was Wirklichkeit ist, die streng angewandt werden muss. Wir können nicht die Norm der Wirklichkeit, die allgemein gebräuchlich ist [i.e. die Sinneserfahrung] anwenden, weil sie ein Instrument des ursprünglichen Nichtwissens ist, das unser ganzes Wissen beeinträchtigt. Wir müssen zu den Weisen gehen, um von ihnen diese Norm der Wirklichkeit zu erhalten, die uns richtig anleiten kann.

Diese Norm der Wirklichkeit ist folgende: Nur das ist wirklich, was unverändert und ununterbrochen existiert. Das bedeutet, dass Dinge, die nur von Raum und Zeit begrenzt existieren, nicht wirklich sind. Diese Prüfung der Wirklichkeit wurde seit undenkbarer Zeit überliefert und ist in der Bhagavad Gita 2.16 zu finden: „Sein ist niemals dem Unwirklichen eigen, noch ist Nicht-Sein dem Wirklichen eigen."

In einer Stelle der Chhandogya Upanishad finden wir dieselbe Norm der Wirklichkeit, wo Wirklichkeit und Erscheinung miteinander verglichen werden. Der Acharya Gaudapada, auf den sich der Weise Shankara als ein Kenner der Bedeutung der heiligen Schriften, wie sie von der Tradition überliefert wurden, bezieht, formuliert die Norm der Wirklichkeit folgendermaßen: „Was weder vorher noch nachher existiert, existiert auch jetzt nicht." (Mandukya Karikas 2.6)

Beide Stellen besagen dasselbe. Der Vers aus der Gita besagt, dass ein Ding nicht deshalb existiert, weil es zu irgendeiner Zeit zu existieren scheint, denn etwas, das wirklich existiert, ist nie nicht-existent. Gaudapada wendet dieses Prinzip an und schließt daraus, dass ein Ding, das zu einer bestimmten Zeit auftaucht und später nicht mehr auftaucht, die ganze Zeit über nicht existiert.

Somit ist das unveränderte Fortdauern eines Seins der Beweis für die Wirklichkeit. Solch eine Kontinuität ist der Beweis für das Überschreiten der Zeit und anderer Elemente der Relativität. Die Wirklichkeit ist weder in der Zeit noch im Raum, noch bezieht sie sich auf etwas anderes als Ursache oder Wirkung. Dies ist die strikte philosophische Definition von Wirklichkeit nach den Weisen.

Das Überschreiten der Ursächlichkeit ist sehr wichtig. Es beinhaltet die Unveränderlichkeit als eine unverzichtbare Eigenschaft der Wirklichkeit. Und das sollte auch so sein, denn etwas, das sich wirklich verändert hat, ist nicht länger dasselbe. Die Tatsache, dass es sich verändert hat, zeigt, dass es nie wirklich gewesen ist. Dinge, die an Raum und Zeit gebunden sind, sind dem Wandel unterworfen, weil sie teilbar sind. So können aus der teilbaren Erde viele Dinge entstehen. Deshalb ist sie nicht wirklich. Demnach ist auch Unteilbarkeit ein Test für die Wirklichkeit. Wir werden noch sehen, wie sich dieser Test anwenden lässt.

Außerdem ist das Wirkliche grundsätzlich etwas, das selbständig existiert, unabhängig von anderem. Alles, was eine abhängige Existenz führt, ist unwirklich. So sind Dinge aus Materie wie Erde, Holz oder Metall unwirklich. Verglichen mit den Dingen, die aus ihnen hergestellt werden, kann man sagen, dass das Material wirklich ist. Deshalb veranschaulichen die heilige Überlieferung und die Weisen die Unwirklichkeit der Welt, indem sie sie mit den Objekten vergleichen, die aus solchem Material bestehen, und die Wirklichkeit, die Ursache der Welt, mit den Materialien.

Ein irdener Topf besteht z.B. aus Erde. Deshalb hat er keine unabhängige Existenz. Seine scheinbare Existenz rührt von der Erde her. Der Topf ist deshalb, wie die alte Überlieferung sagt, nur im herkömmlichen Sinn ein Topf, in Wirklichkeit aber ist er nur Erde. Bevor er hergestellt wurde, war er nur Erde. Wenn er zerbricht, wird er nur Erde sein. Und selbst jetzt ist er nur Erde mit dem Namen und der Form eines Topfes. Also ist er die ganze Zeit nur Erde. Da sein Erscheinen als Topf vergänglich ist, sagt man, dass der Topf als Topf unwirklich ist, obwohl er als Erde wirklich ist. Diese Wirklichkeit als Erde ist nur relativ, nicht nur deshalb, weil Erde trenn- und veränderbar ist, sondern auch weil sie in Raum und Zeit existiert und keine fortdauernde Existenz besitzt.

Auf dieselbe Weise ist die Welt, die eine Erscheinung in der Wirklichkeit ist, nur im herkömmlichen Sinn die Welt, da sie keine eigene Existenz unabhängig vom Wirklichen hat. Deshalb ist sie als Welt unwirklich und zugleich die ganze Zeit nichts anderes als das Wirkliche. Aber die Lehre darf nicht auf diese Analogie beschränkt bleiben, weil es diesen großen Unterschied gibt, dass die Wirklichkeit niemals eine wirkliche Veränderung erfährt.

Der Weise gibt uns für das Verständnis der Unwirklichkeit der Welt drei Analogien an die Hand: die des Seils, das für eine Schlange gehalten wird, die der Wüste, in der eine Fata Morgana erscheint, und die der Träume. Er weist darauf hin, dass alle drei Analogien nötig sind und zusammengenommen werden sollten. Denn die Wahrheit, die wir suchen, überschreitet alles und kann nicht adäquat durch eine einzige Analogie beschrieben werden.[17]

---

[17] Es soll auch daran erinnert werden, dass Analogien keine Beweise sind und kein Weiser glaubt, dass er etwas durch Analogien beweisen kann. Die Lehren der Weisen sind autoritativ, weil sie Weise sind. Analogien werden von ihnen nur gebraucht, um die Lehre verständlicher zu machen.

Die erste Analogie kennen wir bereits. Wenn man ein Seil zunächst für eine Schlange hält und dann als Seil erkennt, verschwindet die Schlange. Das scheint bei der Welt nicht zuzutreffen. Selbst wenn man weiß, dass die Welt nur eine Erscheinung des wahren Selbst ist, erscheint sie weiterhin. Dieser Einwand wird von denen erhoben, die die Lehre gehört haben und mehr oder wenig von ihr überzeugt sind. Die richtige Erklärung besagt, dass rein theoretisches Wissen das Erscheinen der Welt nicht auflöst, sondern nur die wirkliche Erfahrung des Selbst. Aber diese Erklärung mag jetzt verfrüht sein. Deshalb versucht der Weise, uns davon zu überzeugen, dass eine falsche Erscheinung fortbestehen kann, selbst nachdem man sie als solche erkennt. Das wird durch die Analogie von der Wüste, in der man eine Fata Morgana sieht, veranschaulicht. Die Fata Morgana ist eine falsche Erscheinung wie die der Schlange. Sie wird jedoch auch weiterhin gesehen, auch wenn man weiß, dass es an diesem Ort kein Wasser gibt. Wir sehen also, dass die bloße Tatsache einer fortdauernden Erscheinung kein Beweis für ihre Wirklichkeit ist.

Aber dann taucht ein weiterer Zweifel auf. Der Schüler sagt, dass das Beispiel von der Fata Morgana sich von dem der Welt unterscheidet. Es wird eingestanden, dass das Wasser der Fata Morgana unwirklich ist, da kein Wasser da ist, um den Durst zu stillen, obwohl es trotz des Beweises seiner Unwirklichkeit nicht aufhört zu erscheinen, nachdem man die Wahrheit erkannt hat. Mit der Welt dagegen ist es nicht so, denn sie dient weiterhin unzähligen Zwecken.

Der Weise vertreibt diesen Zweifel, indem er auf die Traumerfahrung hinweist. Die Dinge, die im Traum gesehen werden, sind nützlich. Traum-Nahrung stillt den Traum-Hunger. In dieser Hinsicht ist der Wachzustand dem Traumzustand nicht überlegen. Der Gebrauch von Traum-Objekten ist im Traum so berechtigt wie der Gebrauch von Wach-Objekten im Wachzustand. Ein Mann, der soeben eine volle Mahlzeit genossen hat, geht schlafen und träumt, dass er hungrig ist. Ebenso erwacht ein Träumer, der eine volle Traum-Mahlzeit genossen hat, hungrig. Beide Male hat sich das Traumbild als falsch erwiesen. So sehen wir in der Traum-Analogie, dass etwas, das ein Bedürfnis befriedigt, trotzdem eine Illusion sein kann. In Wirklichkeit sind das Bedürfnis und seine Befriedigung beide gleich unwirklich.

Wir verstehen somit, dass die Welt als solche nicht wirklich ist, da sie dem Test der Wirklichkeit, dem der Weise sie unterzieht, nicht genügt.

Es gibt viele Religionen, die diese Lehre nicht akzeptieren, die den Wahrheitssucher aus dem Morast des Nichtwissens herausziehen kann, dem er entkommen will. Jede dieser Religionen basiert auf einer Reihe von Glaubenssätzen, die mehr oder weniger das Nichtwissen, das die Bindung aufrechterhält, enthalten. Deshalb sind die Anhänger dieser Religionen nicht in der Lage, diese Lehre anzunehmen, und widerlegen sie. Aber dadurch geraten sie in einen Widerspruch zur Norm der Wirklichkeit, wie sie von den Weisen aufgezeigt wurde. Sie versuchen, diese Schwierigkeit auf zweierlei Weise zu überwinden: Einerseits lehnen sie diese Norm ab. Zugleich spüren sie aber, dass sie richtig ist, und versuchen zu beweisen, dass die Welt gemessen an dieser Norm wirklich ist. Dabei fühlen sie sich aber unwohl und erleichtern ihr Gewissen, indem sie Stufen von Wirklichkeit, ein sehr unphilosophisches Mittel, das alle Weisen verurteilen, erfinden.

Es muss hier erwähnt werden, dass die Weisen der menschlichen Schwäche entgegenkommen. Von der absoluten Wahrheit her betrachtet ist die Welt unwirklich, aber sie ist so gut wie wirklich, solange Nichtwissen unseren Geist beherrscht.[18] Deshalb können sich diese Gläubigen nicht wirklich beim Weisen beschweren. Die Lehre besagt nicht, dass die Welt für jene nicht wirklich sei, die glauben, dass Körper oder Geist das Selbst sind und die nicht spüren, dass es sich dabei um Nichtwissen handelt und von ihm nicht frei werden wollen.

Die alte Überlieferung ist von zweierlei Art. Ein Teil ist an jene gerichtet, die sich ihrer Unwissenheit nicht bewusst sind und die deshalb für eine Lehre, die dieses Nichtwissen beseitigen will, keine Verwendung haben. Der andere Teil der alten Überlieferung wendet sich an jene, die

---

[18] Die Wahrheit, die die Weisen lehren, nennt man *Paramarthika*. Die Wahrheit, wie sie im Zustand des Nichtwissens wahrgenommen wird, nennt man *Vyavaharika*. Natürlich ist letztere im streng philosophischen Sinn die Unwahrheit.

sich ihrer Unwissenheit bewusst sind und ihr ernsthaft entkommen wollen. Diese beiden Teile der Überlieferung unterscheiden sich völlig voneinander. Aber diese Besonderheit der alten Offenbarung ist diesen Gläubigen nicht geläufig. Zudem fühlen sie sich durch die unausweichliche Folge, dass ihre Ansicht eine geringere Stellung einnimmt, verletzt. Sie empfinden es auch als eine Kränkung, dass die Welt, die sie für wirklich halten, als unwirklich abgelehnt werden soll, und möchten sich mit uns, die wir den Weisen folgen, darüber streiten. Wir suchen jedoch keinen Streit mit ihnen, da wir wissen, dass es für sie richtig ist, an ihrer Überzeugung festzuhalten und das Beste aus der Welt zu machen, solange sie währt. Sie sind wie Träumer, die davon überzeugt sind, dass ihre Träume wirklich sind und nicht aufwachen wollen. Wir haben begonnen zu erkennen, dass dieses weltliche Leben nur ein Traum ist, weil die Weisen es uns sagen. Und wir wollen erwachen.

Dass die Welt keine eigenständige Existenz hat, wird vom Weisen folgendermaßen erklärt: „Welt und Geist entstehen und vergehen zusammen, aber von den beiden verdankt die Welt ihr Erscheinen nur dem Geist. Das allein ist wirklich, in dem dieses untrennbare Paar – Welt und Geist – auftaucht und wieder verschwindet. Diese Wirklichkeit ist das eine unendliche Bewusstsein, das weder auftaucht noch verschwindet." (UN 7)

Damit werden wir an die Tatsache erinnert, die uns zwar nicht unbekannt ist, deren Bedeutsamkeit uns jedoch bis jetzt entgangen ist. Die Welt beginnt genau dann zu erscheinen, wenn der Geist auftaucht, der in den Schlaf ein- und in ihm verloren gegangen war. Sie erscheint nur so lange als der Geist tätig ist. Sie verschwindet mit dem Geist, wenn er sich im Tiefschlaf auflöst. Sie wird erst dann wieder gesehen, wenn der Geist beim Erwachen wiederkommt. Solange der Geist im Tiefschlaf versunken ist, erscheint keine Welt. Daraus folgt, dass weder Geist noch Welt wirklich sind. Das ist nicht nur deswegen so, weil beide nicht beständig erscheinen, sondern auch, weil sie nicht aus sich selbst heraus existieren, unabhängig von der Wirklichkeit, in der ihr Auftauchen und Verschwinden geschieht. Hier wird ebenfalls die Norm der Wirklichkeit, wie die alten Weisen sie definiert haben, klar aufgenommen und angewandt.

Man kann vielleicht dagegen einwenden, dass die Welt nur deshalb nicht erscheint, weil es keinen Geist oder keine Sinne gibt, die sie wahrnehmen. Die Antwort ist sehr einfach. Es stimmt, dass es im Tiefschlaf keinen Geist gibt, aber wir existieren. Wenn die Welt wirklich wäre, was hindert sie dann daran, uns zu erscheinen? Dass es im Tiefschlaf keinen Geist und keine Sinnesorgane gibt, ist kein Grund für die Welt, nicht gesehen zu werden. Das wirkliche Selbst braucht kein Medium, um zu sehen, was wirklich ist. Die heilige Überlieferung sagt, dass das Selbst das Auge des Bewusstseins ist, durch das Geist und Sinne erst zur Wahrnehmung befähigt werden. Die vedantischen Schriften sagen, dass seine Kraft, sich der Wirklichkeit gewahr zu sein, nie verloren geht. Wir sehen die Welt im Tiefschlaf deshalb nicht, weil sie nicht existiert. Der Weise hat dasselbe gesagt: „Die Welt ist nichts anderes als der Körper. Der Körper ist nichts anderes als der Geist. Der Geist ist nichts anderes als das ursprüngliche Bewusstsein. Das ursprüngliche Bewusstsein ist nichts anderes als die Wirklichkeit. Dieses existiert unveränderlich im Frieden." (GVK 99)

Man kann fragen, wie wir sicher sein können, dass die Wirklichkeit existiert, von der es hier heißt, sie sei die Quelle, aus der der Geist und die Welt sich erheben und in die sie wieder eingehen. Die Antwort lautet, dass dieses unwirkliche Paar nicht ohne etwas Wirkliches, in dem es entstehen und wieder vergehen kann, existieren kann.

Unsere Hauptschwierigkeit, diese Lehre anzunehmen, besteht in folgendem: Wir sind an den Gedanken gewöhnt, dass die Welt außerhalb unserer selbst existiert und dass wir der Körper sind oder der Geist, der im Körper wohnt. Wir setzen auch voraus, dass der Geist ein äußerst kleines Ding ist verglichen mit der Welt, und das macht es für uns schwierig zu begreifen, wie diese weite Welt im Geist sein oder mit ihm eins sein kann. Diese Schwierigkeit ist mit einer anderen falschen Annahme verbunden, nämlich dass Raum und Zeit wirklich seien, weil sie von der Welt-Erscheinung nicht zu trennen sind. Erscheint die Welt, tut sie das in Raum und Zeit, und verschwindet sie im Tiefschlaf oder im ichlosen Zustand, bleiben Raum und Zeit nicht bestehen. Die einfache Lösung der Schwierigkeit liegt darin, dass alle diese Annahmen Auswüchse des ursprünglichen Nichtwissens, des Ich-Sinns sind und deshalb nichts taugen.

Aufgrund dieser Annahme, die Welt sei außerhalb von uns und bestehe aus den Objekten, die wir mit unseren Sinnesorganen wahrnehmen, halten wir die Welt für eine objektive Wirklichkeit im Gegensatz zu reinen Gedanken, die wir für subjektiv und deshalb für unwirklich halten. Die Weisen erklären, dass diese Objektivität eine willkürliche Annahme sei und dass die Welt tatsächlich nur im Geist existiere. Der Weise vom Arunachala drückt es folgendermaßen aus: „Die Welt ist nichts weiter als die fünf Sinneswahrnehmungen, nämlich der Klang und alles Übrige dieser Art. Somit besteht die Welt aus den Objekten der fünf Sinnesorgane. Der eine Geist wird sich durch die fünf Sinne der fünf Sinneswahrnehmungen gewahr. Da das so ist, wie kann da die Welt etwas anderes sein als der Geist?" (UN 6)

Hier lenkt der Weise unsere Aufmerksamkeit auf eine Tatsache, über die sich Philosophen aller Richtungen dank der durchdachten Beweisführung von Immanuel Kant einer Meinung sind, nämlich dass das, was wir alle wahrnehmen, nicht die Welt selbst ist, deren Wirklichkeit zweifelhaft ist, sondern eine ständig wechselnde Ansammlung von Sinnesempfindungen, nämlich Klänge, Berührungen, Gestalten, Geschmacksempfindungen und Gerüche. Dass diese Sinnesempfindungen nicht außen sind – wenn es überhaupt ein außen gibt – sondern innen, also im Geist, ist unbestreitbar. Dem wird sogar von einigen Wissenschaftlern zugestimmt, die von sich nicht behaupten, Philosophen zu sein. Es sind Gedanken, die im Geist auftauchen. Zusammen mit ihnen entsteht die Vorstellung von einem Außen, in dem Dinge existieren, die diese Sinnesempfindungen bewirken. Es sei bemerkt, dass dieselbe Überzeugung auch im Traum entsteht und in vollem Umfang besteht, bis der Traum endet. Jene, die an die objektive Wirklichkeit der Welt glauben, müssen den unwiderlegbaren Beweis erbringen, dass diese Sinnesempfindungen wirklich von Objekten herrühren, die außen existieren, weil sie in der Beweispflicht stehen. Die Wahrscheinlichkeit spricht aus dem Grund, den die Weisen aufgezeigt haben, gegen sie.

Sie sagen, dass die Welt wirklich sei. Sie behaupten, dass sie nicht dadurch unwirklich wird, weil sie einigen, die gerade schlafen, nicht erscheinen kann. Sie weisen darauf hin, dass während einige schlafen andere wach sind und die Welt sehen. So wird die Welt immer von irgendjemandem gesehen. Sie addieren den Wachzustand aller Menschen, von denen sie glauben, dass sie als unterschiedliche Individuen existieren, und folgern daraus, dass die Welt beständig erscheine. Und das beweise die Wirklichkeit der Welt. Wenn ein Mensch, der vom Schlaf erwacht ist, sich daran erinnert, dass er im Tiefschlaf die Welt nicht gesehen hat und deshalb bezweifelt, ob die Welt auch während des Schlafs existiert, dann braucht er nur jemanden zu fragen, der wach gewesen ist, und kann von ihm erfahren, dass er in dieser Zeit die Welt gesehen hat.

Dieser Beweis ist nicht überzeugend. In Wirklichkeit ist es überhaupt kein Beweis. Nehmen wir den Fall eines Schlafenden, der beim Erwachen den unbestreitbaren Beweis erbringen will, ob die Welt während seines Tiefschlafs weiterbestanden hat oder nicht. Nehmen wir zudem an, dass dieser Frager davon ausgeht, dass während seines Tiefschlafs die Zeit existiert hat und deshalb wirklich ist. Er wird darum gebeten, den Beweis derer, die zu dieser Zeit nicht geschlafen haben, anzunehmen. Aber diese „Zeugen" sind selbst ein Teil der Welt, deren Wirklichkeit in Frage steht. Der Schläfer bezweifelt die Wirklichkeit der Welt, weil sie ihm im Tiefschlaf nicht erschienen ist, obwohl sie wieder erscheint, wenn er aufwacht. Beinhaltet dieser Zweifel nicht auch diese „Zeugen"? Er war sich ihrer während seines Tiefschlafs nicht bewusst. Deshalb ist ihre Wirklichkeit ebenso zweifelhaft wie die Wirklichkeit der ganzen Welt.

Wie kann dieser Zweifel beseitigt werden? Damit der erwachte Schläfer sie als Zeugen zulassen kann, müsste ein unabhängiger Beweis erbracht werden, dass auch sie wirklich sind. Dieser Beweis wird nicht geliefert. Er muss ihre Wirklichkeit annehmen, weil er sie sieht. Dass er sie bereits vor seinem Schlaf gesehen hat, macht dabei keinen Unterschied, weil dasselbe ja auch auf die Welt zutrifft. Deshalb ist dieses Argument einfach eine subtile Art, dem Sachverhalt auszuweichen. Die Annahme, dass die Welt unwirklich ist, bleibt nicht nur bestehen, sondern wird noch verstärkt. Sie kommt einem schlüssigen Beweis sehr nahe.

Es gibt ein weiteres Argument für die Objektivität der Welt, nämlich dass sie allen gleich erscheint. Es ist aber fraglich, ob das wirklich der Fall ist. Es ist eine allgemeine Erfahrung, dass es zwischen den Menschen große Unterschiede in ihrer Wahrnehmung der Welt gibt. Aber nehmen wir einmal an, es gäbe eine grundlegende Übereinstimmung zwischen allen. Der Weise sagt, dass dieses Argument ungültig sei, da ihm die falsche Annahme, dass es verschiedene Beobachter gibt, zugrunde liegt. Er erklärt, dass die scheinbare Übereinstimmung unter den Beobachtern auf der Tatsache beruht, dass es nur einen Beobachter in allen gibt. Deshalb beruht die Einheitlichkeit der Welt-Erscheinung nicht auf der Wirklichkeit der Welt, und das Argument hat versagt.

Die Wahrheit ist folgende: Der Geist erschafft durch seine eigene Kraft der Selbsttäuschung eine hypothetische Welt, die seinen Sinneswahrnehmungen entspricht, zusammen mit einem Behälter der Welt, einem „Außen", und projiziert es nach außen. Diese Schöpfungen und Projektionen sind unwillentliche und unbewusste Prozesse, weshalb der Geist nie die Existenz eines Außen und einer objektiven Welt außen bezweifelt. Könnte der Geist bewusst und aus freiem Willen die Welt erschaffen, so wäre er in der Lage, eine viel angenehmere Welt zu erschaffen. Aber das ist ihm nicht möglich, weil der Vorgang dieser Schöpfung unbewusst erfolgt. Das erkennen wir im Traum. Dort erschafft der Geist seine eigene Traumwelt, aber sie ist nicht angenehmer als die Wachwelt. Manchmal ist sie sogar noch schlimmer, wie in Alpträumen, die wie die Hölle sind.

Dass dem Geist diese Kraft der Selbsttäuschung innewohnt, er selbst eine Welt erschafft und von ihr getäuscht wird, ist die unmittelbare Erfahrung aller. Wir haben soeben gesehen, dass diese Kraft die Ursache von Träumen ist. Die Traumwelt erscheint wirklich, solange der Traum dauert. Wenn im Traum der Träumer die Wirklichkeit dessen, was er sieht, bezweifelt und die Wahrheit herauszufinden sucht, folgert er immer, dass er nicht träumt, sondern völlig wach ist. Tatsächlich erlaubt die Natur niemandem weiterzuträumen und zugleich zu wissen, dass man träumt.

Diese Kraft kann man jedoch auch im Wachen am Werk sehen. Durch die Kraft der Abstraktion kann der Geist alles vermitteln, was er sich als Erscheinungsbild der Wirklichkeit vorstellt, von dem er selbst momentan getäuscht wird wie in den Träumen. Das Empfinden von Wirklichkeit unterscheidet sich je nach der Konzentration des Geistes und der daraus folgenden Lebendigkeit der erschaffenen geistigen Bilder. Wenn wir uns ein gut durchdachtes und –gespieltes Schauspiel auf der Bühne anschauen, glauben wir irrtümlich, wenn auch nur für kurze Zeit, dass das, was wir sehen, wirklich ist. Dasselbe geschieht, wenn wir einen Roman von einem großen Schriftsteller lesen. In beiden Fällen sind die Charakteren und die Geschehnisse nicht wirklich. Aber sie erwecken durch die Illusion der Wirklichkeit, die der Künstler erschaffen hat und die von unserer Vorstellung begleitet wird, machtvolle Gefühle in uns. Ist die Illusion schwach, da es dem Künstler an Fähigkeit mangelt, sind auch die erweckten Gefühle, wenn es überhaupt welche gibt, schwach, und wir werden nicht getäuscht. Es ist eine Tatsache, dass, insoweit es die ungewollte Schöpfung betrifft, alle Lebewesen größere artistische Fähigkeiten besitzen als jeder Künstler, der jemals gelebt hat.

Wir glauben, dass Kinder diese Fähigkeit in viel höherem Maß besitzen als Erwachsene. Wir bemerken nicht dieselbe Kraft in uns, weil unseren geistigen Schöpfungen vom Drill der Schule und der Plackerei im Leben ein Grad an Gleichförmigkeit mit den Geistesschöpfungen anderer anerzogen worden ist, deren Existenz selbst eine Schöpfung des Geistes ist. Wir sind uns immer unserer Selbsttäuschung gewahr, wenn sie an ein Ende kommt, wie beim Erwachen aus einem Traum, wenn wir ein Buch beiseitelegen oder wenn nach einem Schauspiel der Vorhang fällt. Wird die Illusion jedoch nicht gelüftet, dann sind wir natürlich nicht in der Lage zu erkennen, dass wir getäuscht worden sind. Der einzige Weg, diese Selbsttäuschung zu beenden, liegt in der direkten Erfahrung des wirklichen Selbst. Es gibt keinen anderen Weg. Wir werden später sehen, wenn wir über die drei Zustände in unserem Leben in Unwissenheit im Gegensatz zum ichlosen Zustand sprechen, dass diese Erfahrung in nichts anderem als dem Erwachen aus diesem Traum der Relativität und Bindung besteht.

Der Weise hat uns weitere Beweise der Unhaltbarkeit des Glaubens an die Wirklichkeit der Welt als solche gegeben. Unterschiede und Variationen sind das Eigentliche der Welt-Erscheinung. Das alles sind die Nachkommen des ursprünglichen Nichtwissens, sagt der Weise. Unter diesen Unterschieden befinden sich Raum und Zeit.

Haben wir irgendeinen Beweis dafür, dass Raum und Zeit objektive Wirklichkeiten sind? Wenn es diesen Beweis nicht gibt, dann ist es lächerlich anzunehmen, dass die Welt als solche wirklich ist.

Westliche Philosophen sind seit Kant[19] mit der Theorie, dass Raum, Zeit und Ursächlichkeit eine Schöpfung des Geistes sind, vertraut. Jüngste Entwicklungen in der Physik, angefangen mit Einsteins Relativitätstheorie, bestärken diese Annahme. Aber das stärkste Argument gegen die Wirklichkeit von Raum und Zeit gibt uns der Weise vom Arunachala. Wir werden zu gegebener Zeit darauf zurückkommen.

Nach Einstein sind Raum und Zeit keine verschiedenen Wirklichkeiten. Es gibt nur ein Ding, von dem man sagen kann, dass es existiert, nämlich Raum-Zeit, und keine zwei Dinge, Raum und Zeit. Diese Raum-Zeit wird jedoch nie direkt erfahren. Es ist nur etwas Hypothetisches, das den Physikern helfen soll, physische Phänomene zu verstehen oder zu glauben, sie zu verstehen. Kein Laie, keiner, der kein mathematischer Physiker ist, kann jemals diese Raum-Zeit verstehen. Die Welt, die wir so wahrnehmen, ist nicht länger eine objektive Wirklichkeit, sondern eine Abstraktion, die von mathematischen Gleichungen repräsentiert wird.[20]

---

[19] Von Kant heißt es, er habe den logischen Beweis des philosophischen Prinzips der Relativität erbracht. Dieser Beweis ist nicht neu, sondern der Ausgangspunkt der vedantischen Philosophie.
[20] Das ist als Relativitätstheorie bekannt. Dieser Begriff, wenn er überhaupt eine Bedeutung hat, besagt, dass weder Raum noch Zeit eine eigene Existenz besitzen. Jedes existiert oder scheint nur in einer beständigen Beziehung zum anderen und in Verbindung mit ihm zu existieren. Diese Theorie bestätigt die advaitische Lehre, dass Raum und Zeit nur mental sind.

Auf diese Weise haben die Wissenschaftler uns bewiesen, dass Raum und Zeit Illusionen sind, die in einem Etwas, der sogenannten Raum-Zeit entstehen. Aber zugunsten dieser Raum-Zeit spricht nicht einmal die Sinneserfahrung.

Wir werden nun sehen, was wir vom Weisen lernen können. Er lehrt überzeugend, dass weder Raum noch Zeit wirklich sind. Er sagt: „Wo gibt es Raum und Zeit getrennt vom Ich-Empfinden? Wenn wir der Körper wären, dann könnte man sagen, dass wir in Raum und Zeit sind. Aber sind wir der Körper? Wir sind immer und überall dasselbe. Deshalb sind wir diese Wirklichkeit, die Raum und Zeit überschreitet." (UN 16)

Raum und Zeit sind mentale Formen, die subjektiv nach dem Ich-Empfinden entstehen. Im Tiefschlaf gibt es weder Raum noch Zeit. Wenn wir aufwachen, schießt das Ich empor und sagt: „Ich bin der Körper." So erschafft es Raum und Zeit und lokalisiert darin den Körper und die Welt. Geht das Ich im Tiefschlaf unter, dann hören auch diese Dinge auf. Deshalb heißt es, dass Raum und Zeit nicht getrennt vom Ich existieren und dass Ich und Geist praktisch dasselbe sind. Deshalb sind sie mental. Wenn dem entgegengehalten wird, dass wir die Erfahrung machen, an Raum und Zeit gebunden zu sein und festgehalten zu werden, dann entgegnet der Weise, dass das aufgrund der Wahrnehmung „Ich bin der Körper" eine Illusion ist. Nur der Körper ist an Raum und Zeit gebunden. Aber was sind wir? Was ist unser wahres Wesen?

Der Weise sagt, dass wir weder der Körper noch der Geist sind, sondern das ewige „Ich bin", das unveränderlich ist und sich wie eine Schnur durch die Abfolge von Gedanken zieht. In jedem Gedanken ist dieses „Ich bin" enthalten. „Ich bin jung", „ Ich bin erwachsen", „Ich bin alt", „Ich bin ein Mann", „Ich bin rechtschaffen", „Ich bin ein Sünder" – in all diesen Gedanken ist das „Ich bin" der beständige Faktor. Er verändert sich nie. Er scheint das nur zu tun, weil wir das wahre Selbst, das sich in diesem „Ich bin" ausdrückt, mit dem Körper verwechseln. Diese Verwechslung lässt das Ich-Empfinden entstehen. Raum und Zeit erscheinen in und durch dieses „Ich bin", beeinträchtigen es aber nicht. Dieses „Ich bin" ist kein Gedanke. Es ist das wirkliche Selbst, das Raum und Zeit überschreitet. Wir sollten die abwechselnd vorbeiziehenden Gedanken zurückweisen und das reine „Ich bin", das das Selbst ist, isolieren. Wenn wir das tun, dann werden wir herausfinden, dass es raum- und zeitlos ist, sagt der Weise. Da Raum und Zeit den Tod des Ichs nicht überleben, sind sie unwirklich. Wir sollten uns das zu Herzen nehmen: Die Wirklichkeit ist das, was im ichlosen Zustand existiert.

Möglicherweise sind einige von uns durch diese Betrachtungen eher verwirrt als überzeugt. Aber nur die Begriffsstutzigsten können der Folgerung widerstehen, dass es keinen eindeutigen Beweis dafür gibt, dass Raum, Zeit und die Welt, die sie scheinbar ausfüllt, objektive Realitäten sind, die unabhängig vom Geist, der sie sich vorstellt, existieren.

Vielleicht hilft auch folgende Überlegung etwas weiter. Raum und Zeit werden immer für unbegrenzt gehalten. Wir können sie uns nicht anders vorstellen. Aber dafür gibt es keinen Beweis. Im Traum gibt es Raum und Zeit, und da unser Traum einen Anfang hat, sollten wir, wenn wir die Wirklichkeit erkennen, in der Lage sein, im Traum zu begreifen, dass die Traumzeit einen Anfang hat. Aber das ist nicht der Fall. Erst wenn wir aufwachen, finden wir heraus, dass wir uns geirrt haben. In dieser Hinsicht gibt es keinen substanziellen Unterschied zwischen der Zeit im Traum und der Zeit im Wachen.

Da die Zeit nicht wirklich existiert, gibt es keine Vergangenheit, keine Zukunft und auch keine Gegenwart, noch kann es etwas gegeben haben wie eine Weltschöpfung. Auch ist alles unwirklich, das Zeit voraussetzt. Demnach haben wir keine vergangenen Geburten noch zukünftige, noch sind wir jetzt verkörpert, noch kann der Tod wirklich sein. Weder kann es vergangene Handlungen geben, deren Früchte wir jetzt ernten, noch sind wir jetzt Täter von Handlungen, deren Früchte wir in der Zukunft ernten müssen. Das ist die absolute, ungetrübte Wahrheit, die alle Weisen erfahren haben. Doch das berührt die relative Gültigkeit des Glaubens des Laien nicht.

Da Raum eine Illusion ist, ist auch der Unterschied zwischen innen und außen, ohne die die Welt keine objektive Wirklichkeit sein kann, ebenfalls unwirklich. Auf diese Weise sind all die vielfältigen Begrenzungen, die scheinbar immer zu uns gehören, als Illusion entlarvt.

Da es kein Außen gibt, gibt es auch keine leblosen Objekte und keine lebenden Personen in diesem Außen. Wir haben bereits gesehen, dass viele Argumente, die für die Wirklichkeit der Welt vorgebracht werden, die Vielzahl von Menschen im Raum voraussetzen. Diese Vorstellung ist eindeutig ein Auswuchs des Ich-Empfindens. Das Ich-Empfinden ist auf den Körper des Sehers beschränkt. Er kann nicht anders als sich vorzustellen, dass in jedem Körper, den er sieht, eine Person ist. So entsteht die Wahrnehmung von „du“ und „er“, und das ist Nichtwissen.

Der Weise drückt das folgendermaßen aus: „Wenn das Empfinden ‚Ich bin der Körper‘ auftaucht, dann taucht auch die Wahrnehmung von ‚du‘ und ‚er‘ auf. Aber wenn durch die Ergründung der Wahrheit, die dem ‚Ich‘ zugrunde liegt, das Ich-Empfinden an ein Ende kommt, dann hört auch die Wahrnehmung von ‚du‘ und ‚er‘ auf. Was dann übrig bleibt, ist das wahre Selbst.“ (UN 14)

Folgende Begebenheit aus dem Vishnu Purana kann die ganze Frage etwas aufhellen. Sri Ramana selbst hat sie mir erzählt. Sie berichtet von der Unterweisung des Schülers Nidagha durch seinen Lehrer Ribhu. [Nidagha hatte sich nicht bis zur letzten Wahrheit durchringen können und war nach dem Aufenthalt bei seinem Lehrer in seine Heimatstadt zurückgekehrt.] Der Weise verkleidete sich und suchte seinen Schüler dort auf. Der Schüler erkannte den Weisen nicht und hielt ihn für einen Bauern, der gekommen war, um sich die Stadt anzusehen. Soeben kam der König in einer Prozession vorbei, und der Weise fragte ihn, was da vor sich ginge.

Nidagha antwortete: „Unser König geht in einer Prozession.“

Ribhu: „Wer ist der König?“

Nidagha: „Der da oben auf dem Elefanten sitzt.“

Ribhu: „Welches ist der Elefant und welches der König?“

Nidagha: „Der oben ist der König und der unten ist der Elefant."

Ribhu: „Ich verstehe das nicht. Bitte erkläre es mir besser."

Der Schüler wunderte sich über die völlige Unwissenheit des Bauern. Um es ihm besser verständlich zu machen, stieg er auf seine Schultern und sagte: „Sieh, jetzt bin ich oben wie der König, und du bist unten wie der Elefant."

Der Weise erwiderte: „Wenn du, so wie du sagst, oben bist wie der König und ich unten bin wie der Elefant, dann erkläre mir bitte, was du mit ,ich' und ,du' meinst."

Da sprang Nidagha schleunigst von Ribhus Schultern herab, fiel ihm zu Füßen und rief aus: „Du musst mein heiliger Meister Ribhu sein, denn keiner sonst besitzt eine solch unfehlbare Kenntnis der tiefgründigen Wahrheit der Nicht-Zweiheit."

Ribhu erklärte ihm, dass das die Lehre sei, die ihm gefehlt habe, und ging. So wurde Nidagha Schritt für Schritt in die Wahrheit des Selbst eingeführt, und schließlich wurde ihm gesagt, dass der Unterschied zwischen einer Person und einer anderen unwirklich sei und dass es nur das eine wahre Selbst gäbe. Die Individualität und Pluralität von Seelen sind Täuschungen, die Folge des Nichtwissens „Ich bin der Körper". Und dieses Nichtwissen ist die einzige Wurzel des Empfindens von Unterschieden. Die Wahrnehmung von oben und unten war für den Schüler in dieser Geschichte nur wahr, weil er sich mit einem Körper identifiziert hatte und den Weisen mit einem anderen. Die Körper waren oben und unten, nicht das Selbst. Das Selbst überschreitet alle Unterschiede. Der Unterschied zwischen innen und außen ist ebenso unwirklich wie der zwischen oben und unten. Ohne ihn gibt es keine Welt.

Es ist dieses Nichtwissen, dass uns annehmen lässt, dass der Geist unbeschreiblich klein und in einem Winkel des Körpers, dem Gehirn, zu finden sei. Dieser falsche Glaube erschwert es uns wahrzunehmen, wie dieses unermesslich große Universum im Geist sein kann. Wir halten das sogar für lächerlich. Der Weise vom Arunachala sagt, dass unsere Wahrnehmung eine Verkehrung der Wahrheit sei, dass es der

Geist sei, der unermesslich groß ist, und nicht die Welt. „Der Wissende ist größer als das Gewusste und der Seher größer als das Gesehene." Das Erkannte ist im Erkennenden und das Gesehene im Sehenden. Die unermessliche Ausdehnung des Himmels ist im Geist und nicht außen, weil der Geist überall ist und es für ihn kein Außen gibt. Das unendliche Universum, das in diesem scheinbar äußerlichen Himmel enthalten ist, ist auch im Geist. Selbst die großen Götter[21], die die Verehrer anbeten, und ihre entsprechenden Himmel sind nur im Geist. Die Gottheit, die der Devotee als von sich verschieden wahrnimmt, ist nur relativ wahr. Die wahre Gottheit ist die Wirklichkeit, in der der Verehrende und das Verehrte eins sind. Der Geist, der sie unterscheidet, hat hier keinen Platz.

Somit ist alles, was der Geist denkt oder zu sehen glaubt – Körper, Sinnesobjekte, andere Körper, die für andere Personen gehalten werden, Himmel, Hölle und die Regionen oder Welten – innen und nicht außen. Die Wurzel all dieser Überlagerungen ist der ursprüngliche Irrtum, stillschweigend vorauszusetzen, dass ein einzelner Körper das Selbst sei und alles andere das Nicht-Selbst. Und aufgrund dieses Nichtwissens kommt es uns nicht einmal in den Sinn, die Richtigkeit dieses oder eines anderen Glaubens, der aus Nichtwissen entsteht, zu hinterfragen. Sind wir jedoch einmal zu der Tatsache erwacht, dass wir uns über die Wahrheit des Selbst getäuscht haben, indem wir die Täuschung akzeptiert haben, dass der Körper das Selbst sei, haben wir kaum noch Schwierigkeiten, wenigstens mit Vorbehalt die Lehre anzunehmen, dass die Welt keine objektive Wirklichkeit ist.

Der Weise sagt uns, dass die Welt unwirklich sei, weil sie nichts weiter ist als die fünf Arten der Sinneswahrnehmung. Unter diesen fünf Sinneswahrnehmungen gibt es eine, die besondere Berücksichtigung ver-

---

[21] Mit den Göttern im Plural sind die verschiedenen göttlichen Gestalten gemeint, die die Verehrer, die verschiedenen Glaubensrichtungen angehören, anbeten. Alle diese Gestalten sind geistige Bilder des Einen, Gestaltlosen. Wenn das Wort mit kleinem g [gods] geschrieben wird, ist von den Himmelsbewohnern die Rede, die den Engeln in der christlichen Theologie entsprechen. Die Himmel dieser Götter mit kleinem g unterscheiden sich von denen der Götter mit großem G.

dient, nämlich die Gestalt. Ohne die Wahrnehmung von Gestalten können wir keine Opfer des ursprünglichen Nichtwissens, des Ich-Sinns, werden. Das Ich kommt ins Dasein, indem es sich an einer Gestalt festhält, an einem Körper, und diese Gestalt mit dem wahren Selbst verwechselt und somit das wahre Selbst begrenzt. Deshalb wird die Frage, ob Gestalten wirklich sind, vom Weisen getrennt behandelt. Er sagt: „Wenn das Selbst eine Gestalt hat, dann haben auch Welt und Gott eine Gestalt. Ist es aber gestaltlos, auf welche Weise und von wem werden dann Gestalten gesehen? Unterscheidet sich das Gesehene jemals vom Sehen des Auges? Das wahre Auge ist lediglich das wahre Selbst. Es ist unbegrenztes Bewusstsein, gestalt- und weltlos." (UN 4)[22]

Die Bedeutung wurde vom Weisen selbst folgendermaßen erklärt: „Wenn das sehende Auge das fleischliche Auge ist, dann werden grobstoffliche Gestalten gesehen. Wird das Auge von einer Linse unterstützt, dann scheinen sogar unsichtbare Dinge eine Gestalt zu haben. Ist der Geist das Auge, dann werden subtile Formen gesehen. Somit sind das sehende Auge und die gesehenen Objekte von demselben Wesen. Das bedeutet: Wenn das Auge selbst eine Gestalt hat, dann sieht es nur Gestalten. Aber weder das physische Auge noch der Geist besitzen von sich aus die Kraft des Sehens. Das wahre Auge ist das Selbst. Es ist gestaltlos, da es reines und unendliches Bewusstsein, die Wirklichkeit ist. Es sieht keine Gestalten." Gestalten werden erst durch den Seh-Akt erschaffen. Dem entnehmen wir, dass Gestalten nur aufgrund des Ich-Sinns, des ursprünglichen Nichtwissens, erscheinen.

Demjenigen, der immer noch diese unvermeidbare Schlussfolgerung umgehen will, nämlich dass die Welt keine objektive Wirklichkeit besitzt, rät der Weise, seine Traumerfahrungen zu betrachten. Wir haben die Träume bereits untersucht und sind zu dem Ergebnis gekommen, dass sie nicht wirklich sind. Wir mussten auch einsehen, dass die

---

[22] Kena Upanishad 1.6: "Das allein ist *Brahman*, was der Geist nicht denken kann, sondern was den Geist erst denken lässt, und nicht das, was die Leute hier verehren."

Wahrnehmung von einem Außen und einer Gegenständlichkeit ein Irrtum sein kann. Und hierbei sind Träume hilfreich.

Wenn wir träumen, glauben wir fest daran, dass wir eine äußere Welt sehen, die aus Personen und Dingen besteht und sich in Raum und Zeit ausdehnt, im Grunde ähnlich wie in der Wachwelt. Diese Vorstellung von einem Außen ist die Ursache, dass wir die Traumwelt für wirklich halten. Diese Überzeugung hält so lange an wie wir träumen. Wir haben in dieser Zeit nicht den geringsten Zweifel, dass die Traumwelt außerhalb von uns und wirklich ist. Tauchen wegen etwas Außergewöhnlichem Zweifel auf, wie etwa, wenn wir plötzlich fliegen können oder einen Toten sehen, der wieder lebt, und wir zu vermuten beginnen, dass das Ganze ein Traum ist, wird der Zweifel irgendwie überwunden, und der Traum wird für wirklich gehalten, bis wir erwachen. Tatsächlich besteht die Fortdauer des Traums auf unserem Glauben, dass er wahr ist. Diese Illusion der Wirklichkeit hält während des Traums an. Erst wenn wir aufwachen, können wir erkennen, dass es nur ein Traum war, dass es keine äußere Welt gegeben hat, sondern nur eine geistige Bilderfolge, die so lebhaft war, dass sie die Illusion von einem Außen und Wirklichkeit erschaffen hat.

Man kann einwenden, dass es einen Unterschied gibt. Wir erwachen von einem Traum und können dadurch seine Unwirklichkeit erkennen. Unsere Wach-Erfahrung kommt jedoch an kein Ende. Wir haben keine Gelegenheit, ihre Falschheit zu erkennen. Aber die Weisen sagen, dass es ein Aufwachen aus diesem Traum gibt, das sie Erwachen nennen, und dass dann auch dieser Traum zu Ende sein wird.

Diesen Aspekt werden wir später behandeln, wenn wir über die drei Zustände persönlicher Erfahrung sprechen. Im Moment geht es nur um die Täuschung der Empfindung von einem Außen, die die Ursache für unsere Wahrnehmung der Wirklichkeit ist. Wer zu dieser Schlussfolgerung Einwände hat, muss in der Lage sein, uns eine unfehlbare Methoden aufzuzeigen, mit der wir die Traum-Natur der Träume aufspüren können, während wir träumen. Gäbe es solch eine Methode, dann würde sie uns ermöglichen, auch die Traum-Natur des Wachens aufzudecken. Würde man sich sowohl im Träumen als auch im Wachen von der Welt abwenden und versuchen, den zu sehen, der die Welt sieht, dann würden die Welt und sein Seher zusammen verschwinden, und allein das Selbst bliebe übrig.

Diese und andere Überlegungen machen es uns leicht, die Sichtweise des Weisen zu teilen, dass die Welt keine objektive Wirklichkeit ist und nicht aus sich selbst besteht. Es gibt nur etwas, das solch eine Existenz hat, nämlich das wahre Selbst, wie wir später noch sehen werden.

Da die Welt nichts anderes ist als der Geist, hängt ihre Wahrheit von der Wahrheit des Geistes ab. Also müssen wir jetzt prüfen, ob der Geist, der die Welt sowohl im Wachen als auch im Traum erschafft, selbst wirklich ist.

Der Weise zeigt auf, dass der Geist nicht immer fortdauert. Er entsteht mit der fertigen Welt und legt sich mit ihr, wie wir bereits gesagt haben. Im traumlosen Schlaf gibt es keinen Geist und keine Welt. Gemessen an der Norm der Wirklichkeit, die die Weisen uns gegeben haben, ist der Geist unwirklich.

Der Geist, so sagt der Weise vom Arunachala, ist nichts weiter als ein Fluss von Gedanken, der über das Bewusstsein zieht. Der erste all dieser Gedanken ist: „Ich bin dieser Körper." Dieser Gedanke ist falsch, da man ihn aber für wahr hält, können auch andere Gedanken entstehen. Deshalb ist der Geist nur ein Auswuchs des ursprünglichen Nichtwissens und somit unwirklich.

Dass wir nicht der Geist sind und dass der Geist nicht das Selbst ist, ist somit klar. Der Geist existiert nicht im Tiefschlaf, aber wir existieren weiter. Zudem existiert das Selbst jenseits der drei Zustände von Wachen, Traum und Tiefschlaf.

Wir haben noch nicht alle möglichen Einwände erschöpfend behandelt, die ein unverbesserlicher Gläubiger an die Wirklichkeit der Welt erheben kann. Die Einwände, die der Ego-Geist weiterhin vorbringt, wenn er dazu ermutigt wird, sind natürlich endlos. Wir haben bereits erwähnt, warum der Geist so unermüdlich ist, Schwierigkeiten zu bereiten. Der Weise hat uns aufgezeigt, wie wir mit dem widerspenstigen

Geist umgehen müssen, wenn er auf diese oder jene Weise Schwierigkeiten macht.

Das Ergebnis all dieser Untersuchungen ist, fähig zu sein, unser wahres Wesen als das wahre Selbst wiederzuentdecken. Wir müssen uns von dem Aberglauben, dass die Welt wirklich sei, befreien. Natürlich ist es nicht nötig, dass wir uns an den gegensätzlichen Glauben, dass die Welt unwirklich sei, binden. Wenn wir aber unseren gegenwärtigen Glauben an die Wirklichkeit der Welt nicht aufgeben können, ohne den gegensätzlichen Glauben anzunehmen, nämlich dass die Welt unwirklich sei, müssen wir ihn annehmen, obwohl er streng genommen nicht wahr ist, wie bereits erklärt wurde. Die Schriften der advaitischen Überlieferung raten uns nach Möglichkeit zu einem mittleren Weg. Sie erinnern uns daran, dass die Welt, philosophisch richtig ausgedrückt, „weder als wahr noch als falsch zu bestimmen" ist (*Anirvachaniya*), und die Lehren der Weisen stimmen damit überein.

Wir können die Welt beiseiteschieben, damit aufhören, an sie zu denken und verstehen, dass die Wahrheit nur durch die völlige, endgültige Ausmerzung des ursprünglichen Nichtwissens durch die Offenbarung des wahren Selbst erkannt werden kann, die sich durch die Ergründung, wie sie der Weise lehrt, einstellt. Wenn wir dazu nicht in der Lage sind, müssen wir den Griff des Nichtwissens lockern, indem wir uns daran erinnern, dass die Welt aller Wahrscheinlichkeit nach nur eine Fantasie unseres eigenen irrenden Geistes ist, wie in ‚Alice im Wunderland' von Lewis Carroll. Hier hält die Heldin das Wunderland bis zum Ende für wirklich. Dann findet sie heraus, dass diese Welt eine falsche Erscheinung ist, dass die Männer, Frauen und Tiere, die sie gesehen hat, nur ein Pack Spielkarten sind. So findet auch der Befreite, dass diese scheinbar solide Welt nur ein Pack Gedanken ist.

Es mag nützlich sein, darauf hinzuweisen, dass die Weisen keinen neuen Glauben einführen, sondern nur den Schüler aus dem Griff dieser Wahrnehmungen befreien wollen, die die Ergründung behindern.

Die Methode, die in diesem Kapitel dargelegt wird, nämlich den Geist von der Welt abzuziehen, indem man versuchsweise die Ansicht akzeptiert, dass sie nur ein Gedankenbündel ist, wurde als „subjektiver

Idealismus" bezeichnet, weil sie eine Ähnlichkeit mit der Weltanschauung Berkeleys hat. Aber unser Idealismus, wenn man ihn so nennen will, ist lediglich ein Hilfsmittel für die Ergründung des Selbst. Keiner muss ihn akzeptieren, der nicht die direkte Offenbarung des authentischen Selbst will. Er unterscheidet sich auch vom reinen Idealismus Berkeleys, indem es sich vollständig auf die einzigartige Lehre der Weisen bezieht, dass der falschen Erscheinung das transzendente, wirkliche Selbst zugrunde liegt. Es wird nicht behauptet, dass dies für alle spirituellen Sucher die beste Methode sei. Eine Methode ist nur in Bezug auf eine bestimmte Person besser oder schlechter und nicht generell. Es stimmt auch, dass dies nicht die einzige Methode ist, der Bindung zu entkommen. Wem diese Methode nicht zusagt, kann dem Weg der Hingabe folgen, der später behandelt wird. Diesen Menschen wird gesagt, dass die Welt wirklich sei, weil die Wirklichkeit, Gott genannt, ihre materielle und wirksame Ursache ist. Darin besteht kein Widerspruch, weil, wie der Weise oft gesagt hat, die Lehre immer zu demjenigen passen muss, der belehrt wird.

6. DIE SEELE

Bislang haben wir das Wesen der Sinnesobjekte und des Geistes, in und durch den sie erscheinen, betrachtet. Es gibt zwei weitere Themen, über die man diskutieren muss, nämlich die individuelle Seele und Gott. Wir werden uns zunächst der Seele zuwenden.

Im Laufe unseres Lebens haben wir uns bestimmte Sichtweisen über die Seele angeeignet. Wir müssen jetzt sehen, inwieweit diese richtig sind.

Die meisten von uns glauben, dass es eine Seele gibt, die die Sinnesobjekte, die die äußere Welt ausmachen, wahrnimmt und die Gedanken denkt, die im Geist entstehen. Wir nehmen es auch für erwiesen an, dass in jedem Körper eine andere Seele wohnt. Diese Seele halten wir für das Selbst. Und da dieses Selbst auf einen einzigen Körper und dem damit verbundenen Geist begrenzt ist, halten wir es für endlich. Wenn wir „ich" sagen, dann meinen wir dieses kleine Selbst. Wir glauben auch, dass „wir", nämlich diese kleinen Selbste, gebunden und den Gesetzen von Raum, Zeit und Ursache unterworfen sind. Einige von uns glauben auch, dass dieses kleine Selbst frei werden kann, wenn wir auch nicht alle dasselbe unter „Freiheit" verstehen. Viele von uns glauben, dass dieses Selbst eine Reihe von Körpern annimmt, und zwar nicht freiwillig, sondern durch den Zwang der Auswirkungen von vergangenem Tun. Zudem gibt es das fast universelle Dogma der Gläubigen, dass die Seelen von Gott verschieden seien. Einige glauben, dass dieser Unterschied verschwindet, wenn man die Freiheit erlangt. Aber alle anderen glauben, dass dieser Unterschied ewig besteht und die Seele immer von Gott verschieden ist. Diese Gläubigen hinterfragen nicht die Wirklichkeit von Raum und Zeit und dieser und anderer Welten.

Alle Gläubigen nehmen an, dass der Geist das Selbst ist, wenn auch oft unbewusst. Viele von ihnen behaupten zu wissen, dass es ein vom Geist verschiedenes Selbst gibt, aber unbewusst glauben sie, dass das Selbst irgendeine Art Geist ist, und schreiben ihrem Selbst viele Fähigkeiten des Geistes zu.

Hätten diese Gläubigen grundsätzlich Recht, würde daraus folgen, dass das Selbst eine Person, d.h. ein Individuum ist. Alle Fragen über das Selbst lassen sich deshalb auf die eine Frage zurückzuführen: Ist das Selbst ein Individuum oder eine Person? Ist es keine Person, dann gibt es keine Seele, keinen, der die Welt wahrnimmt und die Auswirkungen der vergangenen Handlungen genießt oder erleidet.

Ob es wirklich ein persönliches Wesen gibt oder nicht, wird daraus ersichtlich, was der Weise in seinen Schriften sagt: „Der Körper, der von sich aus unbewusst ist, sagt nicht ‚ich'. Das wahre Bewusstsein taucht nicht auf und verschwindet dann wieder. Doch zwischen diesen beiden taucht ein unechtes Wesen auf, ein Ich, das sich als die Größe und Gestalt des Körpers betrachtet. Das ist der Geist, der Knoten zwischen dem Bewusstsein und dem unbewussten Körper. Das ist bedingte Existenz, das Ich, die Bindung und der subtile Körper. Das ist das wahre Wesen der sogenannten Seele." (UN 24)

Der Weise sagt hier, dass das wahre Bewusstsein jenseits der Zeit ist und deshalb nicht kommt und geht. Es ist wie die Sonne, die sich, im Gegensatz zur Erde, nicht bewegt. Wenn wir vom Sonnenauf- und -untergang sprechen, meinen wir die Erdbewegung. So erstrahlt auch die Wirklichkeit beständig. Ihr wird das Auf- und Untergehen des Ichs zugeschrieben. Das Ich-Empfinden besteht nicht immer. Es erhebt sich und legt sich wieder. Abgesehen vom Ich-Empfinden gibt es keine individuelle Seele. Es scheint während des Wachens und Träumens und geht im Tiefschlaf unter. Dieses kleine Selbst darf deshalb weder mit der Wirklichkeit noch mit dem bewusstlosen Körper identifiziert werden.

Was ist also dieses kleine Selbst? Der Weise sagt, dass es ein hypothetisches Sein ist, ein Hirngespinst, bestehend aus dem Licht des Bewusstseins und dem Körper. Diese beiden völlig verschiedenen Dinge werden miteinander vermischt. Das Ergebnis ist dieses völlig ungereimte Sein, das man die individuelle Seele nennt und das von sich sagt: „Ich bin so und so." Da es mit dem Licht des Bewusstseins verbunden ist, scheint es bewusst zu sein. Zugleich aber ist es nicht vom Körper zu unterscheiden, der von sich aus kein Bewusstsein besitzt.

Aufgrund dieser beiden miteinander unvereinbaren Elemente, aus dem es besteht, wird es als Knoten zwischen dem Wirklichen, dem Selbst, und dem Körper beschrieben. Deshalb manifestiert sich das kleine Selbst im Ich-Empfinden, das die Gestalt des Gedankens „Ich bin dieser Körper" annimmt. Der Körper, der auf diese Weise als das kleine Selbst identifiziert wird, ist nicht immer der physische Körper. Manchmal nimmt der Geist, der nur eine subtilere Art des Körpers ist, seinen Platz ein, und dann wird das Empfinden des Selbstseins einige Zeit lang auf den Geist beschränkt.

Der Gedanke „Ich bin dieser Körper" ist der erste Gedanke. Er ist wie ein Faden, auf dem die anderen Gedanken aufgereiht sind. Deshalb ist das Ich nicht vom Geist zu unterscheiden. Tatsächlich ist der Geist nur eine ausgedehnte Form des Ichs. Deshalb sagt uns der Weise, dass der Geist und der subtile Körper dasselbe wie dieses hypothetische kleine Selbst sind, das nichts anderes als das Ich ist. Umgekehrt können wir sagen, dass das kleine Selbst nichts anderes als sie ist.

Die sogenannte Seele ist also nichts anderes als das Ich, das aus der Verbindung zweier Elemente, die unterschiedlich sind und nie wirklich miteinander verschmelzen können, besteht, weil eines von ihnen, nämlich der Körper, nichtexistent und eine rein geistige Vorstellung ist. Eine wirkliche Verschmelzung kann nur stattfinden, wenn beide Elemente wirklich sind. Diese Verbindung der beiden, so erklärt der Weise, ist wie die Hochzeit eines Junggesellen in einem Traum, in dem der Bräutigam wirklich ist, nicht aber die Braut. Erwacht der Träumer, ist er wie zuvor ein Junggeselle. Deshalb wird das wahre Selbst, das die Wirklichkeit ist, nicht wirklich begrenzt. Es wird nie wirklich zur Seele oder zum kleinen Selbst. Es war nie wirklich mit dem Körper verbunden.

Somit wird klar, dass die individuelle Seele keine wirkliche Existenz besitzt. Alle Fragen, die sich auf die Seele beziehen, sind bedeutungslos, weil sie die Existenz einer Seele voraussetzen. Es gibt nur ein wirkliches Selbst, das reine Bewusstsein, das jenseits der Zeit ist. Wir werden später sehen, warum es als Bewusstsein bezeichnet wird und nicht als bewusst und dass zwischen beidem ein fundamentaler Unterschied besteht.

Da der Geist nicht getrennt von diesem unechten Wesen, dem Ich, existiert, folgt daraus, dass alle Schöpfungen des Geistes, Unwissenheit und Bindung eingeschlossen, sowie die daraus entstehende bedingte Existenz, die aus Freude und Leid besteht und die wir Leben nennen, Auswüchse des Ichs sind und an seiner Unwirklichkeit teilhaben. Dass das Nichtwissen unwirklich ist, werden wir später sehen.

Dass diese Lehre richtig ist, wird uns klar, wenn wir unvoreingenommen die Tatsachen betrachten. Bei sorgfältiger Analyse unserer gesamten vergangenen Erfahrung können wir keinen Beweis für eine individuelle Seele finden, die vom Ich verschieden wäre. Und das Ich ist lediglich das ursprüngliche Nichtwissen, dessen Erkenntnis der Ausgangspunkt für unsere Suche ist. Es wurde aufgezeigt, dass es sich um eine eingebildete Wesenheit handelt, die aus zwei miteinander unvereinbaren Elementen besteht. Somit beruht diese ganze bedingte Existenz, die wir Leben nennen, auf diesem Irrtum von einer individuellen Seele. Daraus folgt natürlicherweise, dass das Leben voller Irrtümer ist und deshalb auch voller Enttäuschungen. Es mag schwierig sein, diese Lehre zu erfassen, aber sie gibt die grundlegende Wahrheit der alten Überlieferung wieder.

Man kann die alte Überlieferung nicht richtig verstehen, wenn man diese Lehre nicht akzeptiert. Solange die Wahrnehmung einer Individualität zurückbehalten wird, ist alles philosophische Forschen nutzlos, da es uns nicht aus dem ursprünglichen Nichtwissen herausführen kann. Das hat auch der Weise Shankara betont: „Nur so lange es eine vom Geist bewirkte Identifizierung des wirklichen Selbst mit dem Verstand gibt, scheint das Selbst ein Individuum und von bedingter Existenz zu sein. In Wirklichkeit gibt es aber kein solches Wesen wie die individuelle Seele außer der falschen Wesenheit, die der Verstand sich vorstellt. Wenn wir das Vedanta studieren, dann finden wir dort keinen Beweis für die Existenz eines bewussten Wesens, das aus sich selbst heraus existiert, außer das Höchste Sein, das immer frei und allwissend ist. Die heiligen Texte sagen: ‚Es gibt getrennt von diesem

Sein keinen Sehenden, keinen Hörenden, keinen Denkenden oder Wissenden. Es gibt nur es, das sieht, hört, denkt und erkennt. Das bist du. Ich bin die Wirklichkeit." Diese und hunderte anderer Texte dienen uns dafür als Autorität.

Das Ich ist die einzige Quelle all unserer Lebenserfahrungen. Sie sind wegen des Ichs, was sie sind. Wir sagen: „Ich bin so und so", „Ich tue dies und das", „Ich bin glücklich", „Mir geht es nicht gut" usw. In jedem einzelnen Gedanken können wir dieses „Ich bin" finden. Es ist tatsächlich ausnahmslos der gemeinsame Faktor in allen Gedanken. Kein Gedanke kann auftauchen, der nicht dieses „Ich bin" enthält.

Aber dieses „Ich bin" ist kein Besitz des Geistes, wie wir vom Weisen und aus der Überlieferung der Upanishaden erfahren. Es wird uns gesagt, dass dieses „Ich bin" das Licht des wahren Selbst ist. Und da dieses Selbst unendlich und uneingeschränkt ist, ist dieses „Ich bin" nicht wirklich das kleine Etwas, für das wir es halten. Wir halten es für begrenzt, unvollkommen und an das Rad von Freude und Schmerz gebunden, weil wir nicht das Element der Wirklichkeit im Ich vom falschen Element unterscheiden. Deshalb sollte uns klar sein, dass die Verhüllung des Selbst lediglich darin besteht, dass wir dieses Ich für bare Münze nehmen und für unser wahres Selbst halten, das es nicht ist, wie gezeigt wurde.

Das ist genau die Essenz der Lehre des Weisen, der als Gautama Buddha bekannt ist. Als er einst nach der Unsterblichkeit der Seele gefragt wurde, antwortete er: „Diese Seele, um deren Fortbestehen du besorgt bist, existiert nicht einmal jetzt. Sie ist unwirklich."

Damit wies er darauf hin, dass der Frager die Existenz einer individuellen Seele, die nicht wirklich existiert, vorausgesetzt hatte und seine Frage deshalb auf einer falschen Annahme beruhte. Buddha wollte damit nicht die Existenz des wahren Selbst leugnen. Der Frager hat die Antwort missverstanden, indem er glaubte, der Weise habe ihm gesagt, es gäbe überhaupt kein Selbst. Er hätte eine weitere Frage stellen müssen: „Gibt es ein wahres Selbst, und wenn ja, was ist sein wahres Wesen?" Das hat er nicht getan, sondern ging fort. Buddha musste feststellen, dass er den Glauben des Mannes erschüttert hatte, ohne ihn eines Besseren belehrt zu haben. Deshalb ist dieser Fall erwähnenswert. Wenn Fragen auf falschen Annahmen beruhen, ist es nicht möglich, sie mit einem einfachen „ja" oder „nein" zu beantworten. Beide Antworten wären falsch.

Da die individuelle Seele unwirklich ist, folgt daraus, dass es keinen gibt, der die Welt wahrnimmt. Das mag überraschen, aber das braucht es nicht. Der Seher und sein Sehen sind untrennbar miteinander verbunden. Sie sind wie zwei Enden eines einzigen Stabes. Da ein Stab immer zwei Enden hat, beinhaltet jede Wahrnehmung beides, den Seher und das Gesehene. Der Seher, das Gesehene und das Sehen bilden eine Dreiheit, deren wesentliches Element das Sehen ist, das durch das Licht des Bewusstseins ermöglicht wird. Durch dieses Licht werden sowohl der Seher als auch das Gesehene manifest. Es ist nicht möglich, den Seher für wirklich zu halten, während man das Gesehene nicht für wirklich hält. Wenn wir die Ansicht, dass das Gesehene, nämlich die Welt, auf irgendeine Weise unwirklich ist, akzeptieren, dann müssen wir auch die Sichtweise akzeptieren, dass der Seher der Welt auf dieselbe Weise und im gleichen Ausmaß unwirklich ist. Der Sehende ist tatsächlich ein wesentlicher Bestandteil der Welt. Sowohl im Wachen als auch im Traum bilden der Sehende und das Gesehene ein einziges Ganzes, das zusammen auftaucht und wieder verschwindet.

Der Weise bringt uns das falsche Wesen des Ichs, der individuellen Seele, in einer Parabel nahe. Bei einer Hochzeit kam ein uneingeladener Gast, der beiden Parteien völlig unbekannt war, und behauptete, ein enger Freund des Bräutigams zu sein. Zunächst glaubten ihm die Gastgeber, die Angehörigen der Braut, und ehrten ihn entsprechend. Aber nach einer Weile entstand ein Verdacht, und es wurde nachgefragt, wer er sein könnte und welches Recht er habe, hier zu sein. Beide Parteien trafen sich und fragten einander. Der Eindringling erkannte, dass er bloßgestellt und entsprechend behandelt werden würde, wenn er bliebe, also verschwand er stillschweigend.

Genauso wie der Eindringling in dieser Parabel macht es das Ich. Es ist weder das wahre Selbst noch der Körper. Solange nicht nachgeforscht wird, bleibt es bestehen und genießt seinen Status als das wahre Selbst.

Aber wenn man nachfragt, wenn die Ergründung des wahren Selbst beginnt und man dabei bleibt, wird es verschwinden und keine Spur hinterlassen. Das ist genau, was der Weise uns in folgendem Vers sagt: „Dieses Ich, das nur ein Geist ohne eine eigene Gestalt ist, kommt ins Sein, indem es eine Gestalt ergreift. Indem es an der Gestalt festhält und sich an Sinnesobjekten erfreut, gewinnt es erheblich an Kraft. Sucht man aber seine Wahrheit zu ergründen, verschwindet es." (UN 25)

Wir müssen die Lehre sorgfältig durchdenken. Im Tiefschlaf gibt es kein Ich, sondern nur im Wachen und Träumen. In diesen beiden Zuständen manifestiert es sich, indem es einen Körper ergreift und sagt: „Ich bin dieser Körper." Das heißt, es gibt eine Wahrnehmung vom Körper, und zugleich taucht der Gedanke auf: „Ich bin dieser Körper." Der Körper wird für das Selbst gehalten oder für die Wohnstatt des Selbst, und die anderen Körper und Objekte, die gleichzeitig gesehen werden, werden für das Nicht-Selbst gehalten. Wenn wiederum der Tiefschlaf kommt, dann verschwindet sowohl der Körper als auch das Ich und mit ihnen auch die Welt. Somit ist das Ich einfach das Nichtwissen, das das wahre Selbst auf einen einzigen von vielen Körpern beschränkt, die alle seine eigene Schöpfung sind. Das Ich, das diese Welt erschaffen hat, teilt sie in zwei Teile, ein Selbst und ein Nicht-Selbst. Ersteres ist sehr klein und letzteres sehr groß. Daraus entsteht die doppelte Wahrnehmung von „ich" und „mein", die die Grundlage der Bindung ist.

Die Bindung ist das Ergebnis der Begrenzung der Wahrnehmung des Selbst auf einen einziger Körper. Deshalb ist es offensichtlich, dass es keine Bindung gibt, außer für das Ich. Somit wird es leicht, die Lehre der Weisen zu akzeptieren, dass das wirkliche Selbst immer frei ist und nie gebunden oder der Unwissenheit unterworfen werden kann und deshalb nicht befreit werden muss. Der Weise, der keine andere Wahrnehmung hat, als das wahre Selbst in seiner völligen Reinheit und Vollkommenheit zu sein, ist sich keiner Bindung bewusst. Er ist sich nicht einmal bewusst, dass er zu irgendeiner Zeit gebunden war, weil er die Zeit überschritten hat.

Die Bindung ist nur ein Gedanke wie jeder andere Gedanke, obwohl man sagen muss, dass der Gedanke an eine Bindung nützlich ist, weil er weise Menschen zu dieser Ergründung veranlasst, die durch die Frage nach dem Selbst zur Erkenntnis führt, dass es nie eine Bindung gegeben hat. Da aber die Bindung dem Ich-Sinn innewohnt, wird sie nicht aufhören, solange das Ich überlebt. Somit haben wir das seltsame Ergebnis, dass das Ich selbst die Bindung ist und auch dasjenige, das an ihr leidet.

Daraus folgt, dass das Ich für immer von der Freude der Befreiung ausgeschlossen ist. Wie könnte die Bindung jemals zur Freiheit werden? Zudem kann in diesem Zustand nur das, was uneingeschränkt wirklich ist, überleben, und das Ich ist nicht wirklich. Diejenigen, die die Hoffnung hegen, Befreiung zu erlangen, ohne die Individualität zu verlieren, sind zur Enttäuschung verurteilt. Tatsächlich sind die seligen Regionen, die sie zu gewinnen hoffen und in denen sie ihre Individualität zurückbehalten wollen, ebenso unwirklich wie diese Welt.

Was über die Bindung gesagt wurde, trifft auch auf das Nichtwissen zu, denn auch es ist mit dem Ich identisch und hat getrennt vom Ich keine Existenz.

Wir müssen mit allen Konsequenzen die Tatsache erkennen, dass das Ich selbst die Quelle allen Übels ist, das das Leben heimsucht. Doch den meisten spirituellen Suchern ist das Ich so lieb wie das Leben selbst, weil sie glauben, dass sie es sind und es nicht verlieren wollen. Sie würden lieber alle Nöte des Lebens erleiden, als ohne es glücklich zu sein.

Es werden Fragen gestellt, die die Unsterblichkeit dieser nichtexistenten Seele und ihr Weiterleben in der Befreiung voraussetzen. Diese stellen sich nicht, wenn die Lehre verstanden wird. Eine dieser Fragen ist folgende: Es gibt die vedantische Lehre „Du bist Das." Früher war diese Lehre geheim und wurde nur den erprobten Schülern preisgegeben. Somit wurde der ernste Schaden, die Lehre falsch zu verstehen, verhindert. Aber heutzutage ist die heilige Überlieferung jedem zugänglich, und die Konsequenzen sind unerfreulich. Denn je höher die Lehre, desto größer ist das Unheil, wenn sie falsch angewandt wird.

Inkompetente Leute lesen die Schriften und entnehmen ihnen, dass das Ich mit all seinen Mängeln unendlich und allmächtig sei und über dem Gesetz von Recht und Unrecht stehe. Und sie lassen sich nicht belehren. Selbst der fähigere spirituelle Sucher wird von der Lehre verwirrt, weil er die Wahrheit, dass es keine Individualität gibt, nicht klar verstanden hat. Er glaubt, die heiligen Texte würden meinen, dass die individuelle Seele Gott oder das unendlich Große sei. Aber er zweifelt an der Lehre, weil sie auf die Weise, wie er sie versteht, nicht nur absurd, sondern blasphemisch ist. Und damit hat er Recht. Er hat weit mehr Recht als jene, die die Lehre auf die falsche Weise interpretieren. Dem fähigeren Schüler sagt sein Instinkt, dass hier etwas nicht stimmt. Er hat Zweifel und stellt Fragen, um sie zu klären.

Ein solcher Mann fragte einmal den Weisen: „Wenn ich ewig und vollkommen bin, warum bin ich dann nichtwissend?"

Der Weise erwiderte: „Wer ist nichtwissend? Das wahre Selbst beschwert sich nicht über das Nichtwissen. Es ist das Ich in dir, das das tut. Es ist auch das Ich, das Fragen stellt. Das Selbst stellt keine Fragen. Und dieses Ich ist weder der Körper noch das wahre Selbst, sondern etwas, was zwischen den beiden entsteht. Im Tiefschlaf hat es kein Ich gegeben, und du hattest darin kein Empfinden von Unvollkommenheit oder Nichtwissen. Deshalb ist das Ich selbst Unvollkommenheit oder Nichtwissen. Wenn du die Wahrheit über das Ich herauszufinden suchst und dabei das wahre Selbst findest, dann wirst du entdecken, dass es gar kein Nichtwissen gibt."

Der Weise meinte damit, dass mit dem Auffinden des Selbst das Ich vernichtet wird und das Nichtwissen, über das er sich beschwert hat, mit dem Ich zusammen ausgelöscht wird.

Die richtige Bedeutung des heiligen Wortes „Du bist Das" erklärt der Weise in Guru Ramana Vachana Mala folgendermaßen: „Du bist weder der Körper noch die Sinne noch der Geist noch die vitalen Energien noch das Ich. Du bist Das, was als das reine ‚Ich bin' erstrahlt, wenn durch die Abkehr von der Erbsünde (Ursünde)[23] – die auf der Wahrnehmung des egoistischen Selbst in all diesen Dingen beruht – und durch die Ergründung des wahren Selbst der Geist völlig im Herzen ausgelöscht und die Welt nicht mehr wahrgenommen wird." (GVK 671 u. 673)

Im Übrigen sei bemerkt, dass das Ich selbst die Ursache allen Glaubenseifers ist, der Fanatismus und Intoleranz hervorbringt sowie eine Vorliebe für erbitterte Streite. Der religiöse Mensch ist nicht weniger egoistisch wie sein liebenswürdigerer Bruder, der Skeptiker. Letzterer ist indifferent und deshalb nicht unsympathisch. Der religiöse Mensch dagegen fühlt sich selten wohl, weil er so viele Leute sieht, die etwas anderes glauben als er selbst. Er sehnt leidenschaftlich eine Zeit herbei, in der alle Menschen einer Religion angehören, aber er kann den Gedanken nicht ertragen, dass diese Religion sich im Geringsten von seiner eigenen unterscheidet. Es wäre ihm lieber, dass andere Leute keiner Religion anhingen als einer anderen als der seinen. Je religiöser ein Mensch ist, desto unangenehmer verhält er sich denen gegenüber, die von seiner Religion abweichen. Erlangt er politische Macht, schikaniert er alle, die einer anderen Religion angehören. Das ist so, weil der religiöse Glaube kein Feind des Ichs ist.

Der religiöse Mensch glaubt zwar immer, dass sein Eifer, Menschen zu bekehren, eine Tugend sei. Es ist aber überhaupt keine Tugend, im Gegenteil, denn dieser Eifer entsteht aus seinem Egoismus. Er sagt nicht zu sich: „Dieser Glaube ist wahr und gut. Deshalb will ich ihm folgen, bis ich es besser weiß." Sondern er sagt im Gegenteil zu sich selbst: „Dies ist mein Glaube, und deshalb ist er alleine wahr, und es ist die Pflicht aller Menschen, ihn anzunehmen." Somit ist seine Anhaftung an seinen eigenen Glauben egoistisch. Deshalb ist er in seiner Verurteilung anderer Religionen verbittert. Die bloße Existenz dieser Glauben ist für ihn eine Beleidigung. „Der rechte Glaube ist mein Glaube, Irrglaube der der anderen" – das ist seine Denkweise. So geschieht es, dass viele Gläubige eine größere Abneigung für jene hegen,

---

[23] Der Weise sagt, dass die Erbsünde in der christlichen Lehre nichts anderes als der Ich-Sinn sei.

die von ihm nur leicht abweichen, als für die Ungläubigen oder die Gläubigen einer völlig anderen Religion.

Der Weise verleiht dem folgendermaßen Ausdruck: „Wer noch nicht den Zustand völligen Einsseins mit der Wirklichkeit erlangt hat – die sein Natürlicher Zustand ist, da diese Wirklichkeit immer im Herzen aller Kreaturen als das wirkliche Selbst erstrahlt – indem er das Selbst sucht und sich seiner gewahr wird, schürt Streitigkeiten, indem er behauptet: ‚Es gibt etwas Wirkliches.‘ ‚Nein.‘ ‚Dieses Etwas hat eine Gestalt.‘ ‚Nein.‘ ‚Es ist eines.‘ ‚Es ist zwei.‘ ‚Es ist weder das eine noch das andere.‘“ (UN 34)

Der Weise besitzt keinen eigenen Glauben, weil er kein Ich hat. Das Ich selbst ist je nachdem der Gläubige oder der Ungläubige. Jene, die vom Ich bestimmt werden, können in zwei grobe Kategorien eingeteilt werden: In jene, die die Existenz einer Wirklichkeit – die wechselnden Phasen einer Welt mit ihrer dreifachen Erscheinung als Seele, Sinnesobjekte und Gott – verfechten und in jene, die sie bestreiten.

Die Verfechter zerfallen in viele Untergruppen, weil sie über das Wesen dieser Wirklichkeit verschiedene Ansichten haben. Die Hauptunterschiede sollen hier erwähnt werden. Zunächst gibt es einen Streit über die verschiedenen Glaubensvorstellungen von der Wirklichkeit der Gestalt. Die einen verfechten, dass die erste Ursache eine Gestalt habe. Die anderen bestreiten das. Dann gibt es den Streit über die Einheit oder Verschiedenheit dieser Ursache. Manche behaupten, die erste Ursache sei eine Einzige und das Weltall eine Erscheinung in ihr, sodass sie sowohl die materielle als auch die bewirkende Ursache ist. Andere bestreiten das und behaupten, die erste Ursache sei Gott, der sich immer von den Seelen unterscheide. Es gibt noch andere, die behaupten, dass Gott und die Seelen weder identisch noch voneinander verschieden wären. Dazu gehören auch jene, die an die Einheit glauben, die auch erwähnt werden müssen, weil diese Lehre, obwohl sie wahr ist, nicht dazu gedacht ist, als ein reines Dogma zu dienen, sondern als Ansporn für die tatsächliche Erfahrung dieser Wirklichkeit.

Jene, denen die Ergründung zuwider ist, durch die diese Erfahrung gewonnen wird, sind deshalb nicht besser als die anderen. Alle haben sich gleichermaßen dem Ich unterworfen und sind damit zufrieden, dass es so bleibt. In Wahrheit ist nur die Erfahrung des Selbst wirklich, nicht Glaubensmeinungen, die es zu einem Objekt des Denkens machen. Rein theoretisches Wissen vom Selbst, auch das, das sich aus der heiligen Überlieferung ableitet, ist Nichtwissen wie die Dogmen der Gläubigen.

Was der Weise meint, ist, dass die Wirklichkeit den Geist überschreitet, während der Glaube rein mental ist. Deshalb kann kein Glaube eine wahrheitsgetreue Beschreibung der Wirklichkeit sein. Die Wirklichkeit ist weder in den Glaubensbekenntnissen noch in den Schriften, die sie darlegen, enthalten. Der Gläubige ist nur das Ich, dessen Wesen es ist, die Wahrheit zu verbergen oder zu verzerren. „Ich glaube", sagt der Gläubige. Ihm antwortet der Weise: „Finde die Wahrheit über dieses Ich, den ‚Gläubigen' heraus. Dann wirst du die Wahrheit erkennen, die den Geist überschreitet und deshalb nicht in einem Glauben enthalten sein kann."

Wir sehen also, dass das Ich die ursprüngliche Saat all dieser Vielfältigkeit ist, nicht nur für die Welt der Objekte, sondern auch für die geistige Welt. Das ist eine logische Fortsetzung der Schlussfolgerung, zu der wir im letzten Kapitel gekommen sind, nämlich dass die Welt eine Schöpfung des Geistes ist. Da der Geist keine Existenz ohne das Ich hat, folgt daraus, dass das Ich selbst sowohl der Geist als auch die Welt ist. Das ist genau, was der Weise im Folgenden sagt: „Wenn das Ich auftaucht, dann kommt die ganze Welt ins Sein. Wenn es kein Ich gibt, dann existiert nichts. Deshalb ist die Ergründung des Selbst durch die Frage ‚Wer ist dieses Ich?' oder ‚Woher kommt es ins Sein?' das Mittel, um die ganze Welt loszuwerden." (UN 26)

Die hier vorgebrachte Lehre sollte zusammen mit dem, was im letzten Kapitel gesagt worden ist, bedacht werden. Dort sagt der Weise, dass die Vielzahl der Selbste, die uns in unserem Nichtwissen erscheinen, eine Täuschung ist und dass diese Vielzahl nicht mehr gesehen wird, wenn das Ich in der Ergründung ausgelöscht wurde. Daraus ergibt sich, dass es im Zustand der Freiheit keine Welt gibt, seien es Dinge oder Personen oder Gedanken, dass die ganze Welt im Ich vorhanden ist und nichts weiter als das Ich ist. Das steht in völliger Übereinstimmung mit der Lehre der alten Überlieferung in der Mandukya Upanishad, wo es heißt: „Es (das Selbst) ist weltlos, selig, still, ohne Unterschied."

Es gibt weitere, ebenso klare Aussagen in der alten Überlieferung, die das völlige Fehlen jeglicher Verschiedenheit im ichlosen Zustand bestätigen. „Hier gibt es überhaupt keine Vielfalt." (Katha Upanishad, 2.1.11) Dies steht in der Warnung an den Wahrheitssucher, sich nicht in den falschen Glauben, dass Unterschiede wirklich seien, zu verstricken. Es heißt, dass jeder, der Unterschiede für wirklich hält, immer wieder sterben müsse. (Katha Upanishad, 2.1.11) Wer sich auch nur die geringste Verschiedenheit zwischen sich und der Wahrheit vorstellt, wird zum Opfer der Angst. (Taittiriya Upanishad 2.7.1) Was auch immer man als etwas anderes als das Selbst wahrnimmt, hat die Kraft, einen zu täuschen.

Dass die Welt nicht mehr erscheint, wenn man die Befreiung erlangt hat, wird durch die Weisen folgendermaßen bestätigt: „Ich erkläre hiermit das tiefgründige Geheimnis, das die höchste Essenz des ganzen Vedanta ist: Begreife, dass wenn das Ich stirbt und das wirkliche Selbst als die einzige Wirklichkeit verwirklicht ist, nur das wahre Selbst übrig bleibt, das reines Bewusstsein ist." (Taittiriya Upanishad 2.7.1) Diese Feststellung stimmt auch mit der Lehre der Gita überein, die besagt, dass selbst jetzt die Welt nicht wirklich existiert. „Alle Lebewesen sind in Mir. Ich bin nicht in ihnen. (In Wahrheit) sind sie (jedoch) nicht in Mir. Das ist vielmehr meine göttliche *Maya*!" (BG 9.4f)

Einerseits kann man der Welt-Erscheinung nicht ausweichen, solange der Ich-Sinn überlebt. Andererseits kann man nicht umhin, sie mit dem Körper und dem Selbst zu verwechseln und anzunehmen, dass das Selbst endlich ist, solange man die Welt sieht. Das ist für jene schlimm, die am falschen Glauben festhalten, dass die Welt als solche wirklich sei. Dabei besteht kein wirklicher Unterschied zwischen demjenigen, der den Körper für das Selbst hält, und demjenigen, der den Geist für das Selbst hält. Letzterer hält die meiste Zeit den Körper für das Selbst, genauso wie der andere. Deshalb sagen die Menschen im Westen von einem Sterbenden: „Er gibt seinen Geist auf." Sie sagen nicht: „Er gibt seinen Körper auf", was sie tun würden, wenn sie von der Illusion, der Körper sei das Selbst, frei wären.

Doch obwohl das Ich selbst Nichtwissen, Ursünde und Leiden ist, kommt diesem Ich bei unserer Ergründung eine sehr große Bedeutung zu, da es der Schlüssel ist, um das wahre Selbst zu finden. Das werden wir in der Folge bei der Beschreibung der Selbstergründung noch sehen. Zudem ist das Ich der Beweis für das wahre Selbst. Dies bestätigt der Weise mit folgenden Worten: „Dieser empfindungslose Körper sagt nicht ‚ich'. Keiner sagt jemals: 'Ich habe im Schlaf nicht existiert.' Sondern das alles entsteht erst, nachdem das Ich sich erhoben hat. Suche deshalb die Quelle, aus der das Ich sich erhebt, indem du den Geist auf die Ergründung konzentrierst." (UN 23)

Der erste Schritt bei der Ergründung des wahren Selbst ist zu verstehen, dass das Selbst nicht der Körper ist, weder der physische noch der geistige. Dafür gibt es zwei Gründe: Einerseits ist der Körper unbewusst und kann deshalb nicht das Selbst sein, sei er nun endlich oder nicht. Andererseits sind wir uns sicher, dass das Selbst, was immer es auch sein mag, ohne einen Körper existieren kann. Wir wissen, dass das im Tiefschlaf der Fall ist. Nur wenige Menschen können sich vorstellen, dass das Selbst im Tiefschlaf zu existieren aufhört. Das können nur die besonders Spitzfindigen. Ihre komplexen Vorstellungen sind Thema eines langen Gesprächs, das der Weise mit einem Zweifler führte und das später wiedergegeben wird. Somit ist das Ich selbst ein Beweis dafür, dass wir existieren. Wir sind nicht das Ich, sondern das, woraus das Ich aufsteigt. Das muss gefunden werden, indem man die Quelle des Ichs sucht. Die Offenbarung verspricht uns, dass wir, wenn wir diese Quelle finden, nicht nur das Selbst finden, sondern auch die Wirklichkeit, die der Welt-Erscheinung zugrunde liegt. Das ist so, weil das Selbst und die Wirklichkeit ein und dasselbe sind.

Es wird also erkannt, dass das Ich der Erzbetrüger ist, der wahre Teufel oder *Ahriman*. Es ist der einzige Feind Gottes und des Menschen. Es ist der Feind der wahren Erkenntnis. Es ist der Erfinder von Mord und Lüge. Es ist der kosmische Macbeth, der beständig den Frieden, das wahre Glück tötet. Es ist der Betrüger, der den Platz des wahren Selbst eingenommen hat. Deshalb ist ihm der Zugang zur Befreiung, das Himmelreich, das in uns ist, wie Jesus lehrte, verwehrt.

Der Weise hat uns gesagt, dass das Ich das ganze bestehende Übel ist, während Selbstlosigkeit alles Gute ist, das es gibt. Vom Ich, das unwissend ist, geht alles Übel aus, das das Leben bedrängt. Alles Gute und alles, was wert ist, dass man es pflegt, gehört der Selbstlosigkeit an.

Ohne das Ich gibt es weder Tod noch Wiedergeburt. Dieser grausame Kreislauf von Toden und Wiedergeburten wird nur durch das ursprüngliche Nichtwissen, das Ich, aufrechterhalten. Das Ich selbst ist der Tod, weil es die Verneinung der Wahrheit, des Lebens ist. Es muss nicht nur entthront, sondern vernichtet werden, denn so lange es am Leben ist, gibt es keine Sicherheit.

Das Ich muss erheblich geschwächt werden, damit man die Lehre des Weisen überhaupt verstehen kann. Das wird durch folgende Aussage des Weisen deutlich. Er erklärte die wahre Bedeutung der landläufigen Auffassung, dass ein Schüler, nachdem er einen Guru gefunden hat, lange bei ihm bleiben, ihm vertrauensvoll dienen und sich ihm völlig unterwerfen muss, ehe der Guru ihn das große Geheimnis: „Das bist du" lehrt folgendermaßen: „Die tiefere Bedeutung, die hier mit Hingabe gemeint ist, ist die völlige Aushöhlung des Ich-Sinns, der Individualität. Sie ist nötig, damit der Schüler die Lehre empfangen kann. Denn wenn es keine Hingabe in diesem Sinn gibt, wird die Lehre bestimmt missverstanden werden. Selbst in seinem jetzigen begrenzten Egoismus ist der Mensch anfällig für Wutausbrüche, Tyrannei, Fanatismus usw. Was wird er erst anstellen, wenn man ihm sagt, er selbst sei dieses große Sein? Er würde die Lehre nicht in ihrer wahren Bedeutung verstehen, sondern glauben, dass mit dem großen Sein seine individuelle Seele, das Ich gemeint sei. Das kann schon deshalb nicht die wahre Bedeutung der Lehre sein, weil das Ich nicht existiert."

Obwohl die Seele als solche nicht existiert, gibt es in ihr ein Element der Wirklichkeit, nämlich das Licht des Bewusstseins, das vom wirklichen Selbst ausgeht und das wir als „ich bin" erfahren. Dieses Licht des Bewusstseins gehört nicht der Seele an, sondern dem Selbst, der

Wirklichkeit. Es muss ihm deshalb unterworfen werden. Ist diese Hingabe vollständig, dann bleibt allein dieses Selbst übrig. Ist die Individualität auf diese Weise verloren gegangen, dann ist sie zum Guten verloren gegangen. Denn dieser Verlust der Individualität ist kein Verlust. Es ist der Verlust des größten aller Verluste, nämlich der Verlust des Ichs. Deshalb ist es der größte aller möglichen Gewinne, der Gewinn des wirklichen Selbst.

Das Ergebnis dieser Hingabe wird in der alten Überlieferung folgendermaßen beschrieben: „Wie die Flüsse ins Meer münden, dadurch Name und Gestalt verlieren und eins mit ihm werden, so wird der Weise, der Name und Gestalt verliert, eins mit dem höchsten Sein, der alles transzendierenden Wirklichkeit." (Manduka Upanishad 3.2.8)

Selbst wenn man die Wahrheit beiseitelässt, dass das Ich unwirklich ist, bleibt es trotzdem dabei, dass der Weise nur eine mathematische Null verloren hat, während er die unendliche Wirklichkeit gewonnen hat. Der Weise drückt es in einem seiner Gedichte an Arunachala folgendermaßen aus: „Welchen Gewinn hast Du, oh Arunachala, dadurch erlangt, dass Du mich, der ich weder jetzt noch später von Wert bin, gegen Dich, den größten aller Gewinne, eingetauscht hast?" [AAM 93]

Diese Hingabe an das wahre Selbst, um ganz und vollkommen zu werden, muss durch seine Ergründung auf die Weise bewirkt werden, wie sie in einem späteren Kapitel erläutert wird. Und da die Hingabe die Krönung der Verehrung ist, muss der nach Befreiung Suchende das wahre Selbst verehren. Wenn diese Verehrung vollkommen ist, dann ist es möglich, in die Ergründung einzutreten und sie so lange fortzuführen, bis sich Erfolg einstellt, bis das wahre Selbst sich selbst enthüllt.

7. GOTT

Wir sind zum Schluss gekommen, dass zwei der drei Gegenstände unserer Ergründung, nämlich Welt und Seele, als solche unwirklich sind. Jetzt müssen wir die Wahrheit der Gottesvorstellung untersuchen.

Dieser Teil der Untersuchung ist sehr leicht, da die Schlussfolgerung nicht in Frage steht. Die drei, nämlich Welt, Seele und Gott, sind ein unteilbares Ganzes, weil jedes die beiden anderen miteinschließt. Tatsächlich enthält das erste Glied, die Welt, das zweite und dritte. Der Begriff „Welt" bedeutet die Gesamtheit aller verschiedenen Denkobjekte, alle unbelebten Gegenstände, alle fühlenden Kreaturen sowie die eine Ursache von dem allem. Die Welt aus Menschen und Dingen ist eine Folge, deren Erfahrung ohne eine Ursache, die sie durchdringt und aufrechterhält, nicht wahrgenommen werden könnte, so wie du keinen Topf wahrnehmen kannst, ohne dir seiner Ursache oder seinen Ursachen bewusst zu sein.

Infolgedessen sind die Drei bei dieser Ergründung praktisch eins. Wir können nicht eins oder zwei von den Dreien für unwirklich halten und das dritte für wirklich. Shankara hat das alte Gleichnis von der Henne benutzt. Man kann die Henne nicht in zwei Teile zerlegen, den einen kochen und essen und den anderen Eier legen lassen. Man muss auf eine der Möglichkeiten verzichten und sich mit der anderen begnügen. Entweder kocht man die ganze Henne und isst sie, oder man lässt sie am Leben, damit sie Eier legt. Genauso müssen wir das Ganze dieser dreifachen Wesenheit als unwirklich zurückweisen, im besonderen Sinn von Wirklichkeit, wie es im Advaita verstanden wird, oder es als wirklich annehmen im Sinn von Wirklichkeit, wie sie die Materialisten und Theisten gebrauchen. Einen Mittelweg gibt es nicht.

Die Vorstellung von Gott steht mit den Vorstellungen von der Welt und Seele im Zusammenhang. Die Welt, wenn man sie auf die Ganzheit empfindungsloser Objekte beschränkt, ist das Gegenteil von Gott, insofern sie träge und ohne Bewusstsein ist, während Gott unendliches Bewusstsein besitzt. Die Seele steht Gott gegenüber, weil sie im Gegensatz zum unendlichen Gott endlich ist. Somit gehört Gott zwei Ge-

gensatzpaaren an. Gegensätze gibt es aber nur für den Ich-Geist. Deshalb ist Gott keine objektive Wirklichkeit.

Es gibt noch eine andere Überlegung. Wenn man Gott als eines der drei betrachtet und nicht als das, was er wirklich ist, ist Gott ein Denkobjekt. Er ist ein Teil der Dreiheit der Beziehung, die aus dem Denkenden, dem Objekt und dem Akt des Denkens besteht. Alle Dreiheiten existieren nur im Bereich des Nichtwissens durch die Kraft des Ichs. Deshalb ist Gott keine objektive Wirklichkeit.

Das macht der Weise folgendermaßen deutlich: „Alle Dreiheiten entstehen aufgrund des Ichs. So entstehen auch alle Zweiheiten (Gegensatzpaare). Wenn man durch die Frage: ‚Wer bin ich?' ins Herz eintritt und die Wahrheit des wirklichen Selbst erkennt, dann verschwinden sie alle vollständig. Solch einer ist ein Weiser. Er lässt sich durch sie nicht täuschen." (UN 9)

Trennen wir diese Zweiheiten und Dreiheiten von der Welt, dann bleibt nichts von ihr übrig, außer vielleicht Raum und Zeit. Und diese beiden sind, wie wir gesehen haben, keine objektiven Wirklichkeiten. Was nach dem Auslöschen des Ichs übrig bleibt, ist allein das wahre Selbst, das nicht teilbar ist.

Hier haben wir einen weiteren Beweis für die Unwirklichkeit Gottes als solchem. Die Weisen bestätigen, dass es im ichlosen Zustand getrennt vom wirklichen Selbst keinen Gott gibt. Trennung ist das Wesenhafte der Vorstellung von Gott als Gott. Wenn es tatsächlich keine Trennung gibt, dann kann es keine Vorstellungen geben. Gott, wie er wirklich ist, ist kein Denkobjekt.

Die Wahrheit über Gott ist, dass er nichts anderes ist als das wahre Selbst, das auch als Wirklichkeit und reines Bewusstsein beschrieben wird. Als dies ist er keine Person und auf keinerlei Weise mit der Welt der Personen und Dinge verbunden. Die Beziehung zwischen Ursache und Wirkung, von der man üblicherweise sagt, dass sie zwischen der Wirklichkeit und der Welt besteht, gibt es überhaupt nicht. Wäre die Wirklichkeit auf irgendeine Weise auf irgendetwas bezogen, dann wäre sie nicht die Wirklichkeit, wie die Weisen sie definieren.

Dass Gott, wie er wirklich ist, und das wahre Selbst dasselbe sind, ist das Hauptthema der Upanishaden, wie wir bei den von Shankara herangezogenen Textstellen gesehen haben. Diese Identität ist nicht nur eine Tatsache, sondern wird auf alle mögliche Weise betont. Strafen werden über die verhängt, die die Lehre nicht akzeptieren, und Segen wird denen zugesprochen, die die Lehre annehmen und ernsthaft danach streben, die Wahrheit durch eigene Erfahrung zu erkennen.

„Wer einer getrennten Gottheit dient und denkt: ‚Er ist einer und ich bin ein anderer‘, ist unwissend. Er ist für die Götter im Himmel wie ein Vierbeiner." (Brihadaryanaka Upanishad 1.4.10)

„Wenn man unbeweglich und ohne Angst mit diesem unsichtbaren, unkörperlichen, undefinierbaren, an keinen Ort gebundenen Einen identisch bleibt, dann erlangt man Furchtlosigkeit. Wenn man nur den geringsten Unterschied in diesem Einen macht, dann entsteht Angst. Das ist die wahre Ursache der Angst, die derjenige hat, der die Wahrheit des Selbst falsch versteht." (Tattiriya Upanishad 2.7.1)

„Wer hier Unterschiede sieht, der geht von Tod zu Tod." (Katha Upanishad 2.1.11)

Gott, wie er wirklich ist, ist deshalb namen- und gestaltlos und ohne Eigenschaften jeglicher Art. Hätte er Eigenschaften, dann wäre er an die Relativität gebunden und deshalb unwirklich. Das ist die letzte Wahrheit über Gott, wie sie die Weisen offenbart haben. Natürlich entsteht daraus eine scheinbare Schwierigkeit, die Schöpfung zu erklären. Der Weise Shankara unterscheidet deshalb zwischen der Wirklichkeit in ihrem wahren Wesen und der Wirklichkeit, wie man sie als Ursache der Welt wahrnimmt, um die Lehre der Schöpfung der Welt zu erklären. Erstere wird *Para-Brahman* genannt, letztere *Apara-Brahman*. Man nennt sie auch *Nirbija* und *Sabija*, *Nirguna* und *Saguna*.[24] Letzteres wird auch *Ishvara*, der persönliche Gott, genannt.

Es gibt Leute, die beides miteinander verwechseln und behaupten, dass Gott tatsächlich zu der ganzen Vielfalt werden würde. Sie beziehen

---

[24] *Nirbija* bedeutet samenlos, *Sabija* mit Samen, *Nirguna* ohne Eigenschaften und *Saguna* mit Eigenschaften.

sich auf Textstellen der alten Überlieferung, die sie wörtlich verstehen und die ihnen, ohne dass sie einen Bezug zur endgültigen Lehre, die an anderer Stelle im selben Buch auftaucht, herstellen, zusagen. Die Kommentare mit ihren reichlichen Argumenten zeigen auf, dass man diese Texte nicht wörtlich interpretieren darf. Die Frage wird für uns durch die klare Aussage des Weisen vom Arunachala beantwortet. So sagt er etwa: „Sogar die Aussage, dass die Zweiheit wahr ist, solange man nach dem Ziel strebt, aber dass es im Ziel keine Zweiheit gibt, stimmt nicht. Der zehnte Mann im Gleichnis war der zehnte Mann, als er den anscheinend vermissten zehnten Mann angstvoll suchte und als er herausgefunden hat, dass er es selber ist." (UN 37)

Hier wird durch das Wort „sogar" klar, dass ein bestimmter Glaube, der nicht weiter ausgeführt wird, falsch ist. Zwei verschiedene Glauben werden hier verurteilt, der eine implizit, der andere explizit. Der erste besteht darin, dass die Zweiheit immer wahr ist und auch im Zustand der Befreiung weiterbesteht. Der zweite besteht darin, dass momentan Zweiheit vorherrscht bis die Nicht-Zweiheit durch irgendein spirituelles Bestreben erlangt wird. Ersterer ist der Glaube der Dualisten. Der oben zitierte Vers hält es für unbestreitbar, dass dieser Glaube aufgrund der direkten Erfahrung des Selbst im ichlosen Zustand, die der Weise macht, falsch ist. Letzterer ist auch nicht richtig wegen der besonderen Definition von Wirklichkeit, die der Weise gegeben hat.

Wäre die Zweiheit im Sinne dieser Definition wirklich, dann würde sie ewig dauern. Es gäbe dann keine Möglichkeit für die Nicht-Zweiheit, sei sie erkannt oder irgendwie herbeigeführt, ins Dasein zu kommen. Wenn die Nicht-Zweiheit im ichlosen Zustand eine Wirkung der Ergründung oder anderer Mittel wäre, dann wäre sie unwirklich. Sie hätte dann einen Anfang und müsste auch ein Ende haben. Eine Wirkung kann nur so lange andauern, als sie durch die verursachende Kraft aufrechterhalten wird. Es ist ein Grundsatz der Upanishaden, dass eine endliche Ursache – eine Folge von Handlungen – nie eine unendliche Wirkung herbeiführen kann. Die Autoren appellieren an unsere gewöhnliche Erfahrung als Beweis dafür, falls ein solcher nötig ist. Bei jedem ist der Zustand der Befreiung dauerhaft. Selbst jene, die sich diesen Zustand als den eines Bewohners irgendeiner anderen Welt vorstellen, schließen eine Rückkehr in einen niederen Seinszustand aus.

Jene Dualisten, die an der Fortdauer der Verschiedenheit in der Befreiung festhalten, bleiben in ihrer Behauptung wenigstens logisch. Natürlich können sie sich in ihrem Glauben nicht auf das Zeugnis der Weisen berufen. Sie kommen nur zu ihrem Ergebnis, indem sie dieses Zeugnis zurückweisen.

Jene Dualisten, die versuchen, die Erfahrung der Weisen mit ihrem eigenen Glauben in Einklang zu bringen, befinden sich in einem Dilemma. Wenn sie behaupten, dass der Unterschied wirklich ist, solange die Unwissenheit vorherrscht, müssten sie sagen, dass die Befreiung einen Anfang hat. Aber sie wollen die unausweichliche Konsequenz nicht ziehen, dass sie dann auch ein Ende haben müsste. Wenn sie zugeben, dass die Befreiung sowohl ohne einen Anfang als auch ohne ein Ende ist, wären sie notwendigerweise zu der Schlussfolgerung gezwungen, dass der Unterschied im Ganzen eine Illusion ist, wie die Advaitins behaupten.

Das erwähnte Gleichnis ist folgendes: Zehn Männer aus einem Dorf überqueren einen Fluss. Dann zählen sie sich, um sicherzugehen, dass sie alle heil hinübergekommen sind. Da aber jeder sich selber nicht mitzählt, scheinen sie nur neun zu sein. Daraus schließen sie, dass der zehnte Mann verloren gegangen sein musste. Während sie den Verlust des zehnten Mannes beklagen, kommt ein Fremder vorbei und fragt nach ihrem Kummer. Sie erzählen ihm, dass sie zehn gewesen seien, aber einer verloren gegangen sei. Der Fremde erkennt ihren Irrtum. Er zählt genau zehn. Und er erkennt auch, was der Grund dafür ist, dass sie falsch gezählt haben. Um sie davon zu überzeugen, bittet er einen von ihnen, die Hiebe zu zählen, die er jedem auf dem Rücken gibt. Den letzten Hieb spart er für den Zähler auf. Als der neun gezählt hat, gibt er auch ihm einen Hieb, und somit werden zehn Hiebe gezählt. Dadurch wird klar, dass es tatsächlich zehn Männer sind. Hätte der Mann richtig gezählt, dann hätte er bemerkt, dass er selbst der zehnte Mann ist. Er war die ganze Zeit der zehnte Mann, vor und nach der Entdeckung. Es ist kein neuer Mann hinzugekommen. Der zehnte

Mann nach der Entdeckung war auch der zehnte Mann davor. So ist das wahre Selbst immer die einzige Wirklichkeit, sowohl vor als auch nach der Auslöschung des Nichtwissens.

Das Nichtwissen ist in Wahrheit nicht wirklicher als seine Produkte: Welt, Seele und Gott. Für das wahre Selbst gibt es kein Nichtwissen. Es ist eine reine Hypothese, die dafür benutzt wird, die Lehre zu übermitteln. Wir haben gesehen, dass das Nichtwissen nichts anderes als das Ich ist, das überhaupt nicht existiert. Deshalb existiert das Nichtwissen, die Ursache aller Schöpfung, selbst jetzt nicht. Das wahre Selbst ist immer das Eine ohne ein Zweites, auch jetzt. Das bedeutet, dass es weltlos ist. Deshalb steht es uns nicht frei, den Glauben zu unterhalten, dass die Wirklichkeit eine tatsächliche Veränderung erlitten hat, indem sie wirklich zu den Dreien geworden ist. Wäre ein solcher Wandel möglich, dann könnte sie uns nie aus dem grausamen Kreislauf der Veränderung retten, dem wir entkommen wollen. Gautama Buddha hat ganz richtig gesagt: „Wenn es keine unveränderliche und unveränderbare Wirklichkeit gibt, dann kann es für uns auch keine Befreiung aus dem *Samsara* (der relativen Existenz) geben." Er erklärte: „Es gibt eine unveränderliche und unveränderbare Wirklichkeit, weshalb wir Befreiung erlangen können." Wenn wir anerkennen, dass die Wirklichkeit unveränderlich ist, dann müssen wir auch anerkennen, dass sie weder die materielle noch bewirkende Ursache der Welt sein kann, weil sich ihr Sein nicht verändert.

Das ist die Wahrheit über Gott. Gott, wie er von den Verehrern wahrgenommen wird, ist nur relativ wirklich, wie wir im Kapitel über die Hingabe sehen werden.

Wir haben bereits zuvor gesehen, dass derjenige, der Gott als eine Person betrachtet, sich selber auch als eine Person betrachtet. Wir haben auch gesehen, dass der persönliche Gott eine Gestalt haben muss, sei sie grobstofflich oder subtil, physisch oder geistig.

Persönlichkeit bedeutet eine eigenständige Existenz als ein von allen anderen getrenntes Lebewesen. Der Anspruch auf solch eine Existenz beruht auf dem Ich-Sinn. Das Ich ist sich seiner selbst als Bewusstsein und Intelligenz bewusst. Dieses Bewusstsein ist nicht sein eigenes, sondern ein winziger Teil des Bewusstseins, das das Selbst ist, ebenso wie das Licht der Sonne, das als Bild in einem Spiegel erscheint, ein winziger Teil des wirklichen Sonnenlichts ist.

Die Wahrnehmung, dass der Geist oder die Seele ein bewusstes Lebewesen sei, wird in der heiligen Überlieferung und vom Weisen als Diebstahl bezeichnet. Dieser Diebstahl muss ungeschehen gemacht werden, indem sich der Geist, in welchem sich das Ich spiegelt, der Wirklichkeit unterwirft, indem man erkennt, dass die Wirklichkeit das Selbst ist. Das ist die Bedeutung, die wir in der letzten Zeile der Lehre der Gita (18.66) finden: „Nimm Zuflucht bei Mir, indem du Mir all deine *Dharmas* übergibst." Hier wird *Dharma* in einem weiteren Sinn verstanden. Es bedeutet nicht nur Pflichten oder Verhalten, sondern auch Zustand oder Eigenschaften. Die Seele ist ein Bündel von Eigenschaften. Die erste und oberste dieser Eigenschaften ist die Persönlichkeit. Sie muss unterworfen werden, sagt der Weise. Die Methode dieser Unterwerfung ist die Ergründung des Selbst.

8. DER ICHLOSE ZUSTAND

Die Welt der Relativität, bestehend aus den drei Kategorien Welt, Seele und Gott, wird als eine falsche Erscheinung erkannt, die der Wirklichkeit vom Ich-Geist aufgezwungen wird. Die Wirklichkeit ist das Substrat, das Element der Wahrheit in den dreien. Sie wird von der illusorischen Erscheinung dieser drei verhüllt. Der Ursprung dieser Illusion ist der Ich-Sinn. Solange er andauert, werden Nichtwissen und Bindung nicht enden. Das heißt, dass wir nur frei werden, indem wir ichlos werden. Das haben wir aus den vorigen Seiten gelernt.

Deshalb wird der Zustand der Befreiung als ichloser Zustand beschrieben. Er trägt auch andere Namen: Zustand der Erkenntnis oder Erleuchtung, der Seligkeit, der Vollkommenheit, des Friedens und Natürlicher Zustand. Diese Bezeichnungen scheinen bestimmte Vorstellungen über ihn vermitteln zu wollen. Dem ist aber nicht so, weil er nicht dem Bereich der Sprache oder des Denkens angehört, wie wir noch sehen werden.

Im Hinblick auf diesen Zustand stellen sich zwei Fragen: nämlich ob es ihn überhaupt gibt und ob er wünschenswert ist. Die erste Frage schließt die Möglichkeit mit ein, dass sich dieser Zustand als ein völliges Nichts erweisen könnte, nämlich als Auslöschung des eigenen Selbst. Die Erwägung einer solchen Möglichkeit wird vom eingefleischten Glauben angeregt, dass man das Ich ist. Die Antwort darauf lautet, dass es ein wahres Selbst gibt, das etwas anderes und viel größeres als das Ich ist, und dass es den Tod des Ichs überlebt, da es wirklich ist, im Sinn von Wirklichkeit, wie die Weisen sie definieren. Die zweite Frage stellt sich aufgrund der Wahrnehmung, dass Glück aus Vergnügen besteht, die es im Geltungsbereich des weltlosen Zustands nicht gibt.

Keiner dieser Zweifel kann die Schüler eines lebenden Weisen bedrängen. Wer zu Füßen des Weisen vom Arunachala gesessen hat, wird davon nicht verwirrt. Der Weise selbst ist der beste Beweis des ichlosen Zustands. Wer den geheimnisvollen Einfluss, der von ihm ausgeht, in sich aufgenommen hat, braucht weder Zeugnis noch Beweis, um zu

wissen, dass der ichlose Zustand wirklich ist und um jeden Preis erlangt werden sollte. Er weiß, dass er der Zustand der Vollendung und
Vollkommenheit ist, der ewigen Seligkeit, der von Wünschen nicht
geschmälert und von Angst nicht betroffen wird.

Diese und ähnliche Zweifel werden in der Lehre der Weisen nicht ernst
genommen. Der Weise vom Arunachala weist darauf hin, dass das Ich
– der Erzfeind des Glücks – der Urheber aller Zweifel ist. Er ruft sie
hervor, um den Tag seiner eigenen Vernichtung hinauszuzögern. Wenn
wir diese Zweifel unterhalten und unsere Zeit und Energie damit verschwenden, eine Lösung für sie zu suchen, spielen wir dem Feind in
die Hände. Der Weise sagt, man sollte nicht weiterhin Fragen stellen
und darauf Antworten suchen, die sowieso nicht viel taugen, da sie rein
verstandesmäßig sind, sondern den Übeltäter, das Ich, festnehmen, ihn
auf die Anklagebank setzen und ihn der Ergründung des wahren Selbst
aussetzen, das er zu sein vorgibt. In anderen Worten, man sollte das
wahre Selbst entdecken, das die endgültige Antwort auf alle Fragen ist.
Jede Frage, die sich erhebt, wird durch das Nichtwissen beeinträchtigt,
das das Ich bei seinem Nennwert nimmt, nämlich als wahres Selbst.
Alle Fragen lassen sich deshalb auf die eine Frage reduzieren: „Wer
bin ich?" Diese Frage ist die Ergründung des Selbst, durch die der
ichlose Zustand erlangt wird. In diesem Zustand gibt es nur das Selbst
und nichts anderes. Und deshalb gibt es dort keine Fragen und Antworten mehr, sondern nur noch Schweigen, sagt der Weise. Dasselbe wird
auch in der Überlieferung der Upanishaden eindeutig gesagt: „Wird
dieses Höchste Sein geschaut, dann wird der Knoten (der Wünsche) im
Herzen durchtrennt, alle Zweifel sind zerstreut und alle Wirkungen
vergangener Handlungen aufgehoben." (Mundaka Upanishad 2.2.8)

Damit werden wir gewarnt, dass das endlose Zweifeln nur ein Mittel
ist, dem Ich neues Leben einzuhauchen. Es ist ein Fehler, der vielleicht
ernsthafter ist als das, was sonst als Fehler gilt. Es deutet auf fehlende
Ernsthaftigkeit und eine versteckte Liebe für die Bindung hin. Aber
während die eingefleischte Gewohnheit zu zweifeln nicht gutgeheißen
wird, wird dem wohlmeinenden Frager geholfen, selbst zu erkennen,
dass es zwar Antworten auf alle möglichen Fragen gibt, dass man aber
irgendwann einmal mit dem Fragen aufhören muss.

Für den völlig reifen Schüler – das ist einer, der völlig ernsthaft die Offenbarung des Selbst erlangen will – sind diese Fragen bedeutungslos. Denn wer völlig dem wirklichen Selbst ergeben ist, der ist auch dazu bereit, das Gefängnisleben, das die ichbezogene Existenz ist, aufzugeben. Der Weise sagt ihm, dass das wahre Selbst die Quelle des Ichs ist, die gesucht und gefunden werden muss, wenn er die Fülle des Lebens haben will. Das genügt ihm. Er zögert nicht, keine Zweifel zuzulassen, die seine Ergründung des Selbst verhindern. Wir haben im ersten Kapitel gesehen, dass der Weise nicht gezögert hat und sich weder von Zweifeln noch von Ängsten zurückhalten ließ. Er hatte anscheinend die Schlussfolgerung gezogen, dass diese relative Existenz, die vom Ich überschattet wird, keinen Wert hat, und war dazu bereit, es ganz zu verlieren, um das zu finden, was wirklich ist. Wir wissen auch, dass er keinen der Vorteile hatte, die wir heute in Überfülle haben – die heilige Überlieferung der Vergangenheit und die Lehren der Weisen.

Wir werden jetzt sehen, wie die Weisen diese Fragen beantworten.

Der Zustand der Ichlosigkeit ist nicht das Nichts, denn das Selbst ist in seinem wahren Wesen, so wie es wirklich ist, unbegrenzt vom Ich. Dafür haben wir das Zeugnis einer langen Linie von Weisen. Dieses wahre Selbst ist das Leben, von dem wir auch jetzt getragen werden, aber ohne das unsere Existenz in der Relativität so unerträglich wäre, dass wir den Tod vorziehen würden. „Wer will schon weiterleben, außer für die unendliche Seligkeit?" (Taittiriya Upanishad 2.7.1) Denn selbst jetzt, mitten im Nichtwissen, werden wir von Strömen des Glücks des wahren Selbst, die durch die dichten Falten des Nichtwissens und der Sünde durchsickern – wie schwach und unbeständig sie auch sein mögen – so weit aufrechterhalten, dass wir nicht verzweifeln und uns umbringen. Die alte Überlieferung sagt: „Wer das Selbst findet, das im Herzen verborgen ist, wird dieses tiefgründige Glück erleben, das gleichzeitig die Erfüllung aller Wünsche ist." (Taittiriya Upanishad 2.1.1)

Das Wort „gleichzeitig" hat hier eine besondere Bedeutung. Das Glück, das auf die Erfüllung eines Wunsches folgt, hält nur für eine bestimmte Zeit an, aber sogar während es andauert, wird es von den

Geistern anderer unerfüllter Wünsche geschmälert. Das ist beim Glück des Selbst, das die Weisen genießen, nicht der Fall. Das wird in einer späteren Stelle des Upanishad erklärt, wo aufgezeigt wird, dass im Selbst die Fülle der Seligkeit wohnt, sodass sich kein Wunsch mehr erheben kann.[25] Der Weise erklärt, dass das reine, vollkommene und zeitlose Glück des ichlosen Zustands auf der Tatsache beruht, dass das Ich, das selbst die Wurzel aller Unzufriedenheit, aller Wünsche und des Fiebers des Handelns ist, für immer gestorben ist, sodass es nie wieder seinen widerlichen Kopf erheben kann. „Wie ein kleines Tier seinen Kopf nicht erheben kann, wenn es vom Meer überflutet wird, so kann dieses kleine Ich im Zustand der Erleuchtung (durch das reine Bewusstsein) seinen Kopf nicht erheben." (GVK 1142)

Sowohl die alte Überlieferung als auch die Weisen appellieren an die Vernunft, um diese Lehre zu bestätigen. Die ältere Überlieferung gerät oft in Schwierigkeiten, wenn sie aufzeigen will, dass aus nichts auch nur nichts entstehen kann.[26] Wie kann die Welt aus Nichts ins Dasein kommen? Der Weise sagt, dass Bewusstsein als ein Element der Wirklichkeit im Erscheinen der Welt existieren muss, da wir die Überzeugung haben, dass die Dinge, die wir sehen, existieren. (s. UN Einleitungsvers 1) Dem entnehmen wir, dass das unendliche Bewusstsein die Wirklichkeit ist, die nicht nur der Welt der Dinge, sondern auch der Welt der Menschen zugrunde liegt.

Wir sind uns eines Selbst bewusst. Wir haben jedoch gesehen, dass wir fälschlicherweise das Ich für das Selbst halten. Da es jedoch keine Vorstellung eines Selbst geben kann, ohne dass es irgendein wahres Selbst gibt, müssen wir zwangsläufig glauben, dass es ein wahres Selbst gibt. Die Wahrheit über dieses Selbst kann man jedoch nur von den Weisen bestätigt bekommen. Von ihnen lernen wir, dass es das reine und unendliche Bewusstsein ist, das im ichlosen Zustand wohnt.

Auch die Alltagserfahrung, die der Weise herausstreicht, bestätigt die Lehre. Der Weise sagt, dass keiner seine eigene Existenz verleugnen kann. Was immer er auch bestreiten mag, er muss zugeben, dass er

---

[25] s. 8. Anuvaka des Brahmananda Valli in der Taittiriya Upanishad
[26] z.B. Chandogya Upanishad 6.2.2

selbst existiert. Denn das wahre Wesen des Selbst besteht darin, dass es eine unbestreitbare Wirklichkeit ist. Wenn wir herausfinden, dass das besondere, endliche Selbst, das wir uns vorstellen, nicht existiert, dann bedeutet das nur, dass wir das Selbstsein etwas Falschem zugeschrieben haben und nicht, dass es überhaupt kein Selbst gibt.

Das wahre Selbst wird in seiner Reinheit in keinem der drei uns bekannten Zustände, nämlich im Wachen, Träumen und im Tiefschlaf erfahren. Es gibt natürlich die Erfahrung des „Ich bin", aber dieses Gewahrsein des wahren Selbst ist durch die Begrenzung, die ihm vom Ich und seinen Schöpfungen aufgezwungen wird, auf ein bloßes Atom reduziert. Wie der Weise Shankara in Vers 365 des Vivekachudamani herausstreicht, wird das Licht des Selbst durch den Geist hoffnungslos getrübt. Es scheint nur im ichlosen Zustand, der die Negierung dieser drei Zustände ist, als es selbst. Doch sogar bevor wir diesen Zustand erlangen, können wir Spuren des Selbst im Zustand des Tiefschlafs finden, die für den Augenblick ausreichend beweisen, dass es wirklich ist, bis wir die volle Offenbarung des Selbst gewinnen, indem wir die drei Zustände überschreiten.

Im Tiefschlaf gibt es weder Körper noch Geist noch Ich. Aber wir sind so sicher, wie wir es nur sein können, dass wir den Schlaf überleben. Durch dieses Überleben wird das Fortbestehen des Selbst, das keiner leugnen kann, aufrechterhalten, wie wir später sehen werden. Aber bevor wir das im Detail diskutieren, müssen wir die drei Zustände mit dem ichlosen Zustand im Licht der Lehre des Weisen vergleichen.

Der Wachzustand ist der Zustand, in dem wir diese Welt sehen. Es wird angenommen, dass es in dieser Welt eine Vielzahl von endlichen Selbsten gibt, die alle diese Welt sehen. Wir nehmen auch an, dass diese Welt eine objektive Wirklichkeit ist, mit der wir durch die Tore, unsere Sinne, in Kontakt treten. Sie sind nur im Wachzustand offen. Bei dem Versuch, uns selbst von der Wirklichkeit der Welt zu überzeugen, vergessen wir, dass der Körper und die Sinne ein Teil der Erscheinungswelt sind. Da wir das vergessen, nehmen wir an, dass sie von vornherein wirklich sind. Nachdem wir stillschweigend angenommen haben, was unbewiesen ist, ist es natürlich sehr leicht, auch den Rest der Welt durch das Zeugnis der Sinne als wahr zu beweisen. Der Richter, der darüber entscheidet, nämlich der Verstand, ist inkompetent, da er vom Ich, dem Vater der Lügen, abstammt.

Die alte Überlieferung sagt, dass das wache Selbst nicht wirklich ein endliches Lebewesen sei, wie der Verstand es uns weismacht. Es ist nicht auf einen bestimmten Körper begrenzt. Sein Körper ist das ganze Weltall, die ganze Schöpfung. Es wird *Vaisvanara* oder *Visva* – der kosmische Mensch – genannt. Unser Weiser sagt, dass diese Welt des Wachens ein untrennbares Ganzes ist, sodass wir entweder das Ganze als uns selbst nehmen müssen, wenn wir das können, oder das Ganze als eine Illusion zurückweisen. Er sagt: "Da jeder einzelne Körper in der Welt aus fünf Hüllen besteht, antworten alle fünf Hüllen zusammen auf den Namen ‚Körper'. Da es so ist, wie kann da die Welt getrennt vom Körper bestehen? Sieht denn jemand die Welt, der keinen Körper hat?" (UN 5)

Der Weise erinnert uns hier an eine Tatsache, die wir in der Regel ignorieren. Aber es ist eine Tatsache, die wir nicht leugnen können. Wenn man die Welt sieht, dann sieht man auch den eigenen Körper. Das ist sowohl im Wachen als auch im Träumen der Fall. Körper und Welt erscheinen immer zusammen. Erscheint keine Welt, dann gibt es auch keinen Körper. Der Weise fragt hier: „Wenn die Welt getrennt vom Körper existieren würde, warum erscheint sie uns dann nicht im Tiefschlaf, wenn wir körperlos sind?" Diese Frage kann nicht beantwortet werden. Tatsache ist, dass die Welt nicht unabhängig vom Körper existiert. Demnach ist die ganze Welt unser Körper, eine Schöpfung und Projektion des Ich-Geistes, wie es auch in den Träumen ist.

Man mag hier einwenden, dass wir in unseren Träumen irgendeine Welt sehen, obwohl wir körperlos sind. Der Körper des Träumers liegt unbewusst auf seinem Bett, doch trotzdem erscheint ihm eine Welt von Verschiedenheit, ähnlich wie die Welt im Wachen.

Auch wenn man stirbt und weggeht und den Körper zurücklässt, damit er verbrannt oder begraben wird, ist man körperlos, ist aber in der Lage, in eine andere Welt zu reisen und dort eine Zeitlang zu bleiben, bevor man in dieser Welt wiedergeboren wird. Während man in dieser anderen Welt weilt, muss man sie sehen. Auf diesen Einwand wäre zu erwidern, dass der Begriff „Körper" nicht nur diesen fleischlichen Körper meint, sondern auch andere, subtilere Körper. Das ist die Lehre der heiligen Überlieferung, die der Weise übernimmt und womit er diese Frage beantwortet: Es gibt fünf Körper oder vielmehr fünf Hüllen, die das innewohnende Selbst verdecken und verbergen. Sie alle zusammengenommen machen den Körper aus. Solange eine oder mehrere Hüllen übrig bleiben, ist das kleine Selbst nicht körperlos und kann deshalb eine Welt sehen, die den übrigen Hüllen entspricht. Wenn man träumt, dann wird der subtile oder geistige Körper dem Ich überlassen. Und es ist dieser subtile Körper, der sich ausdehnt und zur Traumwelt wird. Ähnlich ist es auch mit jenem, der in eine andere Welt übertritt. Er reist in seinem subtilen Körper, der ihn dazu befähigt, mit dieser anderen Welt Umgang zu pflegen. Natürlich ist diese Welt die Schöpfung seines Geistes. Somit gibt es immer, wenn eine Welt gesehen wird, auch einen Körper für das Ich. Deshalb wurde richtig gesagt, dass Körper und Welt immer zusammen gesehen werden. Es ist eine eindeutige Tatsache, dass sie eine einzige, untrennbare Erscheinung sind, wie oben erwähnt.

Wir haben bereits gesehen, dass die Wachwelt der Traumwelt wesentlich ähnelt. Dass letztere unwirklich ist, werden nur wenige bezweifeln. Jene, die es dennoch tun, muss man nicht ernst nehmen. Sie werden von einem falschen Glauben dazu getrieben.

Wir kommen also zum Schluss, dass sowohl Wachen als auch Träumen Träume sind. Was wir Wachen nennen, ist kein wirkliches Wachen. Das wirkliche Wachen ist der ichlose Zustand, das Erwachen aus dem Schlaf des Nichtwissens, in dem sich diese Träume, die Wachen genannt werden, ereignen. Im wahren Wachen kann keine Falschheit erscheinen.

Jetzt werden wir die Frage nach dem Fortbestehen des Selbst stellen. Sie bezieht sich auf den Zustand des Tiefschlafs, da nur in Bezug auf ihn überhaupt ein Zweifel aufkommen kann, da es im traumlosen Tiefschlaf keinen Körper, keinen Geist und kein Ich gibt.

Der gewöhnliche Mensch bezweifelt die Fortdauer des Selbst im Schlaf bis zum nächsten Erwachen nicht. Natürlich ist er sich dessen nicht bewusst, dass das schlafende Selbst nicht das begrenzte, vom Ich umhüllte Selbst des Wachens und Träumens ist. Wie der Weise bemerkt: „Keiner sagt: ‚Ich habe im Tiefschlaf nicht existiert.‘" Es ist nur die verkünstelte Menschheit, die am Fortbestehen der Selbstexistenz zweifelt. Aber alle Weisen betonen, dass das Selbst allen drei Zuständen zugrunde liegt, und geben Gründe an, die uns das Verstehen erleichtern sollen.

Zunächst nehmen wir fälschlicherweise an, dass der traumlose Schlaf ohne jedes Bewusstsein ist. Als einmal dem Weisen diese Frage gestellt wurde, antwortete er: „Das sagst du, nachdem du aus dem Schlaf erwacht bist. Du sagst das nicht im Tiefschlaf selbst. Es ist der Geist in dir, der jetzt sagt, der Schlaf sei unbewusst. Aber er war in deinem Tiefschlaf nicht da. Deshalb weiß er natürlich nichts vom Bewusstsein im Tiefschlaf. Da er den Tiefschlaf nicht erfahren hat, ist er nicht in der Lage, sich daran zu erinnern, wie er gewesen ist, und spricht falsch über ihn. Der Zustand des Tiefschlafs überschreitet den Geist."

Das zeigt, dass es unreell ist, irgendeinen Zustand von der geistigen Ebene eines anderen Zustands aus zu beurteilen. Der Geist im Wachen kann aus diesem Grund, den der Weise anführt, den Schlaf nicht beurteilen. Eine richtige Beurteilung der drei Zustände ist nur dem Weisen möglich, der alle drei überschritten hat.

Zweitens gibt es genügend Beweise dafür, dass das Selbst im Tiefschlaf überlebt. Das können wir folgendem Dialog entnehmen, in dem der Weise eine Reihe von Fragen beantwortet.

Ein Besucher aus dem Westen stellte eine sehr weitreichende Frage über den praktischen Nutzen des ichlosen Zustands, und im Laufe des sich daraus ergebenden Gesprächs warf er auch die Frage nach der Wirklichkeit der Welt auf. Als man ihm sagte, dass die Welt nicht beständig auftauche, entgegnete er, dass die Welt ja immer irgendjemandem erscheine, der gerade wach sei. Der Weise zeigte auf, dass dieses Argument nicht eindeutig ist, wie bereits gesagt.

Dann fuhr der Weise folgendermaßen fort: „Du hältst die Welt für wirklich, weil sie eine Schöpfung deines eigenen Geistes ist wie im Traum. Du siehst sie nicht im Tiefschlaf, weil sie dann zusammen mit dem Ich und dem Geist im Selbst versunken ist und in Samenform in deinem Tiefschlaf existiert. Wenn du aufwachst, erhebt sich das Ich, identifiziert sich mit dem Körper und sieht zugleich die Welt. Deine Wachwelt ist genauso eine Schöpfung deines Geistes wie deine Traumwelt. Es muss jemanden geben, der die Welt sowohl im Wachen als auch im Traum sieht. Wer ist es? Ist es der Körper?"

Der Frager: „Nein."

Der Weise: „Ist es der Geist?"

Der Frager: „So muss es sein."

Der Weise: „Du kannst aber nicht der Geist sein, da du auch im Tiefschlaf existierst, wo es keinen Geist gibt."

Der Frager: „Das weiß ich nicht. Vielleicht höre ich dann zu existieren auf."

Der Weise: „Wenn es so ist, warum erinnerst du dich daran, was du gestern erfahren hast? Glaubst du ernsthaft, dass das Fortbestehen deines Selbst unterbrochen worden ist?"

Der Frager: „Es ist möglich."

Der Weise: „Wenn es so ist, dann könnte ein Johnson als Benson aufwachen. Das geschieht aber nicht. Wie erklärst du dir dein anhaltendes Empfinden deines Fortbestehens? Du sagst: ‚Ich habe geschlafen‘, ‚Ich bin aufgewacht‘ und implizierst, dass du derselbe bist, der sich zum Schlafen hingelegt hat."

Darauf wusste der Frager nichts mehr zu antworten.

Der Weise fuhr fort: „Wenn du vom Schlaf erwachst, sagst du: ‚Ich habe selig geschlafen und bin ausgeruht.‘ Also war der Schlaf deine Erfahrung. Derjenige, der sich an die Seligkeit des Schlafs erinnert und sagt, er habe selig geschlafen, kann kein anderer sein als derjenige, der dieses Glück erfahren hat. Beide sind derselbe."

Dieses aufschlussreiche Gespräch ging folgendermaßen weiter:

Der Weise: „Wenn es so ist, wie du sagst, dass die Welt in deinem Tiefschlaf existiert hat, hat sie dir das währenddessen gesagt?"

Der Frager: „Nein, aber sie sagt es mir jetzt. Ich bekomme den Beweis für die Existenz der Welt, wenn mein Fuß an einen Stein auf dem Weg stößt. Der Schmerz beweist, dass es einen Stein gibt und die Welt, von der er ein Teil ist."

Der Weise: „Sagt der Fuß denn, dass es einen Stein gib?"

Der Frager: „Nein, ich sage das."

Der Weise: „Wer ist dieses Ich? Es kann weder der Körper noch der Geist sein. Es ist der Zeuge der drei Zustände von Wachen, Traum und Tiefschlaf. Sie berühren das wahre Ich nicht. Die drei Zustände kommen und gehen, aber das Ich bleibt beständig und unbewegt. Es ist das wahre Selbst, immer glücklich und vollkommen. Die Erfahrung dieses Selbst ist das Heilmittel für alle Unzufriedenheit und die Verwirklichung von Glück und Vollkommenheit."

Der Frager: „Es wäre egoistisch, in diesem Zustand zu bleiben und das Glück zu genießen, besonders wenn man nichts zum Glück der Welt beiträgt."

Der Weise: „Dir wird von diesem Zustand erzählt, damit du ihn erreichen kannst und dadurch die Wahrheit erkennst, dass diese Welt nicht getrennt von deinem Selbst existiert. Wenn du das erkennst, hat das Wort ‚egoistisch' keine Bedeutung mehr, da die Welt im Selbst untergeht."

Der Frager: „Weiß der Weise, dass es Kriege und Leid in der Welt gibt? Wenn ja, wie kann er dann glücklich sein?"

Der Weise: „Wenn ein Film von einer Flut oder einem Feuer auf einer Kinoleinwand läuft, berührt er dann die Leinwand? Das wahre Selbst gleicht genau dieser Leinwand. Es ist von den Ereignissen der Welt unberührt. Leiden ist nur möglich, solange es einen Unterschied zwischen Subjekt und Objekt gibt. Dieser Unterschied existiert im ichlosen Zustand nicht. Dort gibt es nur das Selbst. Der Weise ist in diesem

Zustand des Selbst. Er ist der reine, heilige Geist (Spirit). Für ihn ist diese Welt das Reich Gottes. Und dieses Reich Gottes ist in dir."

Der Weise bezieht sich hier auf die Lehre Jesu. Das Reich Gottes, das er lehrte, ist der ichlose Zustand, in dem es nur das Selbst gibt. Fragen über die Welt und wie man sie verändern kann tauchen dabei nicht auf. Der Frager gab zu, dass es so sein müsse.

Somit haben wir einen ausreichenden Beweis, dass es auch im Tiefschlaf ein fortdauerndes Selbst gibt. Wir erfahren von den Weisen, dass dieses Selbst nicht die Seele ist, sondern das wahre Selbst, von dem die Upanishaden sprechen. Aus unserer Schlaferfahrung wissen wir auch, dass das wahre Selbst ohne Körper und Geist existieren kann, da es im Tiefschlaf keinen Körper und kein Ich-Empfinden gibt.

Der Tiefschlaf ist tatsächlich dem ichlosen Zustand sehr ähnlich. Wir werden später sehen, dass es einen wesentlichen Unterschied gibt. Aber hier brauchen wir nur anzumerken, dass das Fehlen der Individualität und des Geistes im Tiefschlaf das Glück, das wir in ihm genießen und an das wir uns beim Aufwachen erinnern, nicht verhindert. Nach der Lehre des Weisen beruht das Glück im Tiefschlaf, so unvollkommen es auch ist, auf dieser Ichlosigkeit.

Die drei Zustände werden vom ichlosen Zustand unterschieden, weil die Körper und Hüllen das Selbst weiterhin verbergen und begrenzen. Man spricht von drei Körpern und fünf Hüllen. Der physische oder grobstoffliche Körper entspricht dem Wachzustand. Der mentale oder subtile Körper entspricht dem Träumen. Er ist auch der Körper, mit dem man in andere Welten – wie etwa in den Himmel oder die Hölle – eingeht und dort verweilt. Es gibt noch einen weiteren Körper, den man den kausalen Körper nennt. Er ist der einzige, der im Tiefschlaf übrig bleibt. Dieser Körper ist das Nichtwissen, Ich und Geist in Samenform. Die fünf Hüllen sind dasselbe wie die drei Körper.

Der grobstoffliche Körper ist dasselbe wie die *Annamaya*-Hülle (die aus Nahrung bestehende Hülle). Der subtile Körper besteht aus der *Pranamaya*-Hülle (Hülle des Atems), der *Manomaya*-Hülle (Geist-Hülle bestehend aus *Manas* = Geist und *Maya*, Täuschung) sowie aus der *Vijnanamaya*-Hülle (Hülle des Verstands). Der kausale Körper ist dasselbe wie die *Anandamaya*-Hülle (Hülle der Seligkeit bestehend aus *Ananda*, Seligkeit, und *Maya*, Täuschung, also verschleierte Seligkeit).

Die drei Hüllen des subtilen Körpers werden entsprechend ihrer jeweiligen Funktionsweise benannt. *Pranayama* (die Hülle des Atems) hat die Funktionsweise des Lebens, *Manomaya* (die Geist-Hülle) hat die Funktionsweise der Fühlens und Denkens und *Vijnanamaya* (die Hülle des Verstandes) die Funktion, Entscheidungen zu treffen.

Die *Anandamaya*-Hülle darf nicht mit der Seligkeit (*Ananda*) verwechselt werden – dem wahren Selbst im ichlosen Zustand – die nicht von den Körpern und Hüllen verborgen ist. Der Weise sagt, dass die letzte Hülle nur hypothetisch ist und zu Lehrzwecken dient. Diese Hülle ist für den Sucher des Selbst ohne Belang und kann übergangen werden.

Die Hüllen und Körper dürfen natürlich nicht als wirklich betrachtet werden. Die Erfahrung des Selbst, die gewöhnlich als „wahre Erkenntnis" bezeichnet wird, ist lediglich die Verwirklichung, dass alles, was nicht existiert, auch nicht existiert, aber aufgrund der Kraft des Ich-Sinns zu existieren scheint. Deshalb ist „wahre Erkenntnis" nichts weiter als das Abfallen dieser Hüllen. Was danach übrig bleibt, ist das Wahre, das Reine, das unwandelbare, unendliche Bewusstsein, nämlich das Selbst.

Was sagt die Offenbarung des Weisen über das Selbst?

Das wahre Selbst im ichlosen Zustand ist nichts anderes als die Wirklichkeit, die *Sat* (Sein) genannt wird – das, was ist. Dieses *Sat* ist auch *Chit*, Bewusstsein. Denn nichts ist wirklich, was nicht aus sich selbst heraus existiert. Alles, was kein eigenes Bewusstsein hat, kann nur durch Bewusstsein existieren. Deshalb sagen die Weisen, dass die Welt mental ist, eine geistige Schöpfung. Das Selbst ist die einzige unbestreitbare Wirklichkeit, wie wir gesehen haben. Und wenn die Hüllen wegfallen, bleibt es als reines Bewusstsein jenseits der drei Zustände bestehen.

Wir werden jetzt sehen, warum es vom Selbst heißt, dass es Bewusstsein ist, anstatt dass es bewusst ist. Die Erklärung ist sehr einfach, doch sehr wichtig. Der Geist ist bewusst, wenn auch auf unzureichende und unbeständige Weise. Sein Bewusstsein versagt völlig im Tiefschlaf. Es muss also eine Quelle geben, aus der der Geist das Bewusstsein erhält. Diese Quelle ist deshalb das ursprüngliche Bewusstsein, das, ganz anders als der Geist, beständig erstrahlt. Weil sein Bewusstsein nie versagt, ist es sein Wesen. Das wird ausgedrückt, wenn man vom Selbst, womit die Quelle gemeint ist, sagt, dass es Bewusstsein ist. Wir finden diese Lehre auch in der alten Überlieferung. In einer der Upanishaden wird das wahre Selbst als das „endlose Bewusstsein" bezeichnet (*Jnanam Anantam*). Der Weise Shankara sagt, dass diese Beschreibung es vom unbeständigen Bewusstsein von Objekten, das man als Wissen bezeichnet, unterscheiden soll.

Bewusstsein ist deshalb nicht lediglich eine Eigenschaft des wahren Selbst, sondern sein Wesen. Dieses Bewusstsein manifestiert sich als „Ich bin", der gemeinsame Faktor aller Gedanken und Wahrnehmungen. Diese Wahrheit wird deutlich in der Aitareya Upanishad 3.1.2. und 3.1.3. zum Ausdruck gebracht, wo das Selbst *Prajnanam* genannt wird, was Bewusstsein bedeutet. In seiner Reinheit, unbefleckt von einer Vermischung mit den unwirklichen Hüllen oder ihren wandelbaren Zuständen, ist es das wahre Selbst. Die allgemeine Wahrnehmung, dass Wissen oder Gewahrsein eine Eigenschaft ist, ist genau das Gegenteil dieser Lehre. Bewusstsein ist keine Eigenschaft, sondern die Substanz der Wirklichkeit, und die Wirklichkeit ist nur deshalb wirklich, weil sie Bewusstsein ist. Nur Bewusstsein existiert. Es gibt nichts anderes. Oft wird es als höchstes Bewusstsein bezeichnet, um es vom Bewusstsein des Geistes und Verstandes zu unterscheiden.

Die Upanishaden sagen, dass am Anfang, als es dieses ganze Weltall noch nicht gab, allein dieses höchste Bewusstsein existiert hat. Es erschuf aus sich die Geschöpfe und ging selbst in sie als Seele ein. Dieses Werden, diese Schöpfung darf man nicht als eine Begebenheit betrachten, die sich tatsächlich ereignet hat, wie wir noch sehen werden. Der Zweck dieser Schöpfungsgeschichten in der alten Überlieferung ist vielmehr, auf bildhafte Art die Lehre, dass das Selbst in uns die Wirklichkeit ist und es keine individuelle Seele gibt, zu illustrieren.

Hätte es tatsächlich eine Schöpfung gegeben, dann würde daraus folgen, dass die Wirklichkeit in Stücke zerfallen wäre. Das ist absurd, wie wir bereits gesehen haben. Der Weise sagt: „Die Wirklichkeit ist weder in Stücke geteilt noch ist sie begrenzt. Es scheint nur so zu sein. Der Geist bewirkt, dass uns Teile erscheinen, indem er das Selbst fälschlicherweise mit Körpern und Hüllen, die es begrenzen, identifiziert. Der Geist stellt sich die Wirklichkeit als begrenzt vor, da er sich selbst für begrenzt hält. Diese Begrenzungen und Teilungen gibt es nur im Geist. Aber der Geist existiert nicht getrennt vom Selbst. Ein Schmuckstück aus Gold ist nicht ganz dasselbe wie Gold, denn es ist Gold, dem ein Name und eine Form hinzugefügt wurde. Aber es ist nichts anderes als Gold. Der Geist ist nur eine geheimnisvolle Kraft des Selbst, durch die das eine Selbst als viele erscheint. Nur wenn sich der Geist erhebt, erscheinen die drei: Gott, Seele und Welt. Im Tiefschlaf sieht man sie nicht, noch denkt man an sie."

Das ist genau das, was in der advaitischen Metaphysik als „die Wahrheit des Nicht-Werdens" (*Ajati Siddhanta*) bekannt ist, wie Gaudapada, der Verfasser der Mandukya Karikas, über die der Weise Shankara einen erhellenden Kommentar geschrieben hat, es nennt. Shankara stimmt dem in seinen Schriften vollständig zu. Auch unser Weiser hat sich diese Sichtweise zu eigen gemacht. Einer seiner Schüler sagte folgendes über ihn: „Obwohl der Heilige die Wahrheit je nach dem Verständnis des Fragers darlegt, so lehrt er doch die Wahrheit des Nicht-Werdens, wie er sie selber erfahren hat." (GVK 100) Und im selben Werk heißt es an anderer Stelle darüber: „Es gibt weder Schöpfung noch Zerstörung. Es gibt keinen, der gebunden ist, keinen, der nach Befreiung strebt, und keinen, der diesen Zustand erlangt hat. Es gibt weder Geist noch Körper noch Welt noch Seele. Es existiert nur das Eine, die reine, stille, unveränderliche Wirklichkeit, ohne Zweites und ohne Werden." (GVK 20f)

Der egoistische Mensch sieht die Vielfalt und will wissen, wie sie entstanden ist. Man sagt ihm, dass Gott das alles gemacht und alles aus sich selbst erschaffen hat. Wenn er darüber nachdenkt, kommt er zu der Einsicht, dass diese ganze Vielfalt eine Einheit von etwas ist, das man „Gott" nennt. Als nächstes möchte er mehr über Gott wissen. Man überzeugt ihn davon, dass Gott eine Person sein muss, wie er selbst eine ist, obwohl von anderer Größe, Kraft und mit anderen Eigenschaften. Am Anfang darf er seinen eigenen Weg gehen. Aber dann kommt die Zeit, wenn er es ertragen kann zu erfahren, dass Gott überhaupt keine Person ist. Dann sagt ihm der Weise, dass Gott ichlos ist, dass er die eine Wirklichkeit, das Selbst in allen ist.

Gott als ichlos zu bezeichnen mag als eine armselige Beschreibung erscheinen. Für den im Ich verhafteten Geist ergibt sie keinen Sinn. Die Leute wollen hören, dass Gott irgendwo im Himmel wohnt, in einer glanzvollen Welt, umgeben von wundervollen Wesen wie Götter oder Engel. Sogar um zu verstehen, dass Gott im eigenen Herzen wohnt, brauchen die Menschen Zeit. Auch dann wollen sie noch zwischen ihm und dem Selbst unterscheiden. Es scheint für sie eine Gotteslästerung zu sein zu glauben, dass Gott das Selbst ist.

Ichlosigkeit ist Unpersönlichkeit. Fragen wir uns doch mal: Was ist größer: Persönlichkeit oder Unpersönlichkeit? Persönlichkeit scheint etwas zu sein, Unpersönlichkeit dagegen nichts. Aber das ist nur deshalb so, weil es uns schwerfällt einzusehen, dass Persönlichkeit Begrenzung auf einen Körper bedeutet, während Unpersönlichkeit lediglich das Fehlen aller Begrenzungen ist. In beiden herrscht das gleiche Bewusstsein. Persönlichkeit bedeutet eingeschlossenes Bewusstsein, eingeengt und begrenzt, während Unpersönlichkeit das Bewusstsein ist, wie es wirklich ist, unbegrenzt, unendlich und rein.

Wir sehen, dass Unpersönlichkeit und Persönlichkeit einander wie Licht und Dunkel, Freiheit und Bindung, Erkenntnis und Nichtwissen oder wie die mathematischen Zeichen von plus und minus entgegengesetzt sind. Was ist das Plus und was das Minus? Nach dem, was wir von den Weisen gehört haben, können wir an der Antwort nicht zweifeln. Unpersönlichkeit und Ichlosigkeit sind das Plus, Persönlichkeit ist das Minus.

Unpersönlichkeit ist unvermindertes Bewusstsein. Es ist völliges Sein als reines Bewusstsein. Dieses Sein wird vom Geist dreigeteilt. Der Weise erklärt das folgendermaßen: „Sein plus Vielfalt ist die Welt. Sein plus Individualität ist die Seele. Sein plus die Vorstellung des

Ganzen ist Gott. In allen dreien ist das Sein das einzig wahre Element. Vielfalt, Individualität und Ganzheit sind unwirklich. Der Geist erschafft sie und überlagert mit ihnen das Sein. Die Existenz überschreitet alle Vorstellungen, auch die von Gott. Insofern der Name „Gott" gebraucht wird, kann die Vorstellung von Gott nicht richtig sein. Die Wahrheit über Gott wird am besten mit „Ich bin" ausgedrückt. Der hebräische Name für Gott ist Jahwe, was „Ich bin" bedeutet und die Wahrheit über Gott perfekt ausdrückt."

Der Weise wies besonders auf den geheimnisvollen Satz in der Bibel hin, den Gott selbst gesagt haben soll. Die Geschichte erzählt von Moses' Vision vom brennenden Dornbusch. Aus diesem sprach eine Stimme und befal ihm, sein Volk aus Ägypten zu führen. Moses wollte wissen, wer da zu ihm sprach, und bat um eine Antwort, um es seinem Volk mitzuteilen. Die Stimme sagte zu ihm: „Ich BIN, DER ICH BIN". Der Weise deutet darauf hin, dass es der einzige Satz in der ganzen Bibel ist, in dem alle Buchstaben groß geschrieben sind. Er wird deshalb als äußerst bedeutungsvoll empfunden. Der Weise sagt, dass Gott in diesem Satz das Geheimnis seines Wesens preisgegeben hat, dass er einfach das „Ich bin" ist, das das ewig strahlende Licht des Bewusstseins in unseren Herzen ist. In anderen Worten: Er ist das Selbst.

Dass nur das eine Selbst die Wahrheit ist und alles andere ihm durch Nichtwissen aufgestülpt ist, wurde vom Weisen bei vielen Gelegenheiten deutlich dargelegt. Das Selbst ist das wahre Bewusstsein, und die Personen und Dinge der Welt erscheinen, indem ihm Namen und Formen zugeschrieben werden. Das drückt der Weise auch in folgendem Vers aus: „Das Selbst, das Bewusstsein ist, ist allein wirklich, und sonst nichts. Alles sogenannte Wissen, das vielfältig ist, ist nur Nichtwissen. Dieses Nichtwissen ist unwirklich, da es keine eigene Existenz unabhängig vom Bewusstsein, dem Selbst, besitzt, genau wie die unwirklichen goldenen Schmuckstücke keine eigene Existenz unabhängig vom wirklichen Gold besitzen." (UN 13)

Was hier als „Wissen" bezeichnet wird, ist die Welt. Die Welt ist nichts anderes als die Gedanken, die aufsteigen und den Geist durchlaufen. Diese Gedanken werden von den Unwissenden als Wissen bezeichnet, weil sie glauben, dass es eine äußere Welt gibt, die der Geist durch die Sinne erkennt. Die Gesamtheit dieses Wissens ist nicht nur Nichtwissen, sondern auch nichtexistent, weil der Ich-Sinn der Ursprung von allem ist, wie wir jetzt verstehen können. Zudem ist Nichtwissen eine Verneinung, und Verneinungen existieren nicht aus sich selbst heraus. Dieses Nichtwissen, das aus den Ansichten über eine nichtexistierende Welt besteht, ist nichts weiter als das Bewusstsein, das Selbst plus der vom Geist erschaffenen Namen und Formen. Diese Namen und Formen, so sagt der Weise, sind so unwirklich wie die Namen und Formen, die dem Gold gegeben werden, wenn es „Schmuckstück" genannt wird, obwohl es die ganze Zeit Gold ist.

Es sei angemerkt, dass der Weise absichtlich die Wörter „unwirklich" und „wirklich" benutzt, um Schmuckstücke und Gold zu beschreiben. Schmuck wird allgemein nicht für unwirklich gehalten. Der Zweck dieses Beispiels ist, die Unwirklichkeit des vielfältigen Wissens, das die Welt ausmacht, zu illustrieren. Diese Wörter werden hier gewählt, um die Parallele so genau wie möglich zu beschreiben, sonst würden einige fehlgeleitete Schüler die Bedeutung verdrehen und glauben, dass der Weise die Wirklichkeit von Namen und Formen lehrt.

Das gleiche wird auch in folgenden Versen dargelegt: „Die Wirklichkeit gleicht der erleuchteten Leinwand, auf der sich die Bilder eines Films bewegen. Seele, Welt und Gott sind wie diese bewegten Bilder. Das Unendliche allein (die beleuchtete Leinwand) ist wirklich. Sie ist rein, ohne Unterschiede. Obwohl diese (Bilder) unwirklich sind, unterscheiden sie sich nicht von der Wirklichkeit. Aber die Wirklichkeit unterscheidet sich von ihnen, weil sie ohne sie in ihrem Zustand der Einheit (im ichlosen Zustand) existiert. Wer die unwirklichen Erscheinungen sieht, der sieht nicht die Wirklichkeit. Wer die Wirklichkeit sieht, der sieht nicht die unwirklichen Erscheinungen. Der Geist wird getäuscht, weil er den Halt am unbeweglichen Selbst verloren hat, das wie die unbewegliche Leinwand ist. Er hält eins der bewegten Bilder für sich selbst und die anderen Bilder für die anderen Seelen und die Welt." (GVK 1216-1219) Daraus wird ersichtlich, dass die Seele, nämlich der Seher der Welt, nicht getrennt von der Welt ist, die er sieht, und dass das Ganze eine Schöpfung des Ichs ist.

Diese Lehre hat der Weise einem amerikanischen Schüler folgendermaßen erklärt: „Es gibt nur ein Bewusstsein, das überall gleich verteilt ist. Du verteilst es aufgrund der Illusion ungleich. Keine Verteilung, kein Überall." In diesem Fall sprach der Weise in Englisch, und das sind seine Worte. Im ersten Satz sind die Vorstellungen von „Verteilung" und „überall" enthalten. Aber im dritten Satz macht der Weise klar, dass auch sie Illusionen sind, da sie Schöpfungen des Ich-Geistes sind.

Das Selbst des ichlosen Zustands wird oft das große Selbst (*Paramatma*) genannt und damit vom armseligen kleinen Selbst (*Jivatma*), das in den drei Zuständen auftaucht, unterschieden. Aber der Weise sagt uns, dass die wirkliche Unterscheidung nicht zwischen groß und klein besteht, sondern zwischen echt und falsch. Das große Selbst ist das echte Selbst. Das andere Selbst gibt es nicht wirklich. Dieses Selbst wird vom wirklich Einen ersetzt, wenn das Ich stirbt, weil es falsch ist.

Der Weise wird oft grob als „einer, der das Selbst kennt" beschrieben. Das ist jedoch nicht wörtlich gemeint. Es ist nur der Versuch einer Beschreibung für jene, die das Nichtwissen für etwas Wirkliches halten. Man sagt ihnen, dass man dieses Nichtwissen loswird, indem man „die Erkenntnis des Selbst" erlangt. In dieser Ausdrucksweise sind jedoch zwei Missverständnisse enthalten. Das eine ist, dass das Selbst als ein Objekt der Erkenntnis dargestellt wird, das andere, dass das Selbst als etwas verstanden wird, das unbekannt ist und erkannt werden muss. Da das Selbst die einzige Wirklichkeit ist, kann es zu keinem Erkenntnisobjekt werden. Doch da man selbst das Selbst ist, kann es nie unbekannt sein. Die alte Überlieferung sagt, dass es weder bekannt noch unbekannt ist, und der Weise bestätigt das.

Wie ist das möglich? Das Selbst ist das reine „Ich bin", das Einzige, das aus sich selbst offenbar ist. Durch sein Licht wird die ganze Welt erleuchtet. Es scheint jedoch unbekannt zu sein und erkannt werden zu müssen, weil es von der Welt und vom Ich verdunkelt wird. Es ist also nötig, Welt und Ich zu beseitigen. Der Weise erklärt das durch den

Vergleich mit einem Raum, der mit allem möglichen Gerümpel vollgestellt ist. Will man Platz schaffen, muss man nur das Gerümpel hinauswerfen. Es muss kein Raum von außen hereingebracht werden. Ebenso müssen auch der Ich-Geist und seine Schöpfungen ausgeräumt werden. Dann bleibt allein das Selbst übrig und erstrahlt unbehindert. Was grob „Erkenntnis des Selbst" genannt wird, bedeutet, ichlos und das Selbst zu sein. Deshalb erkennt der Weise nicht das Selbst, sondern er ist es.

Der Weise sagt, dass die Upanishaden recht haben, wenn sie betonen, dass das Selbst die unsterbliche, aus sich selbst seiende Wirklichkeit sei, was auch durch die Tatsache der allgemeinen Erfahrung erhärtet wird, die jedoch ungewöhnlich ist. Wir alle wissen, dass uns der Tod gewiss ist. Aber wir ignorieren ihn und handeln immer so, als gäbe es ihn nicht. Das ist seltsam.[27] Wenn wir aber die Lehre des Weisen in Betracht ziehen, nämlich dass wir als das wahre Selbst tatsächlich unsterblich sind, was ist dann daran noch seltsam? Es ist ein Hinweis darauf, dass das Selbst nie wirklich gebunden oder beschränkt ist und nie sein wahres Wesen als Wirklichkeit verloren hat.

Das wahre Selbst ist deshalb weder nichtseiend noch unbewusst. Es ist Sein und Bewusstsein. Es wird auch als Glück oder Seligkeit beschrieben. Hier müssen wir uns wiederum vor Begriffen, die der Welt des Ichs angehören, hüten. Das Selbst ist unpersönlich, und deshalb ist es Glück. Es ist nicht jemand, der glücklich ist. Wer glücklich ist, ist es nicht zu jeder Zeit. Manchmal ist er unglücklich, und manchmal ist er glücklicher und dann wieder unglücklicher. Das haben wir bereits im zweiten Kapitel gesehen. Das wahre Selbst im ichlosen Zustand entspricht überhaupt nicht dem sogenannten glücklichen Menschen. Glück ist die Essenz des Wesens des Selbst wie Sein und Bewusstsein. Wie das Selbst der Ursprung alles Seins und alles Bewusstseins ist, wo immer es sich manifestiert, so ist es auch der Ursprung allen Glücks, hauptsächlich in Form von Vergnügen, das die Egos erfahren.

---

[27] „Tag für Tag betreten die Weisen das Reich des Todes, die Zurückgebliebenen aber verlangen nach ewigem Leben. Gibt es etwas Wunderbareres als das?" (Mahabharata)

Der Weise zieht noch einen weiteren eindeutigen Beweis der Wirklichkeit des Selbst im Natürlichen Zustand heran, indem er aus dem Yoga Vasishtha folgendes zitiert: „Wie im Frühling die Bäume immer schöner werden, so erfährt der Seher des wahren Selbst, der im Erleben der Seligkeit des Selbst zufrieden ist, mehr Licht, Kraft und Intelligenz." (UNA 29) Diese Manifestationen sind ein Beweis für jene, die daran zweifeln, dass etwas hinter den wachsenden Vorzügen steht. Dieses Etwas ist die Fülle der Kraft und Erkenntnis.

Das ist im Tiefschlaf am offensichtlichsten. Es kann nicht bezweifelt werden, dass das Selbst die Quelle des Glücks ist, das in diesem Zustand vorherrscht und woran man sich danach erinnert. Wir haben bereits angemerkt, dass selbst das Vergnügen, das wir im Wachzustand erleben und von dem wir annehmen, dass es vom Kontakt mit den Sinnesobjekten herrührt, allein vom Selbst kommt. Das sind nur winzige Tropfen des Glücks, das das Selbst ist. Dieses natürliche Glück wird gewöhnlich vom ursprünglichen Nichtwissen und seinen Abkömmlingen, den Wünschen, der Unzufriedenheit, den Ängsten und Sorgen, die den Geist ausmachen, eingedämmt. Der Geist, der als ein eigenständiges Wesen funktioniert, löscht das Glück, das uns von Natur aus als das Selbst gehört, fast völlig aus.

Aber manchmal hört der Geist mehr oder weniger auf, es zu behindern, und dann erfahren wir eine überfließende Seligkeit. Was dabei geschieht, ist, dass der Geist für eine kurze Zeit eins mit dem Selbst wird wie im Tiefschlaf. Dann werden wir sozusagen vom Glück erfüllt. Diese gelegentliche Einheit mit dem Selbst tritt immer dann ein, wenn die Unrast des Geistes nachlässt, indem ein sehnlicher Wunsch in Erfüllung geht oder eine Befürchtung beseitigt wird. Dieses Glück ist vergänglich, weil andere unerfüllte Wünsche schon darauf warten, aktiv zu werden, und dann verliert der Geist wieder seinen Halt am Selbst. Der Weise sagt, dass Unglücklichsein nichts anderes sei als diese Trennung des Geistes vom Selbst, und Glück ist einfach die Rückkehr des Geistes zu seiner Quelle, dem Selbst. Der Geist ist als Geist aktiv, wenn er vom Selbst getrennt ist. Wenn der Geist sich eines Objektes gewahr ist, dann wird er vom Selbst getrennt, und das ist

Unglück. Wenn man sich keiner Dinge oder Gedanken gewahr ist, dann ist das Glück. Denn dann sind wir das Selbst.

Die alte Überlieferung drückt es folgendermaßen bildlich aus: „Wie einer, der in der Umarmung seiner geliebten Frau gefangen ist, nichts mehr weiß, weder von außen noch von innen, so weiß der Mensch, der in der Umarmung des wahren Selbst gefangen ist, von nichts, weder von außen noch von innen." (Brihadaranyanka Upanishad 4.3.21) Darauf, dass es sich dabei nicht um Unbewusstsein handelt, verweist eine spätere Stelle. „Er sieht und sieht doch nicht. Gewiss versagt das Sehvermögen des Sehers nie, da es unzerstörbar ist. Aber es gibt kein zweites, von ihm getrenntes Objekt für ihn zu sehen." (dto. 4.3.23)

Somit sind beide Fragen über den ichlosen Zustand beantwortet. Es gibt ein wahres Selbst, das allen drei Zuständen zugrunde liegt, das von Natur aus unsterblich ist und weiterlebt, wenn das Unwirkliche, das Ich, auf das Nichts zurückgeführt wird. Das Wesen dieses Selbst ist Glück, und deshalb ist der ichlose Zustand das einzig Wünschenswerte und übersteigt jeden Vergleich mit allem, was es in der Relativität gibt.

Aber es gibt eine große Schwierigkeit für den Verstand, diese Lehre anzunehmen. Der Verstand verlangt nämlich nach einer vernunftgemäßen Verbindung zwischen der ihm bekannten Welt und dem Selbst, der Wirklichkeit, von der er hört. Er will eine Brücke, über die er vom einen zum anderen hin- und hergehen kann. Solch eine Brücke gibt es nicht, und keiner kann sie bauen, nicht einmal ein Weiser. Der Grund dafür ist der äußerst einfache Tatbestand, dass Welt und Wirklichkeit sich gegenseitig ausschließen.

Wir haben bereits gesehen, dass das, was als die Welt erscheint, einfach die Wirklichkeit ist. Und dies wurde uns durch das Gleichnis vom Seil, das als Schlange gesehen wird, verständlich gemacht. Auf dieselbe Weise schließen sich auch die Welt und die Wirklichkeit gegenseitig aus. Sie können nicht gleichzeitig gesehen werden. Das Seil hat mit der Schlange nichts zu tun. Es hat sie nicht hervorgebracht. So schließen sich auch Welt und Wirklichkeit in dem Sinn gegenseitig aus, dass derjenige, der eines von beidem sieht, nicht zugleich auch das andere sehen kann. Beides kann nicht gleichzeitig erfahren werden. Wer die Welt sieht, sieht nicht das Selbst, die Wirklichkeit. Andererseits sieht derjenige, der das Selbst sieht, nicht die Welt. Demnach kann nur eines von beidem wirklich sein und nicht beides.

Deshalb gibt es zwischen den beiden keine wirkliche Beziehung. Die Welt kommt nicht aus der Wirklichkeit ins Sein. Letztere steht zum ersteren in keinerlei Beziehung. Deshalb ist es klar, dass es die Brücke, die der Verstand verlangt, nicht gibt und auch nicht gebaut werden kann. Fragen, die voraussetzen, dass es solch eine Brücke gibt und in der Erwartung gestellt werden, alles darüber zu erfahren, sind deshalb sinnlos. Es gibt keine direkte Antwort auf sie. Eine solche Frage war die zuvor gestellte über den Ursprung des Nichtwissens.

Dieselbe Frage wurde dem Weisen etwas allgemeiner gestellt. „Wie kann der Zustand der Befreiung mit der Welt in Einklang gebracht werden?"

Der Weise antwortete: „Diese Harmonie besteht in der Befreiung."

Der Weise, der in diesem Zustand ist, kennt keine Disharmonie, im Gegenteil, dort herrscht vollkommene Harmonie, weil es nur das Selbst gibt, ohne die Welt. Aber der Verstand kann diese Harmonie nicht erkennen, da er nie dorthin gelangen kann. Er würde ansonsten zu existieren aufhören. Das ist die Bedeutung dieser Aussage, die in der alten Überlieferung so oft wiederholt wird, nämlich dass der Zustand der Befreiung, d.h. das wirkliche Selbst in diesem Zustand, den Verstand überschreitet.

Da dieser Zustand den Verstand überschreitet, überschreitet er auch die Sprache. Versuche, diesen Zustand in Worten zu beschreiben, müssen scheitern. Das heißt, jede Beschreibung, die eine positive Aussage über das Selbst macht, ist in den Einzelheiten unweigerlich falsch. Viele solcher Aussagen in der alten Überlieferung werden durch neue Aussagen korrigiert und diese wiederum durch andere, bis der Schüler reif genug ist zu erfahren, dass das Selbst nicht vom Verstand ohne Verfälschung objektiviert werden kann und dass die direkte Erfahrung das einzige Mittel ist, es richtig zu erkennen oder vielmehr damit aufzuhören, es sich falsch vorzustellen.

Daraus folgt, dass wir nur wissen können, was das Selbst nicht ist, aber niemals, was es ist. In der endgültigen Lehre wird kein Versuch mehr unternommen, etwas über den positiven Inhalt dieses Zustands zu sagen. Die alte Überlieferung lehrt, dass wir das Selbst als *Neti, Neti* – nicht dies, nicht dies – verstehen sollen. Ihre Sprache ist das Schweigen, nicht Worte. Diese Wahrheit wird uns in der Geschichte von Gott, der in der Gestalt Dakshinamurtis erschien und die vier Weisen Sanaka, Sanananda, Sanatana und Sanatkumara durch Schweigen lehrte, verdeutlicht. Die Schüler verstanden, dass sie in Worten und Gedanken still werden mussten, um die Wahrheit zu finden, die beides überschreitet. Sie taten das und fanden sie. „Stille", sagt der Weise, „ist die Sprache des Selbst und die vollkommenste Lehre. Die Sprache ist wie der Glühfaden in einer Glühbirne, aber die Stille ist wie der Strom in der Leitung."

Deshalb dürfen wir keine positive Beschreibung des ichlosen Zustands oder des Selbst erwarten. Nicht einmal der Weise kann uns etwas Positives über diesen Zustand sagen. Er kann nichts weiter tun, als unsere Missverständnisse darüber auszuräumen. Er sagt uns, was er nicht ist oder vielmehr, wie er sich von den uns bekannten relativen Zuständen unterscheidet. Der einzige, der uns überhaupt etwas über diesen Zustand sagen kann, ist der Weise. Es gibt das Sprichwort: „Wer darüber spricht, hat es nicht erlebt. Wer es erlebt hat, spricht nicht darüber."

Man kann einwenden, dass es in der alten Überlieferung positive Beschreibungen von ihm gibt, nämlich dass es Wirklichkeit, Bewusstsein und Glück ist – *Sat, Chit* und *Ananda*. Darauf wäre zu entgegnen, dass diese Beschreibungen nur der Form nach positiv sind, aber in ihrer Bedeutung negativ, da sie nur dazu gedacht sind, Missverständnisse zu beseitigen. Das Selbst wird Wirklichkeit genannt, um die Vorstellung zu vernichten, dass es nichtexistent ist. Es wird Bewusstsein genannt, um aufzuzeigen, dass es weder empfindungslos wie unbelebte Objekte, noch unregelmäßig bewusst wie der Geist, ist. Und es wird Glück genannt, um aufzuzeigen, dass wir in ihm die Relativität überschreiten, die wesentlich unglücklich ist. Es ist aber klar, dass dieser Zustand keine Welt und kein Ort ist, wohin die Befreiten jetzt oder nach dem Tod gehen.

Es gibt sehr eigenartige Glaubensvorstellungen, die von verschiedenen Gläubigen gehegt und verbreitet werden. Manche glauben, dass wenn die Befreiung kommt, der Mensch körperlich in den Himmel aufgenommen wird. Andere glauben, dass der Körper einfach verschwindet, indem er auf geheimnisvolle Weise in etwas Unsichtbares verwandelt wird. Nach ihren Vorstellungen ist keine Befreiung eingetreten, wenn ein toter Körper zurückbleibt. Die meisten Leute glauben, dass Befreiung bedeutet, dass man in eine Art himmlische Welt eingeht oder aufgenommen wird. Im Yoga Vasishtham heißt es: „Die Befreiung ist weder oben im Himmel noch tief unten in der Erde noch auf Erden. Sie ist einfach die Vernichtung des Geistes mit all seinen Wünschen."

Das bedeutet, dass der ichlose Zustand nicht in der Relativität besteht und auch nicht darin sein kann, da er die völlige Negierung von ihr ist. Dasselbe sagt die alte Überlieferung mit den Worten: „Wenn alle Wünsche, die das Herz einnehmen, vernichtet worden sind, dann wird der Sterbliche unsterblich. Er wird zu *Brahman*." (Katha Upanishad 2.3.14)

Es gibt allerdings auch eine Aussage über das Selbst, die dem zu widersprechen scheint. Sowohl die alte Überlieferung als auch der Weise sagen, dass die Wirklichkeit im Herzen wohnt. Der Weise sagt uns auch, dass Jesus dasselbe meinte, als er sagte: „Das Reich Gottes ist in euch." Das scheint zunächst zu bedeuten, dass das wahre Selbst relativ und so groß wie ein Atom ist, eingesperrt in einem Ort, der nicht größer als der Daumen eines Menschen ist. Das darf jedoch nicht wörtlich verstanden werden. Denn es wurde uns auch gesagt, dass der unendliche Himmel zusammen mit allen Welten sich in diesem kleinen Raum befindet.

Der Zweck der Lehre ist, dass man das Selbst suchen und finden muss, indem man sich nach innen wendet, weg von der Welt. Das werden wir im nächsten Kapitel sehen. Der Weise sagt, indem er aus dem Yoga Vasishtham zitiert, dass mit dem Herzen nicht der Muskel dieses Namens gemeint sei, sondern das wahre Selbst, das ursprüngliche Bewusstsein. Es wird „Herz" genannt, weil es die Quelle der Intelligenz ist, aus der sich der Geist erhebt und sich in die Welt ausdehnt. Zu dieser Quelle muss er zurückkehren, damit die Relativität endet und aufhört. Wenn der Geist mit dem Leben zum Herzen zurückkehrt und dort in Einheit mit ihm verweilt, dann kann er die Welt-Erscheinung nicht mehr auf das Selbst projizieren und damit verdecken. Daraus folgt, dass der Weise die Welt nicht sieht, obwohl er das selten mit Rücksicht auf die Schwäche der Frager sagt. Das werden wir später sehen, wenn wir über die Fragen, die sich auf den Weisen selbst beziehen, diskutieren.

Das Selbst ist deshalb in gewissem Sinn das All. Es wird als Gesamtheit bezeichnet, von dem die Welten und Geschöpfe Teile sind, obwohl es in Wahrheit keine Teile hat. Auf diese Weise soll nur ausgedrückt werden, dass man das All gewinnt, wenn man das Selbst gewinnt. Die heilige Überlieferung sagt: „Das, was unendlich ist, ist Glück. Im Endlichen gibt es kein Glück." (Chandogya Upanishad 7.23.1) Und der Weise sagt: „Das Selbst allein ist groß. Alles andere ist unendlich klein. Wir sehen nichts vom Selbst Getrenntes, dem wir das Selbst verkaufen könnten." (GVK 1060) Das erinnert an den Ausspruch Jesu: „Was nützt es einem Menschen, wenn er die ganze Welt gewinnt, aber sein eigenes Selbst verliert?" Für einen sehr kleinen Preis – die Hingabe des Ichs – kann man das unendlich Große, das Selbst, haben. Aber dieser geringe Preis muss bezahlt werden.

Trotzdem fürchten sich die Menschen vor diesem Zustand. Sie fürchten sich nicht vor der egoistischen Existenz, die die Ursache all ihrer Ängste ist, weil sie glauben, das Ich zu sein, und das wahre Selbst nicht kennen. Sie fürchten sich davor, dass sie selbst aufhören zu sein, wenn sie das Ich verlieren. Sie fürchten sich und fürchten sich nicht, beide Male vor dem Falschen. Sie fürchten sich vor der Furchtlosigkeit, die Ichlosigkeit ist, und fürchten sich nicht vor der Furcht, die das Ich ist. (s. Mandukya Karika 3.39) Dass der Verlust des Ichs kein wirklicher Verlust ist, sollte ihnen durch ihre Erfahrung des Glücks im Tiefschlaf klar sein. Der Weise sagt: „Keiner fürchtet sich davor, schlafen zu gehen, obwohl der Schlaf ichlos ist. Warum also sollte man sich davor fürchten, das Ich, das die Ursache aller Angst ist, ein- für allemal zu verlieren und dadurch Furchtlosigkeit zu gewinnen?

Dieser Natürliche Zustand muss von der Trance des Yogis, die man *Samadhi* nennt, unterschieden werden, wie der Weise vom Arunachala sagt. Es gibt verschiedene Arten von Trance. Die höchste nennt man *Nirvikalpa Samadhi*, die Trance ohne Gedanken. Die Beschreibung „ohne Gedanken" trifft auch auf den Natürlichen Zustand zu. Die Trance des Yogis nennt man *Kevala Nirvikalpa Samadhi*. Den Natürlichen Zustand nennt man *Sahaja Nirvikalpa Samadhi*, wobei *Sahaja* „natürlich" bedeutet. Das allein ist der Zustand der Befreiung, nicht der andere.

Der Unterschied wird in der Antwort des Weisen auf folgende Frage eines Schülers deutlich: „Ich bin davon überzeugt, dass derjenige, der sich in *Nirvikalpa Samadhi* befindet, von den Aktivitäten des Körpers und Geistes unberührt bleibt. Das kann ich an deinem Zustand beobachten. Jemand anderer behauptet, dass *Samadhi* und körperliche Aktivität sich gegenseitig ausschließen. Was stimmt nun?"

Der Weise antwortete: „Beides ist richtig. Es gibt zwei Arten von *Nirvikalpa Samadhi*. Der eine heißt der Natürliche Zustand oder *Sahaja Nirvikalpa Samadhi* oder einfach *Sahaja*. Der andere heißt *Kevala Nirvikalpa Samadhi*. Du beziehst dich auf die erste Art, der andere auf die zweite. Der Unterschied zwischen ihnen ist folgender: Im *Sahaja* ist der Geist aufgelöst und im Selbst verloren. Da er verloren gegangen ist, kann er nicht wieder lebendig werden, und deshalb ist die Bindung beendet. Im zweiten Fall ist der Geist nicht vernichtet und im Selbst verloren. Er ist im Licht des Bewusstseins, das das Selbst ist, nur untergetaucht. Solange der Yogi darin untergetaucht ist, genießt er großes Glück. Da aber der Geist vom Selbst verschieden bleibt, kann er wieder aktiv werden und tut es auch, und der Yogi unterliegt wiederum dem Nichtwissen und der Bindung. Wer den Natürlichen Zustand gewonnen hat, ist ein Weiser. Er ist ein- für allemal frei und kann nicht wieder gebunden werden.

Der Unterschied wird folgendermaßen illustriert: Der Geist des Weisen, der den Natürlichen Zustand erlangt hat, gleicht einem Fluss, der ins Meer gemündet und eins mit ihm geworden ist. Er kehrt nicht mehr zurück. Der Geist des Yogis, der im yogischen *Samadhi* versunken ist, gleicht einem Eimer, den man an einem Seil in einen Brunnen hinabgelassen hat, wo er im Wasser untergetaucht ist. Aber er kann wieder am Seil hochgezogen werden. So kann der Geist des Yogis in die Welt zurückkehren. Er ist nicht frei und ist wie ein gewöhnlicher Mensch. Der Geist eines Yogis in *Samadhi* gleicht dem Geist eines Schläfers, mit dem Unterschied, dass der Geist des Schläfers in Dunkelheit gehüllt ist, der des Yogis aber in das Licht des Selbst eingetaucht ist. Der Weise – einer, dessen Geist sich im Selbst aufgelöst hat – wird von der Welt auf keinerlei Weise berührt, obwohl er äußerlich betrachtet, d.h. mit seinem Körper und Geist, in der Welt tätig ist. Seine Handlungen sind wie die eines schlaftrunkenen Kindes, das von der Mutter gefüttert wird, oder wie die Bewegungen eines Wagens, dessen Fahrer eingeschlafen ist." Wir werden später auf diesen Punkt zurückkommen.

Somit ist klar, dass nur derjenige, der den Natürlichen Zustand gewonnen hat, also einer, der ichlos geworden ist, für andere ein Lehrer der Wahrheit des Selbst werden kann. Der reine Yogi, der nur *Kevala Nirvikalpa* erlangt hat, kann das nicht.

Dass das, was letzterer erreicht hat, keinen frei macht, wird vom Weisen durch das Beispiel eines Yogis illustriert, der dieses *Samadhi* erlangt hat und mit Anstrengung in es eintauchen und jahrelang darin bleiben konnte. Als er einmal wieder aus dem *Samadhi* erwachte, hatte er Durst. Er schickte seinen Schüler Wasser holen. Aber der Schüler blieb lange fort. Inzwischen tauchte der Yogi wieder ins *Samadhi* ein. Es vergingen Jahrhunderte, während derer die Herrschaft über das Land von den Hindus an die Muslims überging und von diesen an die Briten. Schließlich erwachte der Yogi wieder, und sein erster Gedanke war, ob sein Schüler inzwischen mit dem Wasser zurückgekehrt sei. Also rief er: „Hast du mir Wasser gebracht?" Sein Geist hatte im *Samadhi* latent überlebt und seine Aktivität dort wieder aufgenommen, wo er damit aufgehört hatte. Wenn der Geist überlebt, gibt es keine Befreiung.

Es sieht danach aus, dass sich der Natürliche Zustand nach wiederholter Erfahrung des anderen Zustands über Monate und Jahre einstellt. Der Geist wird auf diese Weise nach und nach verbraucht, wie eine Zuckerpuppe, die immer wieder in ein Meer von Zuckersaft getaucht wird, sich auflöst, bis nichts mehr von ihr übrig bleibt.

Wir können jetzt eine Frage beantworten, die in der alten Überlieferung vor langer Zeit gestellt und beantwortet worden ist. Diese Frage ist vielleicht auch dem Leser bereits eingefallen. Der Zustand der Befreiung ist ichlos. Das ist aber auch der Tiefschlaf. Es hat also den Anschein, dass man frei werden kann, indem man einfach schlafen geht. Dem ist aber nicht so. Keiner wird durch den Tiefschlaf befreit. Wenn er aufwacht, findet er sich wie zuvor in Bindung vor. Wir haben gesehen, dass selbst der Yogi, wenn er aus der Trance, dem *Samadhi*, erwacht, in derselben misslichen Lage ist. Die Frage lautet: Warum bleibt nicht der Schläfer, der im Schlaf ichlos geworden ist, ichlos? Warum erwacht das Ich beim Aufwachen wieder?

Bevor wir über die Antwort nachdenken, müssen wir ein anderes Merkmal des Tiefschlafs feststellen. Der Tiefschlaf ist nicht nur nicht das Tor zur Befreiung, er ist zudem auch ein Hindernis dafür. Wir werden später sehen, dass wenn der Sucher des Selbst einschläft, während er mit der Ergründung beschäftigt ist, er beim Erwachen wieder damit beginnen muss. Nur wenn er die ganze Zeit hellwach ist und sich aktiv mit der Ergründung beschäftigt, bis sich das Selbst offenbart, wird er frei von Bindung. Darauf wird im dritten Teil der Taittiriya Upanishad hingewiesen, wo erzählt wird, dass Bhrigu, der die Lehre von seinem Vater Varuna empfangen hatte, die Erfahrung des wahren Selbst, das in diesem Werk als „Seligkeit" (*Ananda*) bezeichnet wird, direkt von der Hülle des Verstandes aus erlangt hat. Er hat diese Hülle nicht abgelegt und sich nicht in der Hülle der Seligkeit (der *Anandamaya*) verloren, was schlicht bedeutet hätte, dass er eingeschlafen wäre. Diese letzte Hülle, der kausale Körper, wird nicht getrennt überwunden, sondern zusammen mit der Verstandeshülle.

Als dem Weisen diese Frage gestellt wurde, bezog er sich auf die Überlieferung der Upanishaden. Es gibt einen grundlegenden Unterschied zwischen den beiden Zuständen, dem ichlosen Zustand und dem Tiefschlaf. Der Weise tritt in den ichlosen Zustand durch die völlige und endgültige Auslöschung des Ichs ein, das das ursprüngliche Nichtwissen ist. In der Sprache der Relativität sagt man, dass er durch die Vernichtung des kausalen Körpers, der Hülle der Seligkeit, die das ursprüngliche Nichtwissen ist, den Kontakt mit dem subtilen und grobstofflichen Körper verliert. Er geht durch die Vernichtung des Ichs direkt vom Wachzustand zum ichlosen Zustand über, der jenseits der Relativität ist. Deshalb ist es klar, dass der Weise vom kausalen Körper befreit wird. Was aber seinen Körper betrifft, gibt es keine Art von Beziehung zwischen dem wirklichen Selbst, das der Weise ist, und den anderen Körpern. Deshalb ist er körper- und geist-los.

Wenn der gewöhnliche Mensch schlafen geht, ist es ganz anders. Sein kausaler Körper, das ursprüngliche Nichtwissen, ist nicht vernichtet. Das Ich und der Geist sind in ihm untergetaucht und bleiben dort in Samenform bis zum Aufwachen vorhanden. Da der Geist still geworden ist, erfährt man im Tiefschlaf Glück, aber dieses Glück ist nicht mit dem ichlosen Zustand vergleichbar. Der Weise sagt: „Das Glück des Tiefschlafs ist wie das fahle Mondlicht, das durch das dichte Blattwerk der Bäume auf den Boden darunter sickert. Die Seligkeit des Weisen aber ist wie das helle Mondlicht, das auf offenen Grund fällt."

Dieser wichtige Unterschied zwischen dem Schläfer und dem Weisen wird in der alten Überlieferung mit dem Beispiel eines Gottesurteils durch Feuer illustriert. Der Angeklagte musste eine rotglühende Axt in die Hand nehmen, um seine Unschuld zu beweisen. Verbrannte er sich dabei, wurde er schuldig gesprochen und bestraft. Verbrannte er sich nicht, galt er als unschuldig und wurde frei gelassen. Der Schuldige verbrannte sich, weil er sich mit einer Lüge bedeckt hatte, wenn er nach dem glühenden Eisen griff. Der Unschuldige verbrannte sich nicht, weil er sich mit der Wahrheit bedeckt hatte, die ihn vor dem Verbrennen schützte. Auf dieselbe Weise geht der gewöhnliche Mensch in Einheit mit der Wirklichkeit in den Tiefschlaf und bedeckt sich mit dem falschen Wissen „Ich bin der Körper." Deshalb ist er ein Lügner, und wegen dieser Lüge wird er hinausgeworfen und kehrt in die Bindung zurück. Der Weise dagegen wird eins mit der Wirklichkeit, bedeckt sich mit rechtem Wissen, d.h. er gibt den Ich-Sinn auf und wird nicht hinausgeworfen.

Der ichlose Zustand ist deshalb etwas Einmaliges. Er gehört nicht der Weltordnung an wie die anderen drei Zustände. Wir haben bereits gesehen, dass es einen Schlaf im tieferen Sinn gibt, nämlich den Schlaf des Nichtwissens, durch den das wahre Selbst verhüllt wird, sodass es möglich ist, das Ich für das wahre Selbst zu halten. Der ichlose Zustand ist der Zustand der ungetrübten Wirklichkeit, in dem das Selbst als reines „Ich bin" erstrahlt. Er wird der „Vierte Zustand" genannt, um ihn von den anderen dreien zu unterscheiden. Aber das ist nur eine vorläufige Beschreibung. In der Mandukya Upanishad Vers 7 heißt es: „Man nennt ihn den Vierten Zustand." Der Weise sagt: „Der friedvolle und zeitlose Zustand des Weisen, den man Wach-Schlaf nennt und der für jene, die im grausamen Kreislauf der drei Zustände von Wachen, Traum und Tiefschlaf leben, als der ‚Vierte Zustand' bezeichnet wird, ist alleine wirklich. Die anderen drei sind nur falsche Erscheinungen. Deshalb nennen die Weisen diesen Zustand, der reines Bewusstsein ist, den transzendenten Zustand." (UNA 32) Somit ist klar, dass es keine vier Zustände gibt, sondern nur einen, den Natürlichen Zustand des Selbst als den der alleinigen Wirklichkeit.

Die Beschreibung des Natürlichen Zustands als Wachschlaf ist sehr aufschlussreich. Sie besagt, dass er das wahre Wachen ist, aber dass er dem Schlaf gleicht. Das wird in der Gita (2.69) deutlich ausgesprochen: „Der Weise ist wach für das, was für alle Lebewesen wie die Nacht ist. Alles, wofür die Lebewesen wach sind, ist für den erwachten Weisen wie die Nacht." Es bedeutet, dass der Weise im ichlosen Zustand allein für das Wahre wach ist, nämlich für das Selbst. Die Welt dagegen ist für ihn Nacht, weil sie unwirklich ist und deshalb von ihm überhaupt nicht gesehen wird. Somit sind Tag und Nacht zwischen dem Weisen und dem Unwissenden aufgeteilt. Was für den Weisen Tag ist, ist für den Unwissenden Nacht und umgekehrt. Wir haben bereits gesehen, dass dieser Tag des Weisen kein Anfang und kein Ende hat, da Zeit unwirklich ist.

Da das wahre Wachen dieser ichlose Zustand ist und nicht der Traum, der vom Unwissenden fälschlicherweise als Wachen bezeichnet wird, folgt daraus, dass diejenigen, die an irgendeine Art Himmel glauben, in dem das Ich für immer weiterlebt, nicht erwachen, sondern nur auf angenehmere Weise träumen wollen. Das beruht auf ihrer unüberwindlichen Anhaftung an das ichverhaftete Dasein. Wegen dieser Anhaftung erscheint ihnen der Verlust des Ichs als der schlimmste aller Tode. In Wirklichkeit ist aber dieses ichverhaftete Sein der Tod, der einzige Tod, den es gibt, weil er uns in einer dauerhaften Verbannung von unserem wahren Leben, nämlich dem wahren Selbst, festhält, so bezeugen es die Weisen.

Haben wir aber Das verloren, so haben wir alles verloren. Tatsächlich, so sagt der Weise deutlich, ist die Geburt keine Geburt, weil wir nur geboren wurden, um zu sterben. Und der Tod ist kein Tod, weil wir nur sterben, um wiedergeboren zu werden. Andererseits ist die Erlangung des Natürlichen Zustands die wahre Geburt, weil dann der Tod für immer tot ist. Vom Weisen in diesem Zustand sagt Sri Ramana: „Nur der Mensch von erhabenem Geist ist wirklich geboren. Er wurde durch die Frage: ‚Woher komme ich?‘ in der Quelle seines Seins, der höchsten Wirklichkeit geboren. Er wurde ein- für allemal geboren (und stirbt nie mehr). Dieser Herr der Weisen ist ewig neu." (UNA 11) Da er die Wirklichkeit ist, die die Zeit überschreitet, ist er immer neu, ewig jung und vom Vergehen der Zeit unberührt.

Wir wiederholen hier, was wir bereits gesagt haben, nämlich dass der Weise selbst der überzeugendste Beweis des Natürlichen Zustands ist. Wenn man mit einem lebenden Weisen in direkten Kontakt kommt, können wir die Größe und Herrlichkeit des wahren Selbst erkennen, wenn auch vielleicht nur undeutlich, doch auf eine Weise, die unser Leben verändert. In ihm erscheint uns das Selbst, wie es wirklich ist, der größte aller Gewinne. Dann erleben wir, dass das Selbst die Erfüllung aller Wünsche und das Ende aller Angst ist. Wir sehen, dass das, was die heilige Überlieferung über das Selbst sagt, überhaupt nicht übertrieben ist und dass sie uns nur einen winzigen Bruchteil seiner Größe übermittelt hat.

Es muss gesagt werden, dass dieses Selbst, das wir immer sind – auch jetzt, trotz unserer Unwissenheit – viel zu groß ist für viele kluge, aber kleine Geister, die vorgeben, religiös zu sein. Die heilige Überlieferung, die ihnen vom Natürlichen Zustand erzählt, sagt ihnen überhaupt nicht zu. Sie sind darauf aus, Wunderkräfte zu erlangen, die sie besitzen und genießen wollen. Indem sie diese Kräfte namens *Siddhis* erlangen, hoffen sie, einen viel ruhmreicheren Status im All einzunehmen. Diese *Siddhis* werden durch verschiedene okkulte Praktiken erworben. Einige beabsichtigen sogar, sie durch „Erkenntnis des Selbst", wie sie es nennen, zu gewinnen. Doch wie sie rechte Erkenntnis gewinnen können, während sie sich selbstsüchtige Ziele setzen, ist schwer zu verstehen. Manche streben physische Unsterblichkeit und sogar die Herrschaft über die ganze Schöpfung an. Diese Menschen scheinen zu glauben, dass Gott als Herrscher des Universums versagt hat und dass sie es selbst viel besser machen würden, wenn sie erst die Gleichheit mit Gott erreicht und ihn dann ersetzt hätten. Sie versprechen der ganzen Welt, dass sie, wenn sie an der Reihe sind, den Himmel auf Erden errichten würden. Der Weise hat uns wiederholt gesagt, dass die Sorge für die Welt nicht unsere, sondern Gottes Aufgabe ist.

Man bräuchte von diesen Irrlehren keine Notiz zu nehmen, ließen sich nicht viele verständige Leute von ihrer Lehre, die oberflächlich betrachtet attraktiv ist, in die Irre führen. Um wenigstens seine eigenen Schüler davor zu bewahren, sagt der Weise, dass diese *Siddhis* in den Bereich des Nichtwissens gehören und deshalb unwirklich sind. „Das wahre *Siddhi* ist der eigene Natürliche Zustand, in dem man das wahre Selbst ist. Er wird dadurch erlangt, indem man sich dieses Selbst, das wir bereits sind, gewahr wird. Die anderen *Siddhis* gleichen jenen in einem Traum. Ist noch irgendetwas, das man im Traum erlangt hat, wahr, wenn man erwacht? Kann der Weise, der die Falschheit von sich geworfen hat, indem er im Wirklichen gefestigt ist, von ihnen getäuscht werden?" (UN 35)

Hier wird deutlich gemacht, dass diese *Siddhis* falsch sind. Wir kennen den Grund dafür, nämlich dass sie Schöpfungen des Ichs sind. Wer diese *Siddhis* erlangt, sinkt tiefer ins Nichtwissen, die Bindung. Zum aufrichtigen Sucher des Selbst kommen sie manchmal unaufgefordert, bevor er die Ichlosigkeit erlangt. Dann sind sie für ihn eine Falle. Er muss sie zurückweisen, und wenn sie ihn verlassen haben, muss er wieder von vorn anfangen. Wenn sie kommen, nachdem sich der Natürliche Zustand eingestellt hat, dann ist er sich ihrer nicht mehr gewahr und wird von ihnen nicht mehr berührt.

Wir möchten hier besonders darauf hinweisen, dass man das Selbst nicht werden oder gewinnen muss. Die Vorstellung vom Werden oder Gewinnen des Selbst ist absurd. Wir sind immer das Selbst. Wir sind nie etwas anderes als es. Wäre es etwas, das man gewinnen müsste, dann würde es auch wieder verloren gehen. Da es das Selbst ist, kann es nie verloren werden. Die *Siddhis* dagegen sind uns nicht von Natur aus eigen. Deshalb gehören sie uns auch nicht für immer, sondern gehen zu gegebener Zeit wieder verloren.

Es gibt einen weiteren Unterschied zwischen dem wahren *Siddhi*, dem Natürlichen Zustand, und den falschen *Siddhis*. Das Selbst ist eines, die *Siddhis* dagegen viele. Vielfalt ist ein Merkmal der Unwirklichkeit, Einheit ist eines der Wirklichkeit.

Das alles stimmt mit der Hauptlehre der Offenbarung, der alten und der neuen, überein, dass das wahre Selbst die eine Wirklichkeit ist, die Raum und Zeit überschreitet, und dass alles andere unwirklich ist. Daraus folgt, dass der Natürliche Zustand nicht zeitgebunden ist. Deshalb kann er weder einen Anfang noch ein Ende haben, denn Anfang und Ende geschehen in der unwirklichen Zeit. Das wahre Selbst ist eines, und sein Eins-sein hat auch keinen Anfang, da Vielfalt immer unwirklich ist, wie wir im letzten Kapitel gesehen haben. Deshalb ist sich der Weise nicht bewusst, Befreiung erlangt zu haben. Einmal wurde er gefragt, wann er Befreiung erlangt habe. Er antwortete: „Nichts ist mit mir geschehen. Ich bin so, wie ich immer schon gewesen bin." Das bedeutet, dass sowohl Bindung als auch Befreiung relativ und somit unwirklich sind. Das sagt der Weise im Folgenden: „Wenn der Gedanke ‚Ich bin gebunden' auftaucht, dann taucht auch der Gedanke an Befreiung auf. Durch die Frage ‚Wer ist dieses Ich, das sich gebunden fühlt?' bleibt allein das stets freie, wahre Selbst übrig, alterslos und unsterblich. Wie kann sich dann der Gedanke an Bindung erheben?

Wenn sich dieser Gedanke nicht erhebt, wie kann sich dann in ihm, für den alles Handeln beendet ist, der Gedanke an Befreiung erheben?" (UN 39)

Da dieser Zustand sich nicht in der Zeit abspielt, spielt er sich auch nicht im Raum ab. Wir müssen nicht irgendwo anders hingehen, in keine weit entfernte Welt, um frei und immer glücklich zu sein. Das haben wir bereits gesehen. Die Befreiung geschieht hier und jetzt, wenn wir nur das Ich verlieren. Nichtwissen, Bindung und die Umstände der Bindung, nämlich all diese Vielfalt und diese Unterschiede, gibt es nicht einmal jetzt. Daraus folgt, dass der Weise, der ichlos ist, das alles nicht sieht, was für uns so wirklich erscheint. Für ihn hat diese Kinovorführung der Welt und der Zuschauer, das Ich, aufgehört. So gesteht er nicht zu, dass er sie zuvor gesehen hat. Für ihn bleibt allein die Leinwand übrig, das Licht des Gewahrseins. Die bewegten Bilder sind verschwunden. Diese Leinwand ist, wie wir jetzt wissen, das reine „Ich bin", das durch Nichtwissen von dieser völlig falschen Erscheinung überlagert wurde. Deshalb sagt der Weise: „Da wir die Welt sehen, folgt daraus, dass es ein höchstes Sein gibt, durch dessen illusorische Kraft das alles erscheint. Darüber kann man nicht streiten. Alle vier Dinge, nämlich die Bilder, bestehend aus Namen und Formen, die Leinwand, die sie trägt, das Licht und der Zuschauer sind nicht von ihm, dem wahren Selbst im Herzen, verschieden." (UN 1)

Hier wird darauf hingewiesen, dass das wahre Selbst nicht selbst die Ursache dieser Vielfalt ist. Es kennt kein Werden, wie bereits aufgezeigt wurde. Was zum All wird, ist *Maya*, die geheimnisvolle Kraft, von der angenommen werden muss, dass sie aufgrund der Erscheinung der Welt zum Selbst gehört. Diese *Maya* ist dasselbe wie der Geist, der das Ich ist. Aus dieser *Maya* entstehen die vier, von denen eine die individuelle Seele ist. Deshalb ist sie unwirklich. Daraus folgt, dass diese falsche Erscheinung nur so lange bestehen bleibt, wie der Ich-Sinn fortbesteht, und nicht nach der Vernichtung des Ichs. Deshalb müssen wir verstehen, dass dem Weisen die Welt nicht erscheint, obwohl es für andere so aussehen mag, dass der Weise die Welt wahrnimmt, und obwohl der Weise selbst nicht immer leugnet, die Welt zu sehen.

Es gibt bestimmte andere Einzelheiten über diesen Zustand, die in einem späteren Kapitel erwähnt werden, in dem wir versuchen werden, etwas vom Weisen, dessen Zustand das Selbst ist, zu verstehen.

Dieser alles übersteigende Zustand, der allein wahr ist, wird vom Ich und seinen Schöpfungen, Geist, Körper und Welt, verborgen, wie das Seil durch die Schlange verborgen wird. Deshalb werden sie als solche für unwirklich erklärt, und es wird gesagt, dass das Element der Wirklichkeit in ihnen das Selbst ist. Wer die Wirklichkeit des Wahren erkennen möchte, muss sich von der Welt abwenden, indem er sich die Lehre, dass sie unwirklich ist, zu eigen macht, und muss die Wahrheit im Innern, im Herzen suchen nach der Methode, die der Weise vom Arunachala aufgezeigt hat und die im nächsten Kapitel beschrieben wird.

9. DIE SUCHE

Der Weise fasst die vorigen Kapitel zusammen und führt zu diesem Kapitel hin, indem er sagt: „Wenn sich das Ich nicht erhebt, sind wir Das. Wie aber kann diese vollkommene Ichlosigkeit erlangt werden, wenn der Geist nicht in seine Quelle untertaucht? Und wenn das Ich nicht stirbt, wie können wir dann unseren Natürlicher Zustand erlangen, in dem wir Das sind?" (UN 27)

Die Quelle des Geistes, aus der er sich erhebt, ist das Herz, das, wie wir zuvor gesehen haben, unter Vorbehalt als die eigene Wohnstatt des Selbst bezeichnet wird. Natürlich ist die absolute Wahrheit, dass das Selbst das wahre Herz ist. Hier bezieht sich der Weise auf den ichlosen Zustand als unseren Natürlichen Zustand, weil wir in ihm sind, was wir wirklich sind, nämlich reines Bewusstsein. Der Weise sagt, dass alle Religionen darin übereinstimmen, dass man das Ich loswerden muss. Sie unterscheiden sich nur bezüglich des Wesens des Zustands der Befreiung.

Der Weise wurde einmal gefragt: „Welche der beiden Sichtweisen stimmt: diejenige, die besagt, dass Gott und die Seele eins sind, oder die gegenteilige?"

Er antwortete: „Beide stimmen darin überein, dass man das Ich loswerden muss."

Deshalb sagt uns die wesentliche Lehre, wie wir das Ich loswerden können. Alles andere ist nicht so wichtig. Denn das, was wir tun sollen, um Ichlosigkeit zu erreichen, ist viel wichtiger als das, was wir über das Selbst und die Welt, die uns von ihm abhält, glauben oder auch nicht.

Der Weise Gautama erzählte einmal ein Gleichnis, um den häufigen Fragen nach dem Ursprung der Bindung Einhalt zu gebieten. „Hier bist du von Wunsch und Angst an Händen und Füßen gefesselt, und hier ist der direkte Weg zur Befreiung. Du fragst, wie es kommt, dass du gefesselt bist. Diese Fragen sind irrelevant. Du solltest damit zufrieden sein zu wissen, wie du frei wirst. Sei nicht wie der Mann, der starb, weil er zur unpassenden Zeit Fragen stellte und auf einer Antwort beharrte. Er ging durch einen Wald. Ein Feind, der ihm in einem Hinterhalt auflauerte, schoss mit einem vergifteten Pfeil auf ihn. Zufällig fand ihn ein Freund, der Hilfe holte. Bald eilten seine Landsleute mit allem Nötigen herbei, um sein Leben zu retten. Sie wollten den Pfeil herausziehen und ihm ein Gegengift geben. Aber der Verwundete hinderte sie daran, indem er sagte: ‚Ihr müsst zuerst alles über den Feind herausfinden. Gehört er einer höheren oder niederen Kaste an? Ist er groß oder klein, hell- oder dunkelhäutig usw.? Was ist es für ein Pfeil, den er auf mich geschossen hat, und wer hat ihn hergestellt?‘ Seine Landsleute versuchten ihr Bestes, ihn davon zu überzeugen, dass diese Fragen warten könnten und man zuerst sein Leben mit den Heilmitteln retten müsse. Aber er war stur, wertvolle Zeit verstrich, und schließlich starb er. Sei nicht wie dieser Mann. Hör auf, Fragen zu stellen, lern den Weg zur Befreiung kennen und folge ihm.“

Die von den verschiedenen Religionen für die Befreiung vorgeschriebenen Methoden sind alle in gewissem Sinn richtig. Die direkte Methode ist jedoch jene, die der Weise lehrt. Die anderen Methoden bereiten den Geist nur auf die richtige Methode vor. Mehr können sie nicht tun. Der Weise erklärt es folgendermaßen: „Keiner, der das Ich für wirklich hält, kann es unterwerfen. Es ist wie mit dem eigenen Schatten. Stell dir einen Menschen vor, der die Wahrheit über seinen Schatten nicht kennt. Er sieht, dass er ihm ständig folgt, und will ihn loswerden. Deshalb versucht er, von ihm fortzulaufen, aber der Schatten folgt ihm immer noch. Dann gräbt er eine tiefe Grube und versucht, ihn zu begraben, indem er die Grube auffüllt, aber der Schatten kommt wieder mit an die Oberfläche und folgt ihm von neuem. Er kann ihn nur loswerden, wenn er ihn nicht ansieht, sondern sich selbst, den Ursprung des Schattens. Dann bekümmert ihn der Schatten nicht mehr. Wer Befreiung sucht, ist wie der Mann in diesem Gleichnis. Er erkennt nicht, dass das Ich nur ein Schatten des Selbst ist. Er muss sich nur von ihm ab- und dem Selbst, dessen Schatten es ist, zuwenden.“

Bevor man mit der Ergründung beginnt, sollte man zuerst das Ich-Empfinden analysieren und den wirklichen vom unwirklichen Teil trennen. Wir haben bereits gesehen, dass dem Ich ein Element der

Wirklichkeit beigemischt ist, nämlich das Licht des Bewusstseins, das sich als „Ich bin" manifestiert. Wir wissen, dass dieses „Ich bin" wirklich ist, weil es der Teil ist, der beständig ist und sich nicht verändert. Den unwirklichen Teil, die Hüllen oder Körper, müssen wir zurückweisen und das, was übrig bleibt, das reine „Ich bin" festhalten. Dieses „Ich bin" ist der Schlüssel, um das wahre Selbst zu finden. Indem man diesen Schlüssel festhält, so sagt der Weise, können wir sicher das Selbst finden. Er verglich einmal den Sucher des Selbst mit einem Hund, der seinen Herrn sucht, von dem er getrennt wurde. Der Hund hat etwas, das ihn führt, nämlich den Geruch des Meisters. Indem er dem Geruch folgt und alles andere außer Acht lässt, findet er schließlich seinen Herrn. Das „Ich bin" im Ich-Empfinden ist wie der Geruch des Herrn für den Hund. Es ist der einzige Hinweis, den der Sucher hat, um das Selbst zu finden. Aber es ist ein untrüglicher Hinweis. Er muss es festhalten und seinen Geist unter Ausschluss von allem anderen darauf richten. Dann wird es bestimmt seinen Geist zum Selbst, der Quelle des „Ich bin" führen.

Die Analyse ist folgende: „Ich bin nicht der grobstoffliche Körper, denn wenn ich träume, nimmt ein anderer Körper seinen Platz ein. Ich bin auch nicht der Geist, denn im Tiefschlaf existiere ich weiter, obwohl der Geist zu bestehen aufhört, und beim Aufwachen erinnere ich mich an die beiden Eigenschaften des Tiefschlafs, nämlich den positiven von reinem Glück und den negativen, dass ich die Welt nicht wahrgenommen habe. Da Geist und Körper unbeständig sind, sind sie unwirklich. Da ich beständig existiere, bin ich als das reine „Ich bin" wirklich. Ich kann beides als Nicht-Ich zurückweisen, weil es Objekte sind, die ich sehe. Aber das „Ich bin" kann ich nicht zurückweisen, da es das ist, von dem Körper und Geist zurückgewiesen werden. Deshalb ist das „Ich bin" die Wahrheit über mich. Alles andere ist Nicht-Ich."

Durch diese Analyse erreichen wir nicht die praktische Erfahrung des „Ich bin", sondern nur ein intellektuelles Verständnis der Wahrheit des Selbst. Das so erkannte Selbst ist eine rein gedankliche Abstraktion. Wir müssen aber die konkrete Anwesenheit des Selbst erfahren. Im letzten Kapitel haben wir gesehen, dass wir dafür den grausamen

Kreislauf der drei Zustände durchbrechen müssen. Die Methode dazu ist die Selbstergründung, wie sie der Weise lehrt.

Wir können vermuten, dass dies die Methode war, der die Weisen der Vergangenheit gefolgt sind, denn die Überlieferung der Upanishaden sagt an einer Stelle: „Das Selbst muss gesucht werden." Vermutlich hat auch Gautama Buddha diese Methode angewandt, aber ihr Geheimnis muss irgendwie verloren gegangen sein. Denn was wir in den Büchern finden, ist nicht diese Methode, sondern etwas anderes, was wir die „traditionelle Methode" nennen wollen. Wir werden diese zuerst prüfen.

Die traditionelle Methode ist folgende: Zuerst lernt der Sucher die Wahrheit des Selbst, wie sie in der alten Überlieferung, nämlich den Upanishaden vorgegeben ist. Diese und andere Schriften führen ihn durch die philosophische Ergründung, wie sie in den vorherigen Kapiteln dargelegt wurde. Es wird aufgezeigt, dass das Selbst „nicht dies" und „nicht dies" ist usw., wobei bei jedem Schritt etwas, das für das Selbst gehalten wird, beseitigt wird. Auf diese Weise werden der grobstoffliche Körper, das vitale Prinzip, der Geist und das Ich zurückgewiesen. Oder wir nehmen die drei Seins-Zustände, und es wird aufgezeigt, dass die Selbste, die in ihnen erfahren werden, nicht das Selbst in seiner natürlichen Bedeutung ist. Was übrig bleibt, nachdem das alles zurückgewiesen worden ist, ist das wahre Selbst, so wird uns gesagt. Es ist auch das Höchste Sein, die angenommene Ursache und Grundlage aller Welten. Es wird uns zudem gesagt, dass dieses große Sein beziehungslos ist, absolut, gestaltlos, ohne Namen, Raum und Zeit, einzig, ohne ein Zweites, wandellos, unveränderbar und vollkommen. Es ist das Prinzip des Glücks, das in diese Welt ausstrahlt und die Ursache aller Freude in ihr ist.

Der nächste Schritt ist, dass der Schüler über diese Lehre nachdenkt, besonders über die Identität des wahren Selbst und des großen Seins, von dem gesprochen wurde, und über den Beweis dafür oder dagegen. Dabei darf er nicht vergessen, dass der einzige Beweis für die Wahrheit des Selbst in der heiligen Überlieferung zu finden ist, dass es die Sinne überschreitet und deshalb jenseits des Verstandes ist.

Die heilige Überlieferung ist natürlich autoritativ, da sie das Zeugnis der Weisen, die die Wahrheit gefunden haben, enthält. Der Sucher wird angewiesen, Logik walten zu lassen, nicht um dieses Zeugnis anzuzweifeln, sondern um es sich zu eigen zu machen. Denn der Verstand an sich ist nutzlos und kann auf beide Weisen gebraucht werden, je nach der Vorliebe seines Benutzers. Er kann aus sich selbst zu keinem endgültigen Ergebnis führen. Durch diese Überlegung muss der Schüler zum Schluss kommen, dass die heilige Lehre richtig ist, dass tatsächlich das Höchste Sein sein innerstes, wahres Selbst ist. Und er muss diesen Prozess so lange wiederholen, bis er fest davon überzeugt ist, dass die Wahrheit des Selbst sich in dem Satz „Ich bin Das" ausdrückt.

Der dritte und letzte Schritt der Methode ist die Meditation über diese Lehre. Der Schüler muss seinen Geist am Gedanken „Ich bin Das" festhalten unter Ausschluss aller anderen Gedanken, bis er die völlige Konzentration auf diesen Gedanken erlangt und sein Geist in einem regelmäßigen Meditationsstrom auf diesen Gedanken zufließt. Die heiligen Schriften lehren, dass dann, wenn das geschieht, sich das wirkliche Selbst enthüllt und Unwissenheit und Bindung ein- für allemal aufhören. Das ist die dreifache Methode, die in den Schriften gelehrt wird.

Der Weise vom Arunachala gesteht zu, dass diese dreifache Methode ihren Nutzen hat. Er sagt, es sei eine gute Methode, um den Geist zu reinigen und zu stärken, damit er als ein geeignetes Instrument der Ergründung diene. Die Stärke des Geistes bestehe in seiner Freiheit von Ablenkungen durch die vielfältigen Gedanken, die normalerweise auftauchen und seine Energien vergeuden. Es stehe außer Frage, dass nur ein starker Geist das Ziel erreichen könne, nie ein schwacher. Das sagt die alte Überlieferung wie auch der Weise vom Arunachala. Er erklärt: „Die direkte Methode, das wahre Selbst zu gewinnen, ist, ins Herz hinabzutauchen und die Quelle des ‚Ich bin' zu suchen. Die Meditation ‚Ich bin nicht dies, ich bin Das' ist natürlich hilfreich, aber sie ist nicht die Methode, das Selbst zu finden." (UN 29)

Zu einem Besucher sagte er: „Es wird dir gesagt, dass das Ich nicht dein wahres Selbst ist. Wenn du das akzeptierst, dann musst du nur das suchen und finden, was dein wahres Selbst ist, das wahre Sein, von dem das Ich eine falsche Erscheinung ist. Warum meditierst du dann ‚Ich bin Das'? Das gibt nur dem Ich neue Nahrung. Es ist, wie wenn jemand versucht, nicht an einen Affen zu denken, wenn er eine Arznei einnimmt. Durch den reinen Versuch bekräftigt er den Gedanken. Die Quelle oder Wahrheit des Ichs muss aufgespürt und gefunden werden. Die Meditation ‚Ich bin Das' ist dabei nutzlos, denn sie wird vom Geist ausgeführt, und das Selbst überschreitet den Geist. Bei der Frage nach seiner eigenen Wirklichkeit verschwindet das Ich von selbst. Deshalb ist dies die direkte Methode. Bei allen anderen Methoden wird das Ich zurückbehalten, weshalb so viele Zweifel auftauchen und die ewige Frage immer noch gestellt werden muss. Solange man sich diese Frage nicht stellt, gibt es kein Ende für das Ich. Warum sollte man dann diese Frage nicht sofort stellen, ohne erst den Umweg über die anderen Methoden zu nehmen?"

Was immer die Wirklichkeit des Ichs voraussetzt, sei es ausdrücklich oder stillschweigend, führt uns weiter vom Ziel, dem ichlosen Zustand, weg, wenn wir uns nicht vorsehen.

Der Weise kritisiert diese Methode folgendermaßen: „Wenn man fortwährend meditiert: ‚Ich bin nicht dies, ich bin Das', anstatt den Natürlichen Zustand zu gewinnen, auf den im Text der Upanishaden mit ‚Du bist Das' hingewiesen wird, und der Frage ‚Wer bin ich?' mit einem auf eins gerichteten Geist nachzugehen, ist eine reine Schwäche des Geistes. Denn diese Wirklichkeit strahlt immer als das Selbst. (UN 32)

In diesem Vers weist der Weise darauf hin, dass der Text der Upanishaden ‚Du bist Das' uns sagen will, dass das Selbst, das im ichlosen Zustand erfahren wird, die höchste Wirklichkeit ist. Das bedeutet, dass wir den ichlosen Zustand durch die richtige Methode gewinnen sollen. Es wird nicht von uns verlangt, über ‚Ich bin Das' zu meditieren. Wir müssen den Text auch so verstehen, dass wir durch eine einzige Anstrengung zwei scheinbar verschiedene Dinge gewinnen, nämlich das Selbst und das höchste Sein, da beides dasselbe ist.

Die Ergründung des wahren Selbst besteht darin, alle Energien des Körpers und Geistes zu sammeln und alle fremden Gedanken zu vertreiben, um dann diese Energien in einen einzigen Strom zu leiten, nämlich in den Entschluss, die Antwort auf die Frage „Wer bin ich?" zu finden. Die Frage kann auch die Gestalt von „Woher komme ich?" annehmen. „Wer bin ich?" bedeutet: „Was ist meine Wahrheit?" „Woher komme ich?" bedeutet: „Was ist die Quelle des Gefühls des Selbst im Ich?" Mit der Quelle in dieser Frage ist weder ein ferner Ahne oder Vorfahre gemeint noch ein Sein vor der Geburt des Körpers, sondern die gegenwärtige Quelle.

Jemand, der dachte, es sei wichtig, über seine früheren Geburten Bescheid zu wissen, fragte den Weisen, wie er davon erfahren könne. Der Weise antwortete: „Warum kümmerst du dich um die früheren Geburten? Finde zuerst heraus, ob du jetzt geboren wurdest." In dieser wie in anderen unnützen Fragen lauert das Ich und bewirkt, dass man von der Suche nach der Wahrheit abweicht. In Wirklichkeit wurde das Selbst nie geboren, sodass die Quelle, die man suchen muss, nicht in der Vergangenheit liegt, sondern in der Gegenwart.

Diese Frage ist die eine sichere Methode, den grausamen Kreislauf der drei Zustände aufzubrechen, denn sie beruhigt nicht nur den denkenden Geist, sondern verhindert auch, dass man einschläft und damit das Bewusstsein verliert. Deshalb wird sie als „schlafende Wachsamkeit" bezeichnet. Weder im gewöhnlichen Wachen, wenn der Geist von Gedanke zu Gedanke wandert, noch im Tiefschlaf, wenn selbst das Grundgewahrsein des „Ich bin" untergetaucht ist, kann dieser grausame Kreislauf überwunden werden, wohl aber im Augenblick, wenn der Geist von der Wanderschaft des Wachens in die völlige Stille des Schlafs eintritt. Dann erlangt das Bewusstsein seine Reinheit als das gestaltlose „Ich bin". Durch die Entschlusskraft in dieser Frage wird das Bewusstsein auf diesen gestaltlosen Zustand reduziert und darin gehalten, wodurch der grausame Kreislauf zerbrochen und der ichlose Zustand gewonnen wird.

Der Weise beschreibt die Methode der Ergründung folgendermaßen: „Wie jemand, der in einen See taucht, um etwas zu suchen, dass hineingefallen ist, so sollte der Sucher ins Herz hinabtauchen, mit dem Entschluss herauszufinden, wo das Ich-Empfinden auftaucht, wobei er Sprache und Atem zurückhält." (UN 28)

Das bringt den Aspekt der Hingabe in der Ergründung zur Sprache. Wie der Taucher sich seinem Ziel hingibt, nämlich das Verlorene wiederzufinden, indem er den Atem anhält und mit seinem ganzen Gewicht nach unten taucht, so muss sich auch der Sucher hingeben, um das wahre Selbst, die Quelle des „Ich bin" im Ich, zu finden, indem er alle vitalen und mentalen Energien sammelt und dem Herzen zuwendet.

Der Entschluss, das Selbst zu finden, ist das dynamische Element in der Ergründung, ohne die man nicht ins Herz tauchen kann. Die Frage „Wer bin ich?" oder „Woher komme ich?" beinhaltet diesen Entschluss. Der Weise verspricht demjenigen, der auf diese Weise nach innen taucht, den sicheren Erfolg, denn, so sagt er, eine geheimnisvolle Kraft erhebt sich von innen, nimmt seinen Geist in Besitz und führt ihn direkt zum Herzen. Wenn der Sucher reinen Herzens ist und frei von der Liebe zur Individualität, wird er sich dieser Kraft vorbehaltlos hingeben und die höchste Belohnung erlangen. Denn wem sich ein Mensch hingibt, das bekommt er, und es gibt nichts Höheres als das wahre Selbst. Wer diese vollkommene Hingabe nicht hat, muss die Ergründung wiederholt üben, bis der Geist rein und stark wird, oder er muss Meditation oder Hingabe an Gott üben.

Hingabe beinhaltet Entsagung, was Nichtanhaftung an das Unwirkliche bedeutet, so lehren es die Weisen. Wer einer Sache sehr hingegeben ist, steht den anderen Dingen indifferent gegenüber. Wer dem Selbst hingegeben ist, das innen wohnt, steht der äußeren Welt indifferent gegenüber. Hingabe und Entsagung sind wie die beiden Seiten einer Münze. Sie gehören untrennbar zusammen. Nichtanhaftung stärkt den Geist und sichert den Erfolg in der Ergründung. Das wissen wir aus allgemeinen weltlichen Erfahrungen. Wer sich einem weltlichen Ziel widmet, entsagt allem von selbst, was ihm dabei im Weg steht, und erlangt sein Ziel. Deshalb ist Entsagung ebenso nötig, um das Größte von allem, den ichlosen Zustand zu gewinnen. Wir müssen jedoch

Entsagung richtig verstehen. Es ist eine Reinigung des Geistes, eine harmonische und konzentrierte Ausrichtung des Geistes auf sein Ziel hin und nicht nur die Einhaltung äußerer Formen von Selbstverleugnung.

Uns wurde oben gesagt, dass Sprache und Atem zurückgehalten werden sollen. Aber der Weise erklärt, dass der Atem nicht aktiv zurückgehalten werden muss, wenn der Entschluss stark und dauerhaft ist. Denn der Atem wird dann automatisch unterbrochen. Die Energien, die bisher im Körper gewirkt haben, werden nach innen gezogen und mit dem Geist vereint. Damit ist es ihm möglich, ins Herz hinabzutauchen. Dieses Sammeln der Lebensenergien nach innen ist wesentlich, denn solange diese Energien mit dem Körper verbunden sind, kann sich der Geist nicht vom Körper und der Welt abwenden und ins Herz hinabtauchen. Wenn der Atem durch die Kraft des Entschlusses aufhört, ist sich der Geist nicht länger des Körpers oder der Welt gewahr. Der Körper wird dann fast wie ein Leichnam.

Besitzt der Sucher nicht die nötige Kraft der Hingabe, dass der Atem von selbst aufhört, wird er angewiesen, den Atemprozess zu beobachten und den Atem damit zur Ruhe zu bringen. Wenn diese Beobachtung beständig erfolgt, wird der Atem langsamer und hört schließlich auf. Dann wird der Geist still, frei von ablenkenden Gedanken, und kann sich der Ergründung widmen.

Wie bei jeder Form der Meditation, so können bei der Verfolgung der Ergründung verschiedenartige Gedanken auftauchen und den Geist ablenken, und es kann sich ein Gefühl von Niederlage und Entmutigung einstellen. Der Weise sagt, dass diese Gedanken nur auftauchen, um bezwungen zu werden, und der Sucher des Selbst deshalb nicht entmutigt sein und dies nicht als Niederlage betrachten sollte. Hat es den Anschein, dass sich der Erfolg nicht in der nahen Zukunft einstellt, sondern erst nach langer Verzögerung, sollte er dem Gedanken durch die Erinnerung begegnen, dass die Zeit nicht wirklich ist und dass das Selbst nicht an sie gebunden ist. In einem sehr alten Buch heißt es, dass der Sucher des wahren Selbst so viel Ausdauer und Geduld haben muss wie jemand, der das Meer trockenlegen will, indem er Tropfen für Tropfen daraus schöpft. Ein anderes Buch erzählt das Gleichnis von einem Spatzenpaar, dessen Eier vom Meer davongespült wurden. Die Vögel versuchten, die Eier zu retten und zugleich das Meer zu bestrafen, indem sie es trocken legen wollten. Wiederholt tauchten sie ins Meer und schüttelten die Tropfen, die an ihren Gefiedern haften blieben, ans Ufer. Die Fabel endet damit, dass schließlich die Götter einschritten und die Eier herbeischafften.

Jeder fremde Gedanke, der bei der Ergründung auftaucht und bezwungen werden muss, macht den Geist stärker, sagt der Weise, und das bringt den Sucher einen Schritt näher ans Ziel.

Wenn der Sucher lang genug Ergründung geübt hat und die innere Kraft sich erhoben und den Geist in Besitz genommen hat, dann wird das Herz schnell erreicht, d.h. der Geist wird auf den Zustand reinen Bewusstseins reduziert und beginnt in seiner reinen Form beständig als das gestaltlose „Ich" zu erstrahlen. Der Weise nennt dieses gestaltlose Bewusstsein das „Ich bin Ich", um es vom Ich-Empfinden, das die Gestalt von „Ich bin dies (der Körper)" hat, zu unterscheiden. Das beinhaltet, dass die Ich-Gestalt sich auflöst. Das endliche Ich wird vom unendlichen Selbst aufgesogen. Und mit ihm vergehen alle Unvollkommenheiten und Beschränkungen, die das Leben heimsuchen. Wunsch und Angst sind zu Ende wie auch Sünde und Verantwortlichkeit. Das wahre Selbst war dem nie unterworfen. Sie gehören dem Ich an und überleben das Ich nicht. Im ichlosen Zustand bleibt das Selbst in seiner eigenen Herrlichkeit. Der Weise, der so das Selbst gefunden und das Ich verloren hat, ist kein Individuum mehr, obwohl er dem unreifen Schüler und dem Rest der Welt als solches erscheinen mag.

Der Weise empfiehlt auch die Meditation über das reine „Ich bin" oder „Ich", „*Aham*", als der Ergründung gleichwertig. „Da sein Name ‚Ich' ist, wird der Übende (*Sadhaka*), der über das ‚Ich' meditiert, zum Herzen geführt, in die Welt des wahren Selbst." (GVK 716)

„Wie kann man die Hingabe an das Selbst mit der täglichen Arbeit, die die Welt fordert, in Einklang bringen?", fragte ein Besucher, der von weit her mit dem Zug angereist war. Der Weise antwortete: „Warum glaubst du, dass du aktiv bist? Nimm zum Beispiel deine Reise hierher.

Du hast dein Zuhause in einem Wagen verlassen, hast den Zug genommen, bist am Bahnhof in Tiruvannamalai ausgestiegen, hast dich wiederum in einen Wagen gesetzt, und jetzt bist du hier. Wenn man dich fragt, sagst du, dass du von Zuhause hierher gereist bist, nicht wahr? Du bist aber derselbe geblieben, der du zuvor warst. Nur die Transportmittel haben sich bewegt. Und genauso, wie du diese Bewegungen für die deinen hältst, ist es mit den anderen Handlungen. Es sind nicht deine, sondern Gottes Handlungen."

Der Frage wandte ein, dass eine solche Haltung nur zu einem leeren Geist führen und die Arbeit ins Stocken geraten würde. Der Weise antwortete: „Erreiche diese Leere und sag mir dann, ob es so ist." Dem können wir entnehmen, dass – soweit wir verstehen, dass das Selbst nicht der Handelnde ist – es für den ernsthaften Sucher nicht nötig ist, sich von seinen weltlichen Aktivitäten abzuwenden und ein Einsiedler zu werden, um der Ergründung nachzugehen. Er kann dem Geist und den Sinnen einfach erlauben, ihre Arbeit automatisch zu verrichten im Bewusstsein, dass er selbst nicht der Handelnde ist. Er kann die ganze Zeit über der Ergründung nachgehen oder meditieren, so wie man denkt, während man geht.

Es ist nicht nur unnötig, seine täglichen Handlungen aufzugeben und ein Einsiedler zu werden, um der Ergründung nachzugehen, sondern es ist für die meisten von uns sogar besser, weiterhin tätig zu sein, um sich auf die Ergründung vorzubereiten, wie der Weise es deutlich macht. Er sagt, dass die Vernichtung des Geistes im Selbst erwirkt wird, indem man ständig die Erkenntnis kultiviert, dass der Geist nur ein Phantom des Selbst ist, und dass man Ergründung üben kann, während man seine täglichen Arbeiten verrichtet. Diese Tätigkeiten können somit benutzt werden, um sich auf die Ergründung vorzubereiten. Hat sich dieses Wissen, dass der Geist nur ein Phantom des wahren Selbst ist, gefestigt, dann ist es leicht, Ergründung zu üben und sie wachsam bis zum Ende zu verfolgen.

Dem Weisen wurde oft die Frage gestellt, ob es nötig sei, Haus und Familie zu verlassen und als Asket auf Wanderschaft zu gehen. Der Weise hat darauf geantwortet, dass sich jemandem, der dazu bestimmt ist, ein Asket zu werden, die Frage gar nicht stelle, dass es aber in der Regel nicht nötig sei.

Ein Besucher fragte einmal: „Soll ich von Zuhause fortgehen oder dort bleiben?"

Der Weise antwortete: „Bist du im Haus oder ist das Haus in dir? Du solltest dort bleiben, wo du auch jetzt bist. Du kannst nicht von dort fortgehen."

„Also soll ich zuhause bleiben."

„Das habe ich nicht gesagt. Hör gut zu. Du sollst beständig an dem Ort bleiben, der natürlicherweise immer der deine ist."

Der Besucher hatte in seiner Frage vorausgesetzt, dass er im Haus ist, aber in Wahrheit ist die ganze Welt in ihm als das wahre Selbst. Deshalb wurde ihm geraten, im Selbst zu bleiben, d.h. aufzuhören zu glauben, dass die Welt wirklich ist.

Bei einer anderen Gelegenheit sagte der Weise: „Der Familienvater, der nicht denkt: ‚Ich bin ein Familienvater', ist ein wahrer Asket, während ein Asket, der denkt: ‚Ich bin ein Asket', es nicht ist. Das Selbst ist weder ein Asket noch ein Familienvater."

Hierzu soll noch bemerkt werden, dass die asketische Lebensführung eine sehr ernste Angelegenheit ist. Der Weise zeigt auf, dass in jedem Fall der Geist mit der Ergründung in Einklang gebracht werden muss. Wenn das zuhause nicht gelingt, dann wird es woanders genauso schwierig sein.

Eine stärkende Kraft, die der Schüler nach Möglichkeit nutzen sollte, ist der Umgang mit Weisen. Die alte Überlieferung übertreibt sogar sprachlich, wenn sie darauf verweist. Der Weise zieht diese Schriftstellen uneingeschränkt heran. Inwieweit man davon profitiert, hängt vom eigenen Verständnis und der Hingabe an den betreffenden Weisen als Guru ab. Hingabe ist sehr wesentlich, wie wir in einem späteren Kapitel sehen werden.

Eine wichtige Warnung an den Schüler wird in einem kleinen Werk angeführt, das dem Weisen Shankara zugeschrieben wird und vom

Weisen aufgenommen wurde. „Man sollte innerlich immer über die Wahrheit der Nicht-Zweiheit reflektieren, aber diese Lehre nicht in seinem Handeln anwenden. Die Meditation über die Nicht-Zweiheit ist in Bezug auf alle drei Welten richtig. Aber verstehe, dass sie nicht in Bezug auf den Guru angewandt werden sollte." (Tattvopadesa 87, s. UNA 39)

Es mag schwierig sein, den Grund für diese Aufforderung herauszufinden. Wenn wir uns aber an die Kraft des Ichs erinnern, selbst ehrliche Anstrengungen, das Selbst zu verwirklichen, zu vereiteln und zu durchkreuzen – die ja seinen eigenen Tod bedeuten würden – brauchen wir uns nicht darüber zu wundern. Die Reflexion über die Wahrheit des Advaita ist auf die Vernichtung des Ichs und die Entwicklung von Hingabe an die Wahrheit gerichtet. Aber Handeln ist vom advaitischen Standpunkt aus selbstmörderisch, da es der Feind wäre, den wir mit solch einem Handeln beauftragen. Solange es Nichtwissen gibt, scheint die Zweiheit wegen des Ich-Empfindens weiterhin wirklich zu sein, und wahres advaitisches Handeln ist nicht möglich. Nur der Weise kann dem Advaita gemäß handeln, weil er ichlos ist. Deshalb rät uns die alte Überlieferung und auch der Weise, unsere Handlungen so weit als möglich zu beschränken und nicht auszuweiten, um dem Ich so wenig Reichweite wie möglich einzuräumen, unsere Anstrengungen zu durchkreuzen.

Oberflächliche Studenten des advaitischen Vedanta, die nicht zu Füßen des Weisen oder irgendeines Weisen gesessen haben, kennen diese Vorsichtsregel nicht und glauben deshalb, es sei richtig, die Lehre in die Tat umzusetzen. In der Regel setzen sie sie nicht richtig um. Der größte Fehler, den sie machen, ist in Bezug auf die Gleichheit. Ihre falschen Vorstellungen von Gleichheit beruhen auf einem Missverständnis der Lehre. Wir werden das im nächsten Kapitel erörtern, in dem gezeigt wird, dass nur der Weise wahre Gleichheit üben kann. Hierbei ist es nützlich, sich daran zu erinnern, dass ein theoretisches Wissen vom Selbst das Ich, den Feind in uns, nicht zerstört.

Hingabe an den Guru als die verkörperte Gottheit ist richtig und notwendig, wie wir später sehen werden. Bis man ichlos ist, ist es nicht ratsam, den Guru als sich selbst zu betrachten, weil das tatsächliche Ergebnis etwas ganz anderes ist, nämlich dass man glaubt, wie der Guru zu sein. Wirkliche Einheit mit dem Guru bedeutet, ichlos zu sein. Deshalb gibt es diese Vorsichtsregel, den Guru nicht als eins mit sich selbst zu betrachten.

Die folgenden Warnungen und Anweisungen stammen aus Guru Ramana Vachana Mana, und zwar aus dem Kapitel über das Verhalten des *Sadhaka* (*Sadhakara Prakarana*).

„Wenn man (das Selbst) vergisst, bedeutet das wahrlich den Tod. Deshalb darf einer, der den Tod durch die Ergründung bezwingen will, diese eine Regel nicht vergessen."

„Da schon die eigenen Handlungen eine Ursache dafür sind, (das Selbst) zu vergessen, muss notwendigerweise darauf hingewiesen werden, dass der, der sich mit der Ergründung des Selbst befasst, sich nicht mit der Arbeit anderer befassen sollte."

„Es gibt zwar unzählige Vorschriften. Für den Sucher (*Sadhaka*) genügt die Regel, Nahrung nur in Maßen zu sich zu nehmen, da sie die sattvische (reine) Eigenschaft verstärkt."

Es gibt drei Haupteigenschaften oder Stimmungen des Geistes: *Sattva*, *Rajas* und *Tamas*. Von diesen dreien ist die erste Stimmung der Zustand der Klarheit und Ruhe, die zweite der Zustand der Rastlosigkeit und des Handelns und die dritte der Zustand der Dunkelheit und Trägheit. Die erste muss man pflegen, die beiden anderen überwinden.

„Die Regel des Maßhaltens beim Essen dient dazu, dem Magen Ruhepausen zu gönnen. Wenn man hungrig ist, soll man eine mäßige Menge sattvische Nahrung zu sich nehmen."

„Bis das Ich schließlich stirbt, ist einzig Demut für den *Sadhaka* die richtige Haltung. Er sollte nicht zulassen, dass andere ihn verehren."

„Das Tongefäß sinkt, wenn es Wasser aufnimmt. Holz schwimmt, weil es das nicht tut. Wer an etwas haftet, wird gebunden. Wer es nicht tut, ist nicht gebunden, selbst wenn er eine Familie hat."

„Man sollte Missgeschicken mit Glauben, Mut und Ernsthaftigkeit begegnen und sich daran erinnern, dass sie durch Gottes Gnade geschehen, um uns zu stärken."

„Für den, der sich dem Höchsten hingibt, ist es besser, er wird von Menschen bedauert als von ihnen beneidet."

„Gleichmütig sein, mit einem heiteren Sinn, ohne Wunsch und Hass, ist ein schöner Lebensweg für die *Sadhakas*."

„Was Schicksal genannt wird, ist nichts anderes als unsere eigenen früheren Handlungen. Deshalb kann das Schicksal durch entsprechendes Bemühen ausgelöscht werden."

„Was mit einem friedvollen und reinen Geist getan wird, ist rechtes Handeln. Was mit einem aufgewühlten Geist und aus Begierde getan wird, ist falsches Handeln."

„Wenn man ohne Anhaftung und friedvoll ist und alle seine Bürden Gott, dem Allmächtigen, überlassen hat, ist das die höchste Askese (*Tapas*)."

„Wie die Körner, die unten am Drehgelenk der Handmühle hängen bleiben, nicht zermahlen werden, so werden jene, die bei Gott ihre Zuflucht gesucht haben, selbst von großem Unglück nicht berührt."

„Wie die Magnetnadel nicht vom Norden abweicht, so weichen jene, deren Geist Gott hingegeben ist, nicht durch die Illusion vom rechten Weg ab."

„Lass dich nie von Angst überwältigen, indem du denkst: ‚Wann werde ich diesen Zustand erlangen?‘ Er ist jenseits von Raum und Zeit und deswegen weder fern noch nah."

„Indem das Selbst alles mit seinem eigenen Wesen durchdringt, ist es immer frei. Wie kann es durch *Maya* gebunden sein? Gib also niemals die Hoffnung auf."

Die Vorstellung ‚Ich bin eine haltlose Seele‘ ist erst entstanden, nachdem man sein unveränderliches Wesen fahren gelassen hat. Der *Sad-*

haka sollte diese Vorstellung loswerden und im höchsten Schweigen ruhen."

„Das ist das Mittel, um das launenhafte Wesen des Geistes zu überwinden. Betrachte alles Wahrgenommene und den Wahrnehmenden als das wahre Selbst."

„Wie man einen Dorn, den man benutzt hat, um einen anderen Dorn zu entfernen, wegwirft, so sollte man auch einen guten Gedanken, der nützlich ist, um einen schlechten Gedanken zu vertreiben, aufgeben."

„Wie man mit einem Stein beschwert ins Meer hinabtaucht, um die Perlen heraufzuholen, so sollte man mit Nichtanhaftung ins Herz hinabtauchen und das Selbst gewinnen."

Die Selbstergründung unterscheidet sich völlig von allen üblichen Methoden, die zur Befreiung führen sollen. Diese sind als Yoga-Methoden bekannt. Besonders vier sind bekannt, nämlich der Yoga des Handelns (Karma-Yoga), der Yoga der Hingabe (*Bhakti*-Yoga), der Yoga der Geisteskontrolle (*Raja*-Yoga) und der Yoga der rechten Erkenntnis (*Jnana*-Yoga). Der Weise vergleicht diese vier folgendermaßen mit der Ergründung: „Die Ergründung: ,Wer ist es, der handelt, der (von Gott) getrennt ist, der nichtwissend ist und von der Wirklichkeit geschieden?' ist das Yoga des Handelns, der Hingabe, der rechten Erkenntnis und der Geisteskontrolle. Das ist der wahre Zustand (des Selbst), die makellose und selige Erfahrung des eigenen Selbst. Wo der Sucher, das Ich, ausgelöscht wird, haben diese Acht keine Stätte mehr." (UNA 14)

Hier macht der Weise deutlich, dass bei den vier Yoga-Arten der Übende das Ich für sich selbst hält und folglich dem Selbst die eine oder andere Unvollkommenheit, die in ihm auftaucht, zuschreibt. Der Yogi des Handelns hält das Selbst für den Handelnden und muss deshalb die Auswirkungen erleiden. Er will diese Handlungen durch andere Handlungen ausgleichen. Der Yogi der Hingabe ist davon überzeugt, dass er von Gott getrennt ist und durch Hingabe mit ihm vereint werden muss. Der Yogi der rechten Erkenntnis glaubt, dass das Selbst nichtwissend ist, und will dieses Nichtwissen beseitigen. Der Yogi der

157

Geisteskontrolle glaubt, dass das Selbst sich von der Wirklichkeit unterscheidet, und will sich durch Geisteskontrolle mit ihm wieder vereinigen. Das sind falsche Annahmen, da es keine individuelle Seele gibt und die Weltordnung eine Illusion ist.

Wenn man das wahre Selbst sucht und findet, dann stellt sich heraus, dass das Selbst nie gebunden war und immer vollkommen ist. Der Sucher des Selbst beginnt mit dieser Erkenntnis. Stirbt das Ich durch die Ergründung, erkennt er, dass weder diese vier Unvollkommenheiten noch die vier Heilmittel [die Acht] einen Platz im ichlosen Zustand haben, der allein wirklich ist. Der Weise hat einmal dem Verfasser gesagt, dass die Ergründung das große Yoga, das Maha-Yoga, sei, weil, wie hier gezeigt wurde, alle Yoga-Arten in der Ergründung enthalten sind.

Vielleicht ist der Weise das schwierigste Thema bei dieser Untersuchung. Er ist sowohl jenseits der Relativität und, wenn auch nur scheinbar, zugleich in ihr. Er ist somit gleichzeitig in zwei sich gegenseitig widersprechenden Zuständen, denn Relativität und das Wirkliche negieren sich wechselseitig. Das ist die Wurzel der Verwirrung bei diesem Thema, die die Schüler bedrängt.

Die Schriften erwähnen zwei Arten von Befreiung. Vom lebenden Weisen wird gesagt, dass er auf die eine Art befreit ist. Wenn er stirbt, ist er auf eine andere Art befreit. Ersteres nennt man *Jivan-Mukti*, Befreiung zu Lebzeiten. Der Weise, der diese Art der Befreiung besitzt, wird ein *Jivan-Mukta* genannt. Letzteres nennt man *Videha-Mukti*, körperlose Befreiung.

Der Weise sagt aber, dass es nur eine Art der Befreiung gibt, nämlich die Ichlosigkeit. Da die Welt ohne das Ich nicht existiert, folgt daraus, dass der Weise tatsächlich körperlos ist, was immer er auch zu sein scheint. Selbst jene, die glauben, dass der Weise einen Körper und Geist hat, und unfähig sind zu erkennen, dass sie unwirklich sind, können verstehen, dass sein kausaler Körper, das ursprüngliche Nichtwissen, vernichtet wurde und dass deshalb der Weise, der nur das wahre Selbst und nichts anderes ist, in keiner Weise mit dem überlebenden subtilen und grobstofflichen Körper verbunden ist, wie der Nichtwissende es von sich glaubt.

Für den Weisen existiert deshalb nichts außer das Selbst. Es gibt keinen Körper, keinen Geist, keine Welt, keine anderen Personen. Wenn wir vom Weisen sprechen, müssen wir deshalb die beiden Sichtweisen auseinanderhalten, die des halb-unwissenden Schülers und die des Weisen. Der Weise selbst hat wiederholt betont, dass es für ihn kein Problem gibt, keine Notwendigkeit, Widersprüche in Einklang zu bringen. Aus seiner Sicht existieren alle drei Körper nicht. Und nicht nur das, er sagt, dass sie auch zuvor nicht existiert haben. Deshalb ist diese Unterscheidung in den Schriften nur ein Zugeständnis an den halb-unwissenden Schüler. Die absolute Wahrheit über die Befreiung ist, dass sie körper- und weltlos ist, weil sie der Zustand ist, in dem die Wahrheit allein erstrahlt.

Der *Jivan-Mukta* ist also keine Person. Aber um der oben erwähnten Doppelrolle willen wird ihm eine Persönlichkeit zugeschrieben. In der Überlieferung der Upanishaden wird diese Sichtweise zugelassen, und es heißt, dass sein Körper dem Gesetz von Ursache und Wirkung unterworfen ist, solange er am Leben ist. Kraft dieses Gesetzes wird sein Körper von den angenehmen oder unangenehmen Wirkungen früherer Handlungen betroffen, die man Karma nennt.

Das Karma wird in drei Teile aufgeteilt. Er gibt den Teil des Karmas, der mit der Geburt beginnt und dem Weisen den gegenwärtigen Körper gegeben hat. Es bestimmt, was diesem Körper zustößt, bis er stirbt. Dieses Karma heißt *Prarabdha*, da es begonnen hat, Früchte zu tragen. Ein anderer Teil des Karmas heißt *Agami* (zukünftiges Handeln). Das übrige Karma heißt *Sanchita* (das zurückgehaltene Karma). Dieser Teil ist wegen der Vielzahl von vergangenen Leben besonders groß.

Es heißt, dass nur der erste Teil des Karmas seine Wirkung behält und der zweite und dritte Teil sich auflöst, wenn man ein Weiser wird, wenn also die Individualität verlorengeht. Der Weise hat keine weiteren Wiedergeburten, noch geht er in andere Welten ein. Aber er wird die Früchte des *Prarabdha*, des jetzigen Karmas, ernten, sagen die alten Überlieferungen an einigen Stellen. Wir werden sehen, dass das nicht ganz richtig ist.

Wir haben oben gesehen, dass der Weise immer im Natürlichen Zustand, im *Sahaja Samadhi*, ist und dass das nicht das unbeständige *Kevala Nirvikalpa Samadhi* des Yogis ist. Dieser Natürliche Zustand steht den automatischen körperlichen Handlungen, die dem Weisen zugeschrieben werden, nicht entgegen. So kann man in gewissem Sinn sagen, dass der Weise sich sowohl des Selbst als auch der Welt bewusst ist. Er scheint wie andere Menschen zu essen, zu schlafen und zu leben. Weil er im *Sahaja* ist, kann er Fragen hören und beantworten. Der Yogi, der manchmal in Trance ist und manchmal wach, kann uns nicht belehren, weil er selbst immer noch gebunden und unwissend ist. Gäbe es keinen *Sahaja*-Zustand, dann würde jeder, der die unmittelbare und vollkommene Erfahrung des Selbst erlangt, sofort aufhören, in dieser Welt mit einem Körper zu erscheinen, und somit gäbe es keinen, der die authentische Lehre über das Selbst und die Methode, es zu finden, mitteilen könnte. Aber es gibt den *Sahaja*-Zustand, der von einigen wenigen Suchern hin und wieder erlangt wird. Sie sind es, die in einer ununterbrochenen Linie von Weisen die Lehre der heiligen Überlieferung bestätigen und korrigieren, ihr, wenn nötig, etwas hinzufügen und sie den kompetenten Schülern verständlich machen. In der Geschichte gab es die Weisen Gautama und Shankara. Wie viele anderen es noch gab, wissen wir nicht. Diese Aufgabe wird jetzt vom Weisen Ramana erfüllt.

Jene, die von der Wahrheit des Natürlichen Zustands noch nichts gehört und nicht verstanden haben, dass er nicht, wie *Kevala*, den körperlichen Aktivitäten entgegensteht, zweifeln an den Weisen. Diesen Zweifel auszuräumen ist nicht ganz leicht. Selbst unter den Schülern des Weisen gibt es einige, die dies nicht verstehen können, weil sie einen zwar faszinierenden, aber komplizierten Glauben haben, der auf dem Grundsatz beruht, dass die Welt als solche wirklich ist. Deshalb weigern sie sich natürlich, die Lehre des Weisen zu verstehen, deren wesentlicher Bestandteil die Unwirklichkeit der Welt ist. Sie sind Dualisten und damit heftige Gegner der advaitischen Lehre.

In diesem Zusammenhang wollen wir die Rücksicht des Weisen erwähnen, die er für die Schwäche der Gläubigen zeigt. Der Weise beachtet die Regel der Gita (3.26), dass der Glaube keines Menschen zerstört werde sollte. Deshalb ist er sehr sorgsam in dem, was er sagt, wenn leidenschaftliche Dualisten zugegen sind, und lehrt dann kein eindeutiges Advaita. Sobald sie jedoch gegangen sind, wendet er sich an die Advaitins und rechtfertigt sich damit, dass er die Lehre verwässern musste, um sie für die Dualisten annehmbar zu machen. Er behandelt die Dualisten als unreif und die Advaitins, die verstehen können, dass man für die Unreifen Zugeständnisse machen muss, als reif. Aber er lässt uns in keinem Zweifel darüber, dass die advaitische Lehre die höchste ist, die es gibt.

Der Weise hat das bei vielen Gelegenheiten bezeugt. Einmal hatte jemand in einem Buch geschrieben, dass die Wahrheit nur vollständig sein könne, wenn man die Welt in all ihrer Verschiedenheit als wirklich betrachte. Als der Verfasser das vorlas, rief der Weise aus: „Als ob die Wahrheit andernfalls beschädigt wäre!"

Wir haben zwei Sichtweisen über den Weisen. Die einen behaupten von sich, Advaitins zu sein, sind aber nie zu Füßen des Weisen gesessen. Andere Schüler des Weisen lehnen seine advaitische Lehre ab.

Die erste Gruppe argumentiert folgendermaßen: „Die Person, die Ramana Maharshi genannt wird, lebt in der Welt wie alle anderen Leute. Er isst, schläft, handelt, spricht und tut andere Dinge. Er erinnert sich an die Vergangenheit und beantwortet Fragen über sie. Deshalb hat er sowohl ein Ich als auch einen Geist. Auch sagt er ‚ich‘, ‚du‘ und ‚er‘, wie wir. Also ist er kein *Jivan-Mukta*, wenn wir ihn auch als einen heiligen Menschen betrachten."

Wir brauchen mit diesen Leuten nicht zu streiten. Es ist klar, dass sie *Kevala Nirvikalpa* für den endgültigen Zustand halten. Deshalb sind sie nicht in der Lage zu verstehen, wie ein Weiser als Licht des wahren Selbst unter den Menschen leben kann.

Um einen Weisen zu erkennen, muss man ein aufrichtiger Verehrer des wahren Selbst sein. Das beinhaltet ein verfeinertes Verständnis, einen demütigen Geist und andere Tugenden. Für solch einen Verehrer hat der Weise eine echte und bleibende Anziehungskraft. Andere, die die Bindung lieben, werden nicht so von ihm angezogen, auch wenn sie die heilige Überlieferung kennen. Sie sind im weltlichen Sinn erfolgreich und halten sich für glücklich. Vielleicht fürchten sie sich davor, dass der Weise ihre Einstellung verändern könnte, wenn sie zu ihm gingen, und sie fürchten sich sehr vor den Konsequenzen. Deshalb halten sie sich in sicherer Entfernung von ihm.

Diejenigen aber, die vom Weisen angezogen worden sind und das dringende Bedürfnis nach einem kompetenten Guru verspüren, sind in der Lage zu erkennen, dass er etwas Einmaliges ist. Es kann dauern, bis sie verstehen, dass er ein Weiser ist, weil sie erst begreifen müssen, was ein Weiser ist und woran man ihn unfehlbar erkennt. Das eine unfehlbare Kennzeichen ist, dass er keine Unterschiede macht.

Jetzt wollen wir über die andere Sichtweise nachdenken, die bestimmte konfessionelle Verehrer des Weisen vertreten. Sie halten ihn zwar für einen Weisen, behaupten aber auch, dass er eine Person ist. Sie halten ihn für eine überragende Persönlichkeit. Sie glauben fest daran, dass die Persönlichkeit etwas Wirkliches ist und dass sie auch nach der Befreiung fortbesteht, obwohl sie, oft widersprüchlich, zugeben, dass das Ich bei der Befreiung verloren geht. Sie behaupten, der Weise habe einen Geist und besitze deshalb eine unabhängige Existenz, sein Geist verwandle sich bei der Befreiung in etwas Wunderbares und erlange göttliche Kräfte (*Siddhis*). Auf diese Kräfte legen sie großen Wert. Sie scheinen zu glauben, dass es diese Kräfte sind, die beweisen, dass er ein Weiser ist.

Wir haben im Kapitel über Gott gesehen, dass die grundlegende Lehre des Weisen die Wahrheit des Nicht-Werdens ist, was bedeutet, dass die Wirklichkeit nie wirklich zu den Dreien [Gott, Seele und Welt] werden kann, da diese Drei lediglich Schöpfungen des unwirklichen Ich-Geistes sind. In anderen Worten: Der Weise ist sich mit Shankara darin einig, dass dies alles *Maya* ist. Er erklärt, dass die Befreiung in der Reduktion auf ein Nichts besteht, das immer schon nichts war. Die dreifache falsche Erscheinung ist auch jetzt unwirklich, aber sie erscheint aufgrund des Nichtwissens als wirklich. Diese Erscheinung wird auf solche Weise verschwinden, dass man nicht einmal von ihr sagen kann, sie sei zuvor erschienen und später verschwunden. Das wird durch folgende Äußerung des Weisen deutlich, in der er erklärt, was durch die Gnade des Gurus zu erreichen ist: „Um das Unwirkliche auf die Unwirklichkeit zu reduzieren und das eine, wahre Selbst zum Strahlen zu bringen, löscht der Guru die unwirkliche Seele endgültig aus." (GVK 281) Die Ansicht der erwähnten Sektierer ist sicherlich nicht mit dieser Lehre vereinbar.

Wir haben gesehen, dass die *Siddhis*, die in den Augen dieser Schüler eine so große Rolle spielen, ein Teil der Welt-Illusion, der Grundlage der Bindung sind und somit unwirklich sind. Wie der Weise sagt, ist es deshalb lächerlich, die Größe eines Weisen nach den *Siddhis* zu beurteilen, die sich in seiner Gegenwart manifestieren. Jede verstandesmäßige Beurteilung unterliegt diesem Einwand, da der Verstand, der bei einigen Kritikern bei der Bewertung eine große Rolle spielt, wie die *Siddhis* ein Teil der Welt-Illusion bildet. Tatsächlich beinhaltet schon der bloße Gedanke, etwas zu beurteilen, Relativität und steht damit im Widerspruch zum reinen Advaita.

Die Ablehnung der Wahrheit des Nicht-Werdens hat diese Schüler dazu geführt, den Weisen falsch zu verstehen. Eines dieser Missverständnisse wird vom Weisen folgendermaßen herausgestellt und korrigiert: „Nur der Unwissende sagt: ‚Der Weise sieht Unterschiede, genießt aber die Unterschiedslosigkeit in ihnen.'"

Dieses Nichtwahrnehmen von Unterschieden ist von zweierlei Art. Es gibt sie als Nichtwahrnehmen von Unterschieden zwischen einem selbst und den anderen und als Nichtwahrnehmen von Unterschieden zwischen den anderen. Erstere zeigt sich in der Indifferenz des Weisen für Lob und Tadel. Letztere zeigt sich in dem, was man mit einem „gleichen Auge" bezeichnet, was sich auf den berühmten, aber oft missverstandenen Vers der Gita bezieht, in dem es heißt, dass die Weisen alle Geschöpfe mit einem gleichen Auge (gleichen Blick) betrachten. (Gita 5.18)

Die erste Eigenschaft ist dem Weisen eigen, wie wir im ersten Kapitel gesehen haben. Keiner, der nicht völlig ichlos ist, bleibt von Lob und Tadel unberührt. (s. UNA 37) Es gibt eine Anekdote von einem Weisen der jüngsten Vergangenheit, die mit diesem Vers in Verbindung steht, und wir müssen annehmen, dass sich der Vorfall ereignete, bevor er zu einem Weisen wurde. Der Heilige hatte der Welt bereits in frühem Alter entsagt, wanderte in den Wäldern umher und übte um der Befreiung willen *Samadhi*. Einmal traf ihn ein früherer Mitschüler und lobte ihn warmherzig. Der Heilige freute sich offensichtlich sehr darüber. Der andere bemerke es und wunderte sich darüber, dass dieser Heilige vom Lob so sehr berührt werden konnte. Er sprach aus, was er dachte. Der Heilige antwortete mit dem oben zitierten Vers (UNA 37: „Es ist fast unmöglich, die Unterwerfung unter die Dirne ‚Lob' abzuschütteln, selbst wenn man die Welt als Abfall zurückweist und die Geheimnisse der heiligen Überlieferung beherrscht."

Solange auch nur eine Spur Egoismus übrig bleibt, verursachen Lob oder Tadel automatisch ein Gefühl von Freude oder Leid. Nur der Ichlose wird davon nicht berührt. Er fühlt keine Freude und keinen Schmerz, wenn er gelobt oder getadelt wird, wie der Weise sagt: „Wer völlig im seligen, natürlichen und unveränderlichen Zustand gegründet ist und sich deshalb keiner Unterschiede bewusst ist, denkt nicht ‚Ich bin vom anderen verschieden‘. Wer ist er anderes als das Selbst? Was spielt es für ihn für eine Rolle, wenn jemand etwas gegen ihn sagt? Für ihn ist es so, als hätte er es zu sich selbst gesagt." (UNA 38)

Das Nichtwahrnehmen von Unterschieden zwischen anderen, das als „Sichtweise der Gleichheit" bezeichnet wird, ist ebenso eine besondere Eigenschaft des Weisen. Wir haben festgestellt, dass der Weise keine Unterschiede kennt, seien es natürliche oder von Menschen gemachte. Er sagt darüber: „Die Sichtweise der Gleichheit des Weisen ist einfach nur die Erkenntnis, dass das eine Selbst, das Bewusstsein, in allem gegenwärtig ist, was erscheint." (GVK 1250) Mit anderen Worten, sie bedeutet Ichlosigkeit. Dies ist auch der Sinn des oft grob missverstandenen und falsch angewandten Satzes der Gita, der besagt, dass der Weise alle Geschöpfe mit einem gleichen Auge (gleichen Blick) betrachtet. Dieses „gleiche Auge" ist nicht das des Ichbezogenen, da er das wahre Selbst nicht in allen sieht. Die Sichtweise der Gleichheit besteht nicht darin, so zu handeln, als wären alle Menschen als solche gleich. Nicht Gleichheit, sondern Einssein ist die Lehre, und sie kann nur verwirklicht werden, wenn man selbst ichlos wird. Wir erinnern uns in diesem Zusammenhang auch an die Warnung, die Lehre der Nicht-Unterscheidung im Handeln anzuwenden.

Diese Wahrheit über den Weisen, nämlich sein Nichtwahrnehmen von Unterschieden, wird manchmal fälschlicherweise als „Wahrnehmung von keinen Unterschieden im Unterschiedenen" beschrieben. Einige seiner konfessionellen Schüler favorisieren diese Beschreibung. Sie behaupten, dass der Weise Unterschiede in der Unterschiedslosigkeit sieht und Unterschiedslosigkeit im Unterschiedenen genießt. Diese

Beschreibung ist zwar anschaulich, widerspricht aber der Wahrheit des Nicht-Werdens, wie wir sie zuvor dargelegt haben. Zu diesem Punkt sagt der Weise: „Der Unwissende behauptet, der Weise sähe Unterschiede, erfreue sich aber der Unterschiedslosigkeit in ihnen, was falsch ist. Die Wahrheit ist, dass er überhaupt keine Unterschiede wahrnimmt." (GVK 931)

Abgesehen davon ist der hauptsächliche Unterschied der zwischen Subjekt und Objekt, der im Zustand der Unterschiedslosigkeit, nämlich im ichlosen Zustand, nicht überlebt. Deshalb ist Wahrnehmung in diesem Zustand nicht möglich, und es ist abwegig, vom Weisen zu sagen, er erkenne eine Nicht-Unterscheidung. Man kann von ihm nur sagen, dass er keinen Unterschied wahrnimmt. Vielleicht meinen diese Gläubigen, dass der Weise die grundlegende Einheit erkennt, während er die Unterschiede wahrnimmt. Dann müssen wir aber fragen, ob diese „Erkenntnis der Einheit" von ihm erfahren oder nur gefolgert wird. Damit wird deutlich, dass, solange Unterschiede wahrgenommen werden, d.h. solange das Ich überlebt, nur eine gefolgerte, theoretische Erkenntnis der Einheit möglich ist und keine Erfahrung vorliegt. Das würde bedeuten, dass der Weise keine Erfahrung der Einheit hat, was absurd ist.

Diese Gläubigen bringen auch das Argument vor, dass es etwas geben müsse, das den Unterscheid zwischen einem Weisen und einem anderen Weisen aufrechterhält. Sie setzen voraus, dass es einen Unterschied gibt, und deshalb behaupten sie, dass jeder Weise einen subtilen Körper hat. Wir haben gesehen, dass der subtile Körper nichts anderes als das Ich ist, und dass letzteres lediglich ein Bindestrich ist, der zwei voneinander im Wesen widersprechende Dinge zusammenbringt, nämlich das wahre Selbst und den Körper. Daraus folgt logischerweise, dass es zwischen dem einen Weisen und dem anderen Weisen keinen Unterschied gibt, und das ist so, weil der Weise das Selbst nicht erkennt oder genießt, sondern völlig mit dem Selbst identisch ist. Der Weise Sri Ramana sagt über diesen Punkt: „Aus Unwissenheit sagst du: ‚Ich habe diesen Weisen besucht. Jetzt besuche ich auch noch den anderen Weisen.' Wenn du aus Erfahrung weißt, dass der Weise in dir ist, dann wirst du alle Weisen als eins sehen." (GVK 121)

Wir können sagen, dass wir einen Körper und Geist sehen, der einem Weisen gehört. Wir sehen jedoch auch andere Körper und Geister, und die Lehre sagt, dass sie unwirklich sind. In Wahrheit ist es unser Geist, der den Geist und Körper des Weisen erschafft, genauso wie er die ganze Welt erschafft, Gott eingeschlossen. Wir sehen den Weisen in unserem Traum der Relativität, den wir im Schlaf des Nichtwissens träumen, als eine Person.

In Guru Ramana Vachana Mala heißt es: „Der Körper oder Geist, der scheinbar dem Weisen angehört – der in Wirklichkeit unberührbar ist wie der Himmel – ist lediglich eine Spiegelung vom Körper oder Geist dessen, der ihn sieht. Er ist nicht wirklich." (GVK 119) Was andere auch immer denken mögen, die Schüler sollten nicht glauben, dass der Weise verkörpert ist.

Im selben Buch heißt es: „Verstehe, dass derjenige eine Sünde begeht und unreinen Geistes ist, der den Weisen, seinen Guru – der wie ein Mensch erscheint, aber in Wirklichkeit unendliches Bewusstsein ist – als wirklich verkörpert betrachtet." (GVK 274)

Der unreife Schüler kann nicht anders, als diesen Fehler zu begehen. Und er kann auch entschuldigt werden, weil er plausibel damit argumentiert, dass nur der kausale Körper des Weisen vernichtet wurde, aber die anderen beiden Körper überleben. Doch er muss dieser vorläufigen Sichtweise entwachsen. Wie könnte er selbst als reiner Geist (Spirit) völlige Körperlosigkeit erlangen, wenn er von seinem Guru nicht glaubt, dass er diesen Zustand erreicht hat?

Wir müssen deshalb erkennen, dass der Weise, obwohl er sich wie eine Person in der Welt verhält, tatsächlich reines Bewusstsein ist, von dem man nicht einmal sagen kann, dass es der Zeuge aller Handlungen des Geistes und des Körpers ist.

Der Weise wurde gefragt: „Sieht der Weise die Welt wie die anderen?"

Er erwiderte: „Diese Frage stellt sich dem Weisen nicht, sondern nur dem Unwissenden. Er stellt diese Frage wegen seines Egos. Die Antwort lautet: Finde die Wahrheit über denjenigen, dem diese Frage einfällt. Du stellst die Frage, weil du siehst, dass der Weise handelt wie alle anderen Menschen. Doch in Wirklichkeit sieht der Weise die Welt nicht wie die anderen. Nimm das Kino als Beispiel. Bilder bewegen sich auf der Leinwand. Wenn man hingeht und versucht, sie anzufassen, berührt man nur die Leinwand. Und wenn die Bilder verschwinden, dann bleibt nur die Leinwand übrig. So ist es auch mit dem Weisen."

Ein andermal antwortete der Weise auf dieselbe Frage: „Die Welt ist für beide wirklich, sowohl für den Unwissenden als auch für den Weisen. Der Unwissende glaubt, dass das Wirkliche dasselbe ist wie die Welt. Für den Weisen ist das Wirkliche das gestaltlose Eine, die grundlegende Substanz, auf der die Welt erscheint. So groß ist der Unterschied zwischen dem Weisen und dem Unwissenden." (UN 18)

Hier sagt der Weise, dass, oberflächlich betrachtet, der Unwissende und der Weise einander gleichen, denn beide sagen, dass die Welt wirklich ist. Dann aber wird darauf hingewiesen, dass der Weise genau das Gegenteil meint als der Unwissende. Der Unwissende hält die Welt als solche für wirklich, mit all ihrer Vielfalt aus Namen und Formen, und hat keine Ahnung von der ihr zugrunde liegenden Wirklichkeit, die, wie zuvor gezeigt, wie das Gold ist im Verhältnis zum Schmuckstück, d.h. die Substanz ist wirklich im Gegensatz zu den Formen, die unwirklich sind. Der Weise weist den unwirklichen Teil der Welt zurück und hält nur das Substrat für wirklich, das gestaltlose, reine Bewusstsein, das Selbst, das von den falschen Erscheinungen nicht berührt wird. Der Weise sagt: „Das Selbst ist wirklich, nicht die Welt, weil es allein in seinem reinen Zustand als reines Bewusstsein ohne die Welt existiert. Die Welt dagegen kann ohne das Selbst nicht existieren."

Daraus müssen wir schließen, dass der Weise die Welt nicht sieht und keinen Anteil an ihr hat. Was wir als seine Handlungen betrachten, sind nicht wirklich die seinen. Da er ichlos und ohne Geist ist, will er diese Handlungen nicht. Dieselbe Kraft, die die Handlungen aller Lebewesen hervorbringt und aufrechterhält, wirkt auch in denen des Weisen, mit dem Unterschied, dass der Unwissende denkt, er selbst sei der Handelnde, während der Weise das nicht denkt. Er handelt automatisch, wie ein schläfriges Kind isst, wenn seine Mutter es auf den Arm nimmt und füttert. Wenn jemandem die Täterschaft zugeschrieben werden muss, dann eher Gott als dem Weisen, denn Gott ist in gewissem Sinn der Lenker der Welt, während der Weise nichts mit der Welt zu tun hat. In Wahrheit, im ichlosen Zustand, sind beide identisch. Keiner von beiden ist ein Handelnder, da keiner etwas anderes als das eine wahre Selbst ist.

Das wahre Selbst ist nie der Handelnde. Ihm wird nur aufgrund des Nichtwissens Täterschaft zugeschrieben. Wie wir gesehen haben, ist der Weise in seiner völligen Reinheit als unwandelbares Bewusstsein das Selbst. Deshalb ist es niemals der Handelnde. Das wird in folgendem Vers deutlich: „Wäre das Selbst jemals selbst der Handelnde, dann würde es auch die Früchte seiner Handlungen ernten. Da jedoch das Empfinden der Täterschaft in der Erfahrung des unendlichen Selbst durch die Frage ‚Wer bin ich, der handelt?‘ verloren geht, gehen mit ihm auch die drei Arten von Handlungen[28] verloren. Der Weise kennt diesen Zustand als immerwährende Befreiung." (UN 38)

Hier erfahren wir also beiläufig, dass die Befreiung vollkommen und absolut ist und nicht eingeschränkt, wie es in manchen Texten der Upanishaden den Anschein hat. Sie besagen, dass ein Teil des Karmas dessen, der weise geworden ist, unverändert bleibt und sich erst mit dem Tod seines Körpers erschöpft. Dieses Karma ist das *Prarabdha* oder das gegenwärtige Karma, das mit der Geburt zu wirken beginnt, ihm den Körper gab und bis zu seinem Tod alles bestimmt, was ihm zustößt. Wir müssen verstehen, dass der Zwang, die Früchte dieses Karmas zu ernten, nur scheinbar und nicht wirklich ist. Der Weise betont das in folgendem Vers: „Was in den Schriften geschrieben steht, nämlich dass die Handlungen des Weisen, die die Zukunft betreffen und vorrätig sind, verloren gehen, aber das gegenwärtige Karma nicht, ist nur für die Unwissenden gedacht. Wie keine von mehreren Frauen eines Mannes der Witwenschaft entkommt, wenn er stirbt, so gehen auch die drei verschiedenen Karmas verloren, wenn der Täter, das Ich,

---

[28] [Gemeint sind die drei Karma-Arten.]

verlorengeht." (UNA 33) „Ich bin der Handelnde" ist ein Gedanke. Er kann das Ich nicht überleben.

Dass der Weise in seinem wahren Wesen ohne Geist ist und die Handlungen, die er scheinbar ausführt, nicht willentlich tut, sieht man auch an folgendem Beispiel: Einmal ging der Weise auf dem Berg Arunachala spazieren, als er versehentlich in ein Wespennest trat, das von einem dichten Busch verdeckt war. Die Wespen wurden zornig, setzten sich auf das Bein, das sie angegriffen hatte, und stachen zu. Der Weise blieb reglos stehen, bis die Wespen sich beruhigt hatten, und sagte zum Bein: „Das sind die Folgen deines Tuns." Der Weise hat diesen Vorfall vielen Schülern erzählt, weshalb er allgemein bekannt ist.

Viel später fragte ihn ein Devotee: „Warum sollte man die zufällige Zerstörung eines Wespennests so bedauern und dafür büßen, als hätte man es willentlich getan?"

Der Weise antwortete: „Wenn tatsächlich das Bedauern und Büßen nicht sein Tun ist, was ist dann das wahre Wesen seines Geistes?"

Hier antwortete der Weise mit einer Gegenfrage. Der Schüler wusste, dass sein Guru ein Weiser war. Aber es hat den Anschein, dass er sich im Augenblick dieser Wahrheit nicht völlig bewusst war, dass der Weise im ichlosen Zustand beheimatet und deshalb ohne Geist ist. Deshalb nahm er an, dass der Weise die fragliche Tat getan hatte, und gründete seine Frage auf dieser Annahme. Der Weise machte ihn freundlich darauf aufmerksam, dass er von einer falschen Voraussetzung ausging, und dass der sogenannte Geist des Weisen nicht wirklich ein Geist ist, sondern reines Bewusstsein. Diese Lehre hat er oft bestätigt, indem er betonte, dass der Geist des Weisen kein Geist ist, sondern die höchste Wirklichkeit.

Da der Weise also keinen Geist besitzt, ist er auf keine Weise auf die Welt und ihre Belange bezogen. Das ist das Wesentliche seiner Freiheit. Er fühlt sich nicht verpflichtet, bestimmte Dinge zu tun oder zu lassen. Was immer er tut, tut er spontan und automatisch, ohne Vorausdenken, wie einer es tun würde, der keinen Geist hat.

Die alte Überlieferung sagt, dass der Weise nichts bedauert und nicht sagt: ‚Ich habe es falsch gemacht‘ oder ‚Ich habe falsch gehandelt.‘ Der Weise sagt dazu folgendes: „Kann der Weise, der im Zustand der Einheit mit der Wahrheit ist, die aus der Vernichtung des Ichs entsteht, der still, glücklich und jenseits der Relativität ist und deshalb keinen Willen hat, dazu verpflichtet sein, irgendetwas in der Welt zu tun? Da er sich nichts außer des Selbst gewahr ist, wie kann sein Zustand, der geist-los ist, vom Geist begriffen werden?" (UN 31) Daraus müssen wir schließen, dass für ihn die Wörter „Pflicht" und „richtig" bedeutungslos sind.

Da er natürlich einen göttlichen Auftrag zu erfüllen hat, nämlich jene, die reif für die Befreiung sind, zu erleuchten und zu erheben, ist er nicht untätig. Aber er will die Handlungen nicht, die er ausführt. Tatsächlich sind seine Handlungen wegen seiner Ichlosigkeit viel wirkungsvoller als sie es sein würde, wenn er sie wollte.

Die heilige Überlieferung und der Weise lehren, dass der Weise ein Nicht-Handelnder und zugleich ein großer Handelnder ist. Darin besteht kein Widerspruch, da er in Wirklichkeit nicht handelt, sondern es nur den Anschein für jene hat, die ihn sehen, dass er schwer beschäftigt ist. Er kann nicht wirklich tätig sein, denn wäre er es, würde er sich verschiedener Personen, die sich vom Selbst unterscheiden, gewahr sein. Es ist uns aber eindeutig gesagt worden, dass das nicht der Fall ist. Handlungen werden aufgrund eines Wunsches gewollt. Er dagegen ist wunschlos (*Aptakama*), weil er im Selbst glücklich ist (*Atmarama*).

Einmal wurde der Weise gefragt, ob es nicht seine Pflicht sei, allen Menschen die Wahrheit zu verkünden und sie so zu befreien. Er antwortete: „Wenn ein Mensch aus einem Traum erwacht, fragt er dann etwa: ‚Sind auch die Menschen, die ich im Traum gesehen habe, erwacht?‘ Ebenso wenig ist der Weise um die Leute in der Welt in Sorge."

Auf die sehr beliebte Anschauung, dass es selbstsüchtig sei, für sich Freiheit zu erlangen und die ganze Welt in Bindung zu belassen, antwortete er: „Das ist, wie wenn ein Träumer sagt: ‚Ich will nicht eher aufwachen als auch diese Menschen im Traum aufgewacht sind.‘"

Ein geheimnisvoller Ausspruch des Weisen ist folgender: „Der ichlose Zustand ist kein träger Zustand, sondern einer von höchster Aktivität." Das scheint einer anderen Beschreibung des Weisen zu widersprechen, in der er das Selbst als „Schlaf der Seligkeit" beschreibt. Wir erinnern auch an eine frühere Stelle, in der der Weise den Zustand als „Wach-Schlaf" bezeichnet. Das bedeutet, dass beide Beschreibungen richtig sind und dasselbe bedeuten.

Der Schlaf-Aspekt betrifft die Welt der Illusion. Für sie schläft der Weise. Das wird auch im folgenden Vers deutlich: „Wie für einen Menschen, der in einem Wagen schläft, die drei Zustände, nämlich die Bewegung des Wagens, sein Anhalten und sein Stillstehen, wenn die Pferde ausgespannt sind, dasselbe sind, so sind für den Weise im Schlaf des Selbst-Gewahrseins im Wagen, dem Körper, die drei Zustände, nämlich körperliche Aktivität, *Samadhi* und Schlaf dasselbe." (UNA 31)

Hier sind die Parallele zwischen dem Weisen und dem Schläfer zu beachten. Der Körper wird mit einem Wagen verglichen und die Sinnesorgane mit den Pferden. Daher entsprechen die Handlungen im Wachen den Bewegungen des Wagens. *Samadhi* und Schlaf sind beide Ruhezustände. Aber der erste wird mit dem Anhalten des Wagens verglichen, wobei die Pferde noch eingespannt sind, weil im *Samadhi* die Sinne nicht abgelöst sind. Deshalb neigt sich in diesem Zustand auch nicht der Kopf, sondern bleibt aufrecht, wie der Weise sagt. Im Schlaf sind die Sinne dagegen losgelöst, und deshalb neigt sich der Kopf, wenn der Schläfer sitzt. Äußerlich sind also Unterschiede vorhanden, aber innerlich nicht.

Dieser Vergleich mit dem Schläfer im Wagen soll nur zeigen, dass die Veränderungen der körperlichen Zustände, und damit die der Welt als Ganzes, den Weisen nicht berühren. Es darf daraus aber nicht abgeleitet werden, dass der Weise wie im Schlaf unbewusst ist. Das werden wir jetzt sehen.

Die Wahrheit über den Zustand des Weisen beschreibt der Vers der Gita, in dem er dem Unwissenden gegenübergestellt wird. Dort heißt es, dass das, was für alle Geschöpfe Nacht bedeutet, für den Weisen

Tag bedeutet, während das, was für sie Tag bedeutet, für den Weisen, der völlig wach ist, Nacht bedeutet. Dieser geheimnisvolle Ausspruch des Weisen, dass dieser Zustand ein Zustand intensiver Aktivität ist, wird jetzt verständlich. Der Weise ist im und als das wahre Selbst, das Bewusstsein ist, wach. Aber Bewusstsein kann niemals unbewusst werden. Deshalb kann er nie schlafen. Das ist seine Aktivität. Und das ist die ganze Aktivität, die es gibt. Alles andere ist *Maya*. Dass der Weise nicht schläft, selbst wenn der Körper schläft, kann aus der Beobachtung gefolgert werden, dass der Weise immer wachsam und bereit für jedes Handeln ist. Das ist so, weil der Weise immer im Natürlichen Zustand ist, der weder Trance noch der Wachzustand des Unwissenden ist.

Wir haben bereits gesehen, dass nur ein Weiser ein Guru sein kann, weil nur er sowohl von innen als auch von außen wirken kann. Es heißt, dass der wahre Guru den Geist des Schülers von außen nach innen drängt und von innen hereinzieht und ihm so die Erfahrung des Selbst schenkt, die ihn frei macht. Um dieses Werk der Gnade zu erlangen, muss der Schüler Hingabe an den Weisen als Gott üben. Denn es heißt: „Wer über das wahre Wesen des Weisen meditiert, der ohne den Geist als das Selbst von allem (im Herzen) als der Gesegnete wohnt, erlangt die Erfahrung des Selbst." (GVK 1126)

11. HINGABE

Bislang haben wir das Zeugnis der Weisen studiert und ihm entnommen, dass das direkte und unmittelbare Mittel zur Befreiung in der Ergründung des wahren Selbst besteht, indem man den Geist von der Welt abwendet, d.h. von allem, was objektiviert werden kann, und es auf das Selbst im Herzen richtet. Wir haben aber auch festgestellt, dass das nicht leicht ist, da es im Geist Anhaftungen an Objekte – grobstofflichen oder subtilen – und Denkgewohnheiten gibt, die meist latent vorhanden sind, aber beim Üben nacheinander fieberhaft aktiv werden und den Geist zurück zur Welt ziehen. Das sind geistige Makel, die man *Vasanas* nennt, da sie durch den engen Kontakt mit Objekten entstanden sind und dem Geist anhaften wie der Geruch des Inhalts einem Topf, nachdem er gelehrt wurde.

Da diese „Gerüche" der Dinge im einen Schüler stärker und im anderen weniger stark sind, besteht ein großer Unterschied zwischen ihnen. Der Weise spricht von viererlei Reifegraden bei den Schülern, die man mit Schießpulver, trockener Holzkohle, normalem Brennstoff und nassem Brennstoff vergleichen kann. Bei der ersten Art von Schülern genügt schon ein Wort, das wie ein Funke seine Unwissenheit sofort verbrennt. Die zweite Art muss belehrt werden und sich persönlich anstrengen. Die dritte Art benötigt eine lange Zeit der Lehre, des Trainings und der Praxis. Die vierte Art muss durch entsprechende, auf sie abgestimmte Übungen zur Schülerschaft befähigt werden.

Deshalb müssen die meisten Schüler lange Zeit beharrlich Ergründung üben, bevor sie gewiss sein können, den letzten Erfolg zu erreichen. Viele sind über den fehlenden Erfolg entmutigt und können dazu neigen, das Unterfangen aufzugeben. Was sollen diese Schüler tun, damit sie fähig werden, einen beständigen Fortschritt zum Ziel hin zu machen? Die Antwort heißt: Sie müssen sich Gott hingeben.

Damit kommen wir zum Zeugnis der Heiligen. Wir haben bereits gesehen, dass diese viel sicherere Führer sind als die Yogis. Was wir von den Heiligen lernen, ist nicht die reine, sondern die relative Wahrheit. Aber da auch der Weg der Heiligen schließlich zur Ichlosigkeit führt, befürworten die Weisen diesen Weg, wenn sie auch nicht die Engherzigkeit und Taktlosigkeit in den Äußerungen vieler Heiliger billigen.

Es ist eine Tatsache, dass nur wenige Heilige sich über die Konfession hinausentwickeln. Konfession ist aber ein Hemmnis für den Fortschritt. Deshalb muss der Schüler eines Weisen, der dem Weg der Hingabe folgen, zwischen den Heiligen unterscheiden, und wehe, er wird in konfessionelle Glaubensrichtungen verstrickt. Als Schüler des Weisen muss er wissen, dass Glaubenssätze nur mit Vorbehalt, nicht aber stur eingehalten werden müssen, denn sie alle werden eines Tages im Feuer der Erfahrung des Selbst vernichtet werden. Er darf nur das annehmen, was der weiseste Heilige sagt, und muss den Rest beiseitelassen. Und er muss die Lehre im Licht der advaitischen Lehre der Weisen verstehen.

Der Weise selbst gibt uns das Wesentliche der Lehre der Heiligen. Er sagt, dass es für die Reinigung des Geistes richtig und nötig ist, der Wirklichkeit einen Namen und eine Gestalt zuzuschreiben und damit Persönlichkeit, und es zu dem zu machen, was wir „Gott" nennen. Aber er sagt auch, dass dazu jeder Name und jede Form gewählt werden kann und dass es Begrenztheit bedeutet, wenn man behauptet, dass allein eine bestimmte Gestalt heilig sei. Und er bringt diese Verehrung mit der obigen Lehre über die Ergründung und den ichlosen Zustand in Einklang, indem er sagt, dass das Ziel des Verehrers dasselbe sei als das des Suchers.

In der Gita 9.30f. heißt es, dass selbst Menschen, die ein schlechtes Leben führen, von der Hingabe profitieren. Sie wandeln sich bald zum Guten und erreichen schließlich den Zustand des beständigen Friedens, den ichlosen Zustand. In der Regel werden aber nur Menschen, die einen reinen Geist haben und sich gut benehmen, zur Verehrung Gottes hingezogen, da der Hingabe ein gewisser Grad an Selbstlosigkeit innewohnt und der Charakter eines Menschen dem Grad der Selbstlosigkeit entspricht. Deshalb sollte man auch der Verbesserung des Charakters eine gewisse Aufmerksamkeit schenken. Das gilt natürlich für alle, sowohl für den Sucher des Selbst als auch für den Verehrer.

Wie der Mensch ist, so handelt er, und umgekehrt: Wie der Mensch handelt, so wird er mit der Zeit. Die menschliche Persönlichkeit erlangt Unpersönlichkeit, wenn sie ihr Benehmen reguliert. Wer nach dem höchsten Ziel strebt, muss deshalb sein Benehmen steuern. In der alten Überlieferung heißt es, dass derjenige, der die Wahrheit finden will, falsches Handeln vermeiden, seine Leidenschaften unterwerfen und geistige Harmonie erlangen muss. Wahrheit und Gutsein sind wesentlich dasselbe.

Auch die als Gita bekannte heilige Schrift legt darauf großen Wert. Der Sucher muss die „göttliche Gabe" haben, wie sie es nennt, um das Ziel zu erreichen. Das beinhaltet „Furchtlosigkeit, klares Denken, Nachdenklichkeit, Freigiebigkeit, Kontrolle des Geistes und des Körpers, Ehrfurcht allem Heiligen gegenüber, Wahrheitsliebe, Geradlinigkeit, nichtverletzendes Verhalten, Vergebung, keinen Klatsch verbreiten, Mitleid haben, frei von Habgier und freundlich sein, nichts Schlechtes tun wollen und nicht launisch sein." Alle diese Eigenschaften machen einen guten Charakter aus. Das ist der Duft des wahren Selbst, das in unseren Herzen wohnt. Deshalb führen sie zur Unpersönlichkeit. Ihnen gehört der Mensch, nicht sie dem Menschen, da Gutsein kein Besitz ist, sondern der Besitzer.

Alle Religionen betonen das Gutsein. Ein Mensch von schlechtem Charakter kann ein guter Mathematiker oder Wissenschaftler sein, aber nur ein guter Mensch mit einem reinen Geist kann Hingabe zu Dingen hegen, die die Welt überschreiten. Schlechtes Tun kommt vom Egoismus. Und da Ichlosigkeit unser tatsächliches Ziel ist, was immer Gläubige auch sonst glauben mögen, so muss der Anreiz, etwas Schlechtes zu tun, überwunden werden, gleichgültig wie. Die Buddhisten haben ihren achtfachen Pfad und die Christen die Bergpredigt. Demütige Rechtschaffenheit ist neunzig Prozent des ichlosen Zustandes.

Hingabe ist bereits in allen Menschen vorhanden. Sie muss nur weiterentwickelt und auf die richtigen Gegenstände gerichtet werden. Wird sie auf unwürdige Gegenstände gerichtet, nennt man sie Anhaftung. Wird sie aber von ihnen abgezogen und auf heilige Gegenstände oder Ziele gerichtet, nennt man sie Hingabe. Es ist natürlich, dass der gewöhnliche Mensch Hingabe für eine Person empfindet. Sie wird feiner, wenn sie auf eine gute Person hingelenkt wird. Die Weisen und Heiligen ziehen aus dieser Tatsache einen Vorteil und bieten uns eine Person von außergewöhnlicher und einzigartiger Güte an, nämlich Gott. Wer immer in Kontakt mit ihm kommt, wird sein Verehrer.

Hingabe ist nicht erzwungen, sondern mühelos, natürlich. Gott befiehlt uns nicht, ihn zu lieben. Wir lieben ihn, weil wir nicht anders können. Wenn wir das große Glück haben, zu ihm in Liebe hingezogen zu werden, dann wollen wir frei diesem Impuls nachgeben, umso freier, weil wir uns allzu willig Impulsen anderer Art hingegeben haben. Der legendäre Verehrer Prahlada betete: „Möge ich immer so eine Liebe zu Dir empfinden, wie der Unwissende sie für die Freuden dieser Welt hegt." Und es sollte nicht nur Hingabe an Gott sein, sondern sie sollte auch rein und ohne Feilschen sein. Hingabe darf nicht als Mittel zu irgendeinem Zweck dienen, sonst ist sie keine Hingabe an Gott.

Hierzu kann man einwenden: Da Gott, Seele und Welt eine Dreiheit sind und die ganze Dreiheit unwirklich ist, wie zuvor gezeigt, gibt es keinen Gott, und deshalb auch keinen Bereich für die Hingabe. Die Antwort ist im Argument enthalten, mit dem die Unwirklichkeit Gottes bewiesen worden ist. Wir haben gesehen, dass es nur zwei Alternativen gibt: Entweder sind alle drei unwirklich, oder sie sind wirklich. Das wurde mit dem Gleichnis von der Henne illustriert. Somit sind für jenen, der sich die Lehre zu eigen macht, dass Welt und Seele unwirklich sind, alle drei unwirklich. Das war das Argument. Aber für jemanden, der diese Lehre über Welt und Seele nicht annimmt oder nicht begreifen kann, ist der Standpunkt ein völlig anderer. Ihn führen dieselbe Begründung und dasselbe Gleichnis zum Schluss, dass Gott als Gott wirklich ist und es deshalb einen Bereich für die Hingabe gibt, bis das Ich verloren gegangen ist. Zudem wird uns nicht gesagt, dass Gott ganz und gar unwirklich ist, sondern nur, dass er in seinem wahren Wesen kein Gott, keine Person, ist, sondern das wahre Selbst im Herzen.

Folgende Äußerung des Weisen macht das deutlich: „Solange es eine Trennung (*Vibhakti*) gibt, muss es Hingabe (*Bhakti*) geben. Solange es

eine Abspaltung (*Viyoga*) gibt, muss es eine Methode der Wiederver-
einigung (Yoga) geben. Solange es Zweiheit gibt, gibt es auch Gott
und einen Verehrer. Auch bei der Ergründung der Wahrheit gibt es
Zweiheit, bis man die Quelle erreicht. So ist es auch mit der Hingabe.
Ist Gott gewonnen, dann gibt es keine Zweiheit mehr. Allerdings ist er
auch jetzt nicht von uns verschieden. Denn man denkt in und durch das
Selbst an Gott, was beweist, dass er wirklich mit dem Selbst eins ist.
Wenn jemandem gesagt wird, er müsse Hingabe an Gott haben, und er
es sofort, ohne weitere Fragen zu stellen, tut, ist alles gut. Er wird mit
der Zeit von selbst eins mit Gott werden, denn er ist reif. Wir müssen
solch einen Frommen vom Dogmatiker unterscheiden, der ein ausge-
klügeltes System von Glaubensvorstellungen hat und auf der ewigen
Trennung Gottes vom Selbst besteht. Aber es gibt noch eine andere Art
von Mensch, der sich umdreht und sagt: ,Da sind zwei, Gott und ich.
Bevor ich Gott erkennen kann, der weit weg ist, will ich mich selber
besser kennen, weil ich mir näher bin.' Er muss Ergründung üben. In
Wirklichkeit sind Hingabe und Ergründung dasselbe." Bei einer anderen Gelegenheit sagte der Weise: „Gott ist so wirklich, wie du selbst es
bist."

Darum besteht kein wirklicher Widerspruch zwischen der Wahrheit
über Gott, der die absolute Wahrheit seines Seins ist – wie sie die Weisen enthüllen – und einem persönlichen Gott, den man verehrt, da der
Verehrer sich zumindest am Anfang im Reich der Relativität bewegt.

Doch weil Gott in Wirklichkeit das wahre, innen wohnende Selbst des
Verehrers ist, ist er die Quelle dessen, was man „Gnade" nennt, und
das ist so für jene, die wissen, dass er das wahre Selbst ist, und für
jene, die es nicht wissen. Die praktische Auswirkung der „Gnade" ist
sehr wichtig. Deshalb legen fast alle Religionen auf sie großen Nach-
druck. Gäbe es keine Gnade, dann wäre eine Befreiung nie möglich,
denn die allergrößten Anstrengungen des endlichen Wesens können
niemals ein unendliches Ergebnis hervorbringen. Der Verehrer nennt
es Gnade, während es der philosophische Schüler des Weisen die Kraft
der Wahrheit nennt, die die Unwahrheit überwindet.

Es soll erwähnt werden, dass jemand, der nicht an Gott glaubt, sondern die philosophische Untersuchung übt, wie sie in den vorherigen Kapiteln dargestellt wurde, dadurch zur Überzeugung gelangt, dass der ichlose Zustand des Weisen es wert ist, erlangt zu werden, dass er sich jedoch ernsten geistigen Hindernissen oder Schwächen ausgesetzt fühlt, dann zum Glauben an Gott kommt und anfängt, ihn zu verehren, damit er durch seine Gnade den ichlosen Zustand gewinnen möge. Der Punkt ist, dass wenn man glaubt, man sei dem Unterfangen, das Selbst zu finden, nicht gewachsen, es einen enormen Vorteil bietet, wenn man an Gott glaubt und zur Hingabe an ihn angeregt wird. Wir werden das besser verstehen, wenn wir uns mit dem Zustand der Hingabe, die Selbsthingabe genannt wird, beschäftigen.

Verehrung schließt Unterscheidung ein, zumindest am Anfang. Der Verehrer hält Gott für eine von ihm selbst verschiedene Person. Deshalb halten viele Advaitins Verehrung für unter ihrer Würde. Die Weisen sind dagegen nicht ihrer Meinung.

Jemand stellte dem Weisen folgende Frage: „Ich kann nicht über einen gestaltlosen Gott meditieren. Doch die Meditation über einen Gott mit einer Gestalt gilt als minderwertig. Was soll ich tun?"

Der Weise antwortete: „Wer hat dir gesagt, du sollst zwischen höheren und niedrigeren Methoden unterscheiden? Wenn du über einen Gott mit einer Gestalt als eine Person meditierst, wird dich das sicherlich ans Ziel bringen." Wir wissen bereits, dass Persönlichkeit dasselbe bedeutet als eine Gestalt zu besitzen.

Somit ist eine theoretische Kenntnis der Wahrheit der Nicht-Zweiheit überhaupt kein Hindernis für die Hingabe, sondern tatsächlich eine große Hilfe. Überzeugte Nicht-Dualisten waren ernsthafte und leidenschaftliche Verehrer. Große Heilige haben die Einheit von Gott und Selbst erfahren, und das hat ihre Verehrung nicht zerstört, sondern im Gegenteil vertieft. Denn zuvor war ihre Liebe zwischen zwei, nämlich ihrem eigenen Selbst und Gott aufgeteilt, und nun bleibt nur noch eines übrig, an das sie ihre ganze Liebe verschwenden. Heilige haben Lieder Gott zu Ehren gedichtet, als wäre er eine Person. Gleichzeitig drückt sich in ihnen die Wahrheit der Einheit aus, und damit machen sie deutlich, dass es keine praktische Unvereinbarkeit zwischen Wahrheit und Hingabe gibt. Das Einssein gehört dem transzendenten Zustand an, während Hingabe der Relativität angehört.

Der Advaitin oder Nichtdualist schenkt Gott seine ganze Liebe, während der Dvaitin oder Dualist ihm nur einen Teil davon gibt. Das Selbst ist uns das Liebste von allem, wie die Upanishaden sagen, denn was immer uns lieb ist, ist es aufgrund des Selbst und nicht aufgrund seiner selbst. Wenn die zwei als zwei betrachtet werden, wird die Liebe zwangsläufig geteilt. Wenn die zwei eines sind, bleibt die Liebe ungeteilt. Deshalb nennen der Weise und die Gita den Weisen den besten Verehrer. Tatsächlich besteht der höchste Lobpreis Gottes – das, was ihn am meisten erfreut, wenn wir so sagen dürfen – nicht darin, dass er der Herr aller Geschöpfe ist, sondern dass er als das Selbst im Herzen von allen am meisten geliebt wird. Die Größe Gottes als Gott ist relativ, ist in *Maya*, aber das Wesen Gottes als das Selbst ist die absolute Wahrheit jenseits von *Maya*.

Der Devotee mit einer advaitischen Überzeugung hält Gott für den Vernichter des Ichs. Das drückt der Weise in einer seiner Hymnen folgendermaßen aus: „Oh ihr Menschen, die ihr den Körper aufgeben wollt und jeden Wunsch zu leben verloren habt, es gibt hierfür eine Arznei ohnegleichen, die das kleine, falsche Selbst zuverlässig tötet, ohne das Leben zu nehmen, wenn man nur einmal über sie meditiert. Du solltest wissen, dass es der unsterbliche Arunachala ist, das selige, wahre Bewusstsein." (Elf Verse für Sri Arunachala 11)

Wir wollen jetzt eingehend prüfen, wie die Hingabe in der Praxis aussieht.

Hingabe besteht darin, den Geist spontan auf Gott hinzurichten. Das kann nur geschehen, wenn man Glück im Gedanken an Gott findet. Dieses Glück steigert sich manchmal bis hin zur Ekstase, die Erinnerung daran vertieft die Hingabe und bindet das Herz an den Gegenstand der Hingabe. Wer einmal die Ekstase der Hingabe erfahren hat, wird dadurch zum Heiligen. Sein Geist entwöhnt sich allmählich von den Sinnesobjekten, die beim gewöhnlichen Menschen das Mittel für Vergnügen sind. Wenn man auf diese Weise heilig wird, bittet man

Gott um immer mehr Hingabe, wie Prahlada es tat. Die Heiligen halten Hingabe für einen Selbstzweck. Sie schätzen sie so hoch, dass ihrer Ansicht nach Gott zwar jedem gern die Befreiung schenkt, aber nicht die Hingabe, die er denen vorbehält, die seine besondere Gnade erfahren.

Hingabe ist eine Emotion, ein Gefühl. Es hat verschiedene Ebenen, von Niedergeschlagenheit bis zur Euphorie. Das Herz eines Heiligen – so sagt ein großer heiliger Weiser – ist wie der unruhige Fluss Yamuna, während das eines Weisen wie der Ganges ist, der gleichmäßig und majestätisch dahinfließt. Deshalb sind die Heiligen Dichter. Das Vermächtnis der Gedichte der Heiligen aller Zeiten ist riesig. Und da die Poesie ansteckend ist, werden viele zu Verehrern, nachdem sie solche Gedichte geschmeckt haben. Und wenn sie verrückt vor Hingabe sind, wie Dichter allein es sein können, werden solche Gedichte zu ihrer Nahrung und ihrem Getränk. Manchmal werden sie allein durch das Singen von Gottes Namen trunken.

Natürlich ist nicht jede Hingabe gleich wirksam. Ein Vers, der dem großen Heiligen Sri Krishna Chaitanya zugeschrieben wird, lautet: „Wer demütiger als der geringste Grashalm und geduldiger als der Baum ist, frei vom Wunsch, von anderen geehrt zu werden, aber allen frei Ehre erweist, der sollte stets des Namens Gottes gedenken."

Da der Verehrer seinem Wesen nach ein Dichter ist, besitzt er alle Schwächen und Stärken dieser Zunft. Er übertreibt oft, ist aber auch für Inspirationen empfänglich. Damit ist ihm eine natürliche Anlage mitgegeben, wunderbar weise zu werden. Denn in Wahrheit ist der Verehrer auf eine geheimnisvolle Weise dem wahren Selbst viel näher und dessen Lehre viel zugänglicher als sein weniger glückliche Bruder, der Philosoph.

Natürlich gibt es einen Unterschied zwischen dem Anfänger und dem Fortgeschrittenen. Letzterer entwächst in der Regel den Ungereimtheiten und Kleinlichkeiten, die oft die Äußerungen des Anfängers mindern. Aber der Gläubige kann oft nicht zwischen beiden unterscheiden und auswählen. Daraus ergibt sich, dass die Religionen der Hingabe hauptsächlich aus den Missverständnissen der unreifen Verehrer bestehen. Der Fanatiker kann gewöhnlich die weiseren Intuitionen des reifen Verehrers übertrumpfen. Und so werden Religionen verzerrt und entzweien die Menschen, anstatt sie zu vereinen. Und das bringt uns zum Hauptunterschied zwischen dem Heiligen und dem Weisen. Ersterer muss immer noch ein Ich verlieren, während der Weise kein Ich mehr zu verlieren hat. Deshalb hat der Heilige einen Geist und hält an einem Glauben fest, während der Weise ohne Geist und Glaube ist. Der Heilige kann zum Verteidiger seiner Religion werden, der Weise niemals. Der Heilige kann auch von der Gnade abfallen, was seine Befreiung verzögert. Natürlich kann der Weise auch ein Heiliger sein, und es hat Heilige gegeben und gibt es noch, die in ihrer Allgemeingültigkeit und dem Fehlen jeden fanatischen Eifers den Weisen gleichen.

Tatsache ist, dass der Verehrer keinen eindeutigen Glauben haben muss. Es wäre für alle Betroffenen gut, wenn er sich nicht an bestimmte religiöse Vorstellungen binden würde. Denn die religiösen Vorstellungen müssen sich immer wieder verändern, da der Geist sich verfeinert. Ein anpassungsfähiger Glaube ist dagegen harmlos. Aber solch ein Glaube kann nicht von den Verehrern ersonnen werden. Sie müssen dafür zu einem Weisen gehen. Der Grund dafür ist, dass Verehrung der Dichtung nahesteht, und wenn sie sich der Prosa zuwendet, die Prosa völlig vermasselt.

Der Weise kann ein Heiliger sein, aber es ist für den Heiligen schwer, auch ein Weiser zu sein, denn der ichlose Zustand ist die Möglichkeit für alles, was gut und groß ist, während derjenige, der immer noch das Ich zurückbehält, zwangsläufig unvollkommen ist.

Hingabe reift in einigen Fällen zu der mystischen Gestimmtheit von Liebe, die sich wenig vom ichlosen Zustand unterscheidet. Wir können darüber viel aus der Literatur über Sri Ramakrishna lernen und auch aus den überlieferten Dichtungen der Liebe. Der Weise vom Arunachala deutet auf den kleinen Unterschied zwischen dem reifen Heiligen und dem Weisen hin, wenn er sagt: „Das, was in den Herzen aller als reines Gewahrsein weilt, ist das eigene Selbst. Wenn das Herz in Liebe dahinschmilzt und die Höhle des Herzens, in der es erstrahlt, erreicht wird, dann öffnet sich das Auge des Gewahrseins, und es ist als das wahre Selbst verwirklicht." Ist die Liebe vollkommen, dann wird der Heilige zu einem Weisen.

Die Hingabe ist je nach dem geistigen Zustand des Verehrers unterschiedlich. Der Weise vom Arunachala und die alte Überlieferung erwähnen zwei verschiedene Grade von Hingabe. Ein primitiver Geist kann nicht einmal theoretisch die Lehre erfassen, dass letztendlich Gott als das wahre Selbst verwirklicht werden muss. Sie verehren Gott mit einem Gefühl, von ihm verschieden und ihm unterworfen zu sein. Für sie ist Gott der Herr der Welt, dem sie vertrauensvoll dienen müssen, um dadurch seine Gnade zu erlangen. Ihre Vorstellung von Gott ist anthropomorph. Sie glauben an ihn als eine Art sehr erhabenen Mensch. Sie versuchen, alle Tugenden zu üben und zu anderen Lebewesen gut zu sein, weil sie glauben, dass Gott es von ihnen als der gemeinsame Meister von allen erwartet. Natürlich ist diese Hingabe selbstbezogen. Der Verehrer erwartet eine persönliche Belohnung. Er setzt voraus, dass seine Individualität ewig währt. Diese Art von Hingabe gibt dem Leben des Ichs neuen Aufschwung.

Der reife Verehrer erkennt eines Tages, dass dies eine Vermenschlichung Gottes ist und nicht die Wahrheit sein kann. Er lernt, von Gott als nicht wirklich von sich verschieden, sondern nur als scheinbar verschieden zu denken. Aber er weiß, dass selbst dieser scheinbare Unterschied durch die unfehlbare Kraft seiner Gnade wegschmilzt, und er hat davor nicht die geringste Angst, denn er hat damit aufgehört, seine Individualität festhalten zu wollen. Er erreicht schnell die Ichlosigkeit. Ganz natürlich fließt ihm die Gnade reichlicher zu, denn das Ich ist dasjenige, das sich gegen den Fluss der Gnade sperrt oder ihn mindert.

Das Ziel des Verehrers ist es, eine persönliche Beziehung zu Gott aufzubauen, ihn in Visionen zu sehen, mit ihm zu sprechen, von ihm angesprochen zu werden usw. Manchmal wird sein Wunsch erfüllt, und er fühlt sich dadurch sehr erhaben. Aber die Visionen verblassen, und dann ist er sehr deprimiert. Der Weise vom Arunachala sagt, dass die Gestalten Gottes, die man in diesen Visionen sieht, rein mental und nicht wirklich sind. Deshalb bleiben sie nicht bestehen. Er sagt, dass man Gott nicht sehen kann, wie er wirklich ist, so lange nur eine Spur des Ichs übrig bleibt. Ihn zu sehen, wie er wirklich ist, ist nichts anderes, als im ichlosen Zustand zu verbleiben, den der Verehrer schließlich durch Gottes Gnade gewinnt.

Es gibt deshalb in Bezug auf das endgültige Ziel nicht den geringsten Unterschied zwischen einem Verehrer und einem Sucher des wahren Selbst. Der Ruf des wahren Selbst erreicht den Wahrheitslieber auf eine andere Weise als den Gottliebenden. Darin besteht der ganze Unterschied. Das leugnen diese Philosophen, die ihre Individualität für immer zurückbehalten wollen. Dass sie sich dabei irren, wird sich an späterer Stelle zeigen, wo der Weise vom Arunachala sagt, was wahre Selbsthingabe an Gott bedeutet.

Das Ziel, das der Sucher durch Selbstergründung erlangt, erreicht der Verehrende durch Selbsthingabe. Das geschieht durch das Verständnis, das sich durch das Wirken der Gnade einstellt – jener Kraft, durch die Gott die Seele an sich zieht. Der Verehrer versteht immer mehr, dass die Seele ein reines Nichts ist und dass Gott allein existiert. Er erkennt auch, dass nur Gott es wert ist, gewonnen zu werden, und dass die ganze Welt gern um seinetwillen verlorengehen kann. Diese Einsicht führt zum Empfinden der Selbsthingabe.

„Gnade" ist natürlich ein ziemlich unphilosophischer Begriff. Aber er bezeichnet etwas, das wirklich und wirksam ist. Sie besteht in der Wahrheit, dass Gott selbst jetzt das wahre Selbst ist. Diese Wahrheit erfüllt sich auf eine geheimnisvolle Weise, aber der Verehrer kann sie nicht anders bezeichnen als „Gnade".

Gnade, so haben wir gelernt, hat drei Stufen. Auf der ersten Stufe erscheint die endgültige Wahrheit als Gott, der weit weg und unerreichbar ist. Durch Hingabe an Gott wird die zweite Stufe erreicht, wenn Gott sich als Guru nähert – als der Weise, der vom wahren Selbst spricht – und die Verehrung für ihn an die Stelle der Verehrung Gottes tritt. Diese Verehrung führt zur Manifestation der höchsten Gnade, zur Erfahrung des wahren Selbst im ichlosen Zustand, der dritten und letzten Stufe.

Selbsthingabe ist der Zustand des vollkommenen Wirkens der Gnade. Sie mag nur teilweise oder auch vollständig sein, aber in jedem Fall neigt sie zur Ichlosigkeit und nimmt in einem gewissen Maß alles Gute vorweg, das es in der Selbstlosigkeit gibt. Derjenige, der sich hingegeben hat, so sagt der Weise, braucht sich nicht mehr um die guten und schlechten Taten aus seiner Vergangenheit zu kümmern. Sie wirken sich nicht mehr zu seinen Ungunsten aus, denn die Gnade verfügt über sie auf solche Weise, dass sie ihm zum Vorteil werden. Das ganze Wirken der Gnade besteht in der Beseitigung der Hüllen, nach deren Wegfall das wahre Selbst allein zurückbleibt.

Gnade ist nichts Besonderes. Sie ist universell. Sie ist die einzige dauerhafte Kraft zum Guten, die es gibt, und alle haben gleichermaßen Anteil an ihr. Aber das Ich mischt sich ein und schmälert ihr Wirken. Durch Selbsthingabe wird diese Einmischung immer geringer, und das Wirken der Gnade wird immer effektiver.

In der Naturheilkunde verfährt man nach der Überzeugung, dass Geist, Leben und Körper völlig für die göttliche Gnade empfänglich sind und dass sie am besten arbeiten, wenn man sich völlig hingibt. Die Beeinflussung durch Drogen und anderes muss dagegen verurteilt werden, da sie mehr oder weniger den natürlichen Prozess der Selbstheilung behindern. Die weite Verbreitung dieser Heilmethode beweist glaubhaft, dass es eine unpersönliche Gnaden-Kraft gibt, die im Innern wirkt.

Jemand fragte den Weisen, was er tun müsse, um sich Gnade zu verdienen. Der Weise antwortete: „Stellst du diese Frage etwa ohne Gnade? Gnade ist am Anfang, in der Mitte und am Ende, denn Gnade ist das Selbst. Aber aus Unkenntnis des Selbst erwartet man, dass sie von irgendwo außerhalb kommt."

Der Weise erklärt, was wahre Selbsthingabe ist: „Sich der Quelle seiner selbst hinzugeben ist alles, was man tun muss. Man braucht sich nicht verwirren lassen, indem man diese Quelle Gott nennt und sie irgendwo außen vermutet. Die eigene Quelle ist im eigenen Innern. Ihr muss man sich hingeben, d.h. man muss diese Quelle suchen und durch die Kraft dieser Ergründung sich mit ihr vereinen. Die Frage: ‚Wo ist die Quelle?' kann sich nur stellen, wenn man annimmt, dass das Selbst sich von der Quelle unterscheidet. Vereinigt sich das Ich mit seiner Quelle, gibt es kein Ich, keine individuelle Seele mehr, d.h. der Sucher wird eins mit der Quelle. Da das so ist, wo bleibt da die Hingabe? Wer gibt sich hin und wem gibt er sich hin? Und was gibt es hinzugeben? Dieser Verlust der Individualität, die auch jetzt nicht wirklich existiert, ist Verehrung, Weisheit und Ergründung."

Der Vishnu-Heilige Nammalvar sang: „Als ich die Wahrheit über mich selbst nicht kannte, wurde ich von den Vorstellungen ‚ich' und ‚mein' irregeführt. Als ich mich aber selbst erkannte, wusste ich, dass Du beides bist: ‚ich' und ‚mein'."

Wahre Verehrung bedeutet also, sich richtig zu erkennen, und diese Weisheit ist auch im Glauben der Vishnuiten enthalten. Aber ihr traditioneller Glaube besagt folgendes: Die Seelen sind die Körper Gottes. Sie müssen rein werden und sich Gott hingeben. Dann gehen sie in seinen Himmel ein und erfreuen sich dort seiner! Sie glauben, wenn die Seele zu Gott werden würde, dann könnten sie ihn ja nicht mehr genießen, so wie man Zucker nicht mehr schmecken könnte, wenn man selbst zu Zucker werden würde. Deshalb wollen sie von Gott getrennt bleiben und ihn genießen. Was sie aber mit der Reinigung meinen, ist die Vernichtung des Egoismus. Ist Gott denn inaktiv wie Zucker? (Der Zucker-Vergleich der Vishnu-Anhänger zeigt sich somit als völlig unangebracht.) Ist die Hingabe echt und vollständig, wie kann es dann noch irgendeine Trennung geben?

„Und sie glauben nicht nur, dass sie in seinem Himmel als getrennte Wesen existieren, sondern auch, dass sie ihm dienen und ihn verehren. Lässt sich Gott von diesem Geschwätz vom Dienen täuschen? Kümmert er sich um ihren Dienst? Würde er, der reines Bewusstsein ist, nicht erwidern: „Wer seid ihr getrennt von Mir?'

Sie sagen, dass wenn die individuelle Seele sich Gott hingibt, sie als ein göttlicher Körper übrig bleibt und Gott das Selbst des Seelen-Körpers ist. Sie nennen die individuelle Seele das kleine Selbst und Gott das große Selbst. Kann es denn ein großes Selbst des kleinen Selbst geben? Wie viele Selbste kann es geben? Was ist das Selbst?

Nur das ist das Selbst, was übrig bleibt, wenn alles, was nicht das Selbst ist, vernichtet worden ist: Körper, Geist usw. Alles, was in diesem Prozess vernichtet wird, ist das Nicht-Selbst. Wenn man sagt, dass nach diesem Prozess das kleine Selbst übrig bleibt und dass Gott das Selbst dieses kleinen Selbst ist, bedeutet das nur, dass der Prozess der Vernichtung nicht bis zum Ende ausgeführt worden ist, wie es sein sollte. Ansonsten würde sich zeigen, dass das kleine Selbst nicht das wahre Selbst ist, sondern nur das große Selbst. Was nach dem ganzen Prozess übrig bleibt, ist das große Selbst. Daraus folgt, dass die Vishnuiten etwas anderes festhalten, nicht das wahre Selbst.

Diese ganze Verwirrung beruht auf den vielen Bedeutungen des Wortes „Atma", das ‚Selbst' bedeutet, aber auch Körper, Sinne, Lebensenergie, Geist, Einbildungskraft, das angenommene kleine Selbst sowie das wahre große Selbst. Deshalb ist es möglich, das kleine Selbst als den Körper des großen Selbst zu bezeichnen. Aber der Vers der Gita: „Ich bin das Selbst, das im Herzen aller wohnt" macht deutlich, dass Gott das wahre Selbst in allen ist. Es wird nicht gesagt, dass er das Selbst des kleinen Selbst ist.

Wenn man sich für etwas hält, was von der Quelle, nämlich Gott, getrennt ist, dann ist das Diebstahl. Denn dadurch eignest du dir etwas an, das Gott gehört. Wenn du getrennt bleiben willst, auch nachdem du rein geworden bist, um Gott zu genießen, ist das ein umfassender Diebstahl. Weiß er das alles denn nicht?"

All dem können wir entnehmen, dass derjenige, der seine Getrenntheit als ein Individuum zurückbehalten will, sich nicht wirklich hingeben kann. Seine Hingabe ist mit Vorbehalt, und einem sehr großen dazu.

Der Weise gab einmal einem jungen, verwirrten Mann einen praktischen Hinweis über die wahre Selbsthingabe. Er glaubte, eine Gottesvision gehabt zu haben, in der ihm große Dinge versprochen worden waren, wenn er sich hingeben würde. Der junge Mann sagte, er habe sich hingegeben, aber Gott habe sein Versprechen nicht gehalten. Jetzt forderte er vom Weisen: „Zeige mir Gott, und ich werde ihm den Kopf abhauen oder er soll mir den Kopf abhauen."

Der Weise bat jemand, eine Stelle aus dem tamilischen Kommentar zu seinen eigenen Schriften vorzulesen, und meinte dann: „Wenn die Hingabe echt ist, wer bleibt dann übrig, um Gottes Taten zu kritisieren?" Das öffnete dem jungen Mann die Augen. Er erkannte seinen Irrtum und ging beruhigt fort. Selbsthingabe darf nichts zurückbehalten und muss bedingungslos sein. Man kann dabei nicht feilschen.

Die verbreitete Sichtweise der Selbsthingabe ist, dass man sich selbst Gott schenkt. Der Weise sagt, dass das falsch sei. „Wenn man sich Gott darbietet, ist es so ähnlich wie wenn man von einer Ganesha-Figur aus Palmzucker ein Stück abbricht und sie ihr anbietet, denn es gibt kein von Gott getrenntes Individuum." (GVK 486) Das zeigt, dass diese Sichtweise Diebstahl ist. Und es ist ein beständiger Diebstahl. Was wirklich mit dem Wort „Selbsthingabe" gemeint ist, ist gerade, dass dieser Diebstahl beendet wird, indem der Devotee erkennt, dass er selbst keine getrennte Existenz besitzt.

Das praktische Ergebnis der Selbsthingabe wird vom Weisen indirekt folgendermaßen beschrieben: „Da Gott selbst die ganze Last der Welt trägt, gleicht die unwirkliche Seele, die versucht, die Last zu tragen, der Figur am Fuß eines Tempelturms, die den Tempel auf ihren Schultern zu tragen scheint. Wer trägt dafür die Schuld, wenn man in einem Fuhrwerk reist, das schwere Lasten tragen kann, sein Gepäck aber trotzdem auf dem Kopf behält und darunter leidet?" (UNA 17)

Hier werden zwei Gleichnisse verwendet. Im ersten Gleichnis werden wir daran erinnert, dass die sogenannte individuelle Seele kein eigenes Bewusstsein besitzt und deshalb nicht wirklich die Bürden des Lebens trägt, sondern Gott allein. Im zweiten Gleichnis wird gezeigt, dass derjenige, der sich nicht Gottes Gnade hingibt, ohne Ende leidet, während der Devotee, der seine Haltung der Hingabe kultiviert, frei von Sorgen und immer glücklich ist, auch jetzt.

12. EINIGE WEITERE AUSSAGEN DES WEISEN

Wie können die sich widersprechenden Sichtweisen von Menschen verschiedener Religionen in Einklang gebracht werden?

„Das wirkliche Ziel aller Religionen ist, den Menschen zum Erwachen zur Wahrheit des Selbst zu führen. Aber die Wahrheit des Selbst ist für die meisten Menschen zu einfach. Obwohl es niemanden gibt, der sich des Selbst nicht gewahr ist, wollen die Menschen nichts davon hören. Sie halten das Selbst nicht für wertvoll. Sie möchten lieber von weit entfernten Dingen hören, von Himmel, Hölle, Wiedergeburt und dergleichen. Sie lieben Geheimnisse und nicht die reine Wahrheit. Die Religionen tun ihnen den Gefallen, sodass sie schließlich auf Umwegen zum Selbst zurückkommen. Aber warum sollte man nicht sofort das Selbst suchen, finden und in ihm bleiben, ohne weiteres Umherwandern? Der Himmel kann nicht von demjenigen getrennt sein, der ihn sieht oder an ihn denkt. Er ist so wirklich wie das Ich, das dorthin gehen will. Deshalb existiert er nicht getrennt vom Selbst, dem wahren Himmel."

„Ein Christ ist erst zufrieden, wenn man ihm sagt, dass Gott irgendwo in einem fernen Himmel wohnt, den er nicht ohne göttliche Hilfe erreichen kann. Christus allein kenne Gott, und er allein könne die Menschen zu ihm führen. Wird ihm aber gesagt: ‚Das Reich Gottes ist in dir', dann hält er es nicht für den klaren Sinn dieser Worte, sondern liest komplexe und weit hergeholte Bedeutungen hinein. Nur der reife Geist kann die einfache und nackte Wahrheit erfassen und bejahen."

„Der Widerspruch in den Lehren ist nur scheinbar und kann gelöst werden, wenn man Selbsthingabe an Gott übt. Sie führt zum Selbst, zu dem jeder schließlich zurückkommen muss, weil es die Wahrheit ist. Die Unstimmigkeit zwischen den verschiedenen Glaubensformen kann man nicht überwinden, indem man ihre Verdienste erörtert, denn eine Erörterung ist ein geistiger Prozess. Die Glaubensformen sind geistig. Sie existieren nur im Geist, während die Wahrheit den Geist überschreitet. Deshalb ist die Wahrheit in keinem Glauben enthalten." Aus diesem Grund dürfen wir auf unseren Glauben nur wenig Wert legen.

Bei einer anderen Gelegenheit erklärte der Weise, dass ein Vedantin – einer, der die Lehre der Überlieferung der Upanishaden begriffen hat – verstehen kann, was Jesus Christus mit dem Reich Gottes meinte. Er versteht, was der rechtgläubige Christ nicht verstehen kann, nämlich dass das Reich Gottes, von dem Jesus sprach, einfach der ichlose Zustand ist.

Deshalb sollte man entweder durch die Ergründung des wahren Selbst die Glaubensaussagen überschreiten oder sich an eine Glaubensaussagen leicht anlehnen und alle Anstrengung darauf konzentrieren, ihre Methode anzuwenden. Wenn man sich eifrig dem eingeimpften Glauben widmet, ist man in der praktischen Anwendung dieser Methode nachlässig. Selbst der Materialist oder Atheist hat seinen eigenen Glauben, und es gibt keinen praktischen Unterschied zwischen ihm und einem Religiösen, außer in der Reinigung des Geistes, die sich durch das richtige Leben einstellt. Deshalb sagt der Weise: „Worin besteht der Zweck, zu befürworten oder zu leugnen, dass es ein (vom Körper unterschiedenes) wahres Selbst gibt, dass es eine Gestalt hat, dass es eines ist usw.? Alle diese Debatten gehören in den Bereich des Nichtwissens." (UN 34)

Bei einem anderen Anlass sagte der Weise: „Die heilige Überlieferung ist umfangreich. Verschiedene Teile betreffen die Bedürfnisse verschiedener Arten von Suchern. Jeder Sucher überschreitet einen Teil nach dem anderen. Der Teil, den er überschritten hat, wird für ihn nutzlos oder sogar falsch. Schließlich überschreitet er das Ganze."

Die Erbsünde

Einmal wurde dem Weise über die christliche Lehre der Erbsünde eine Frage gestellt. Sie besagt, dass jeder Mensch in Sünde geboren ist und nur durch den Glauben an Jesus Christus befreit werden kann. Er antwortete: „Es heißt, dass die Sünde im Menschen sei. Aber es gibt im Tiefschlaf kein Menschsein. Das Menschsein erscheint beim Erwachen zusammen mit dem Gedanken ‚Ich bin dieser Körper.' Dieser Gedanke ist die wahre Erbsünde. Sie muss durch den Tod des Ichs beseitigt werden, nach dem dieser Gedanke nicht mehr auftaucht."

Und er erklärte die Wahrheit des Christentums folgendermaßen: „Der Körper ist das Kreuz. Das Ich ist Jesus, der Menschensohn. Wenn er gekreuzigt wird, ersteht er als Gottessohn wieder auf, der das herrliche, wahre Selbst ist. Man muss das Ich verlieren, um zu leben."

Wir erinnern uns an dieser Stelle, dass nach allen Weisen das Leben des Ichs nicht das wahre Leben ist, sondern der Tod.

Gibt es im ichlosen Zustand die Erkenntnis des Selbst?

Die Wahrheit über den ichlosen Zustand wird vom Weisen durch Verneinungen vermittelt. „Was Selbsterkenntnis genannt wird, ist dieser Zustand, in dem es weder Wissen noch Nichtwissen gibt. Denn was gewöhnlich mit Wissen gemeint ist, ist nicht wahres Wissen. Das Wissen des Geistes und der Sinne beinhaltet die Unterscheidung zwischen Subjekt und Objekt, was von der Erfahrung des Weisen als Täuschung aufgezeigt wird. Das Selbst ist wahre Erkenntnis, weil es allein erstrahlt – ohne etwas anderes, das ein Objekt seines Wissens oder ein Erkennender des Selbst werden könnte. Verstehe, dass das Selbst keine Leere ist." (UN 12)

Weil der ichlose Zustand uns nicht in positiven Begriffen beschrieben wird, schließen viele Menschen daraus, dass er ein reines Nichts oder völlige Vernichtung sei. Diesen Irrtum begingen auch viele, die sich zum Erleuchteten Gautama Buddha bekannten. Unser Weiser baut hier einem ähnlichen Irrtum seiner Schüler vor und erklärt, dass der ichlose Zustand keine Leere ist.

Da der Weise auf einer Ebene lebt, auf der es weder Nichtwissen noch Wissen gibt, hat er keine Verwendung für Gelehrsamkeit irgendeiner Art. Selbst die heilige Überlieferung interessiert ihn nicht, obwohl er sie liest, um ihre Bedeutung denen erklären zu können, die ihn danach fragen. Somit können wir verstehen, wenn er sagt: „Sogar ein Gelehrter muss sich vor einem ungebildeten Weisen verneigen. Der einfache Ungebildete ist einfach unwissend. Der Gelehrte ist ein gelehrter Unwissender. Der Weise ist auch unwissend, weil es für ihn nichts zu wissen gibt."

Schicksal oder freier Wille, was bestimmt das Leben?

Wer diese Frage stellt, erwartet eine bestimmte Antwort. Er möchte wissen, welches von beidem der ausschlaggebende Faktor im Leben ist: das Schicksal oder der freie Wille. Der Weise antwortet: „Der Streit, welches von beiden – das Schicksal oder der menschliche Wille – mächtiger ist, interessiert nur jene, die das wahre Wesen des Ichs, aus dem die beiden Vorstellungen entstehen, nicht verstehen. Der Erleuchtete hat beides überwunden und ist an der Frage nicht mehr interessiert." (UN 19)

Einem Besucher, der ihm die gleiche Frage stellte, antwortete der Weise: „Die Antwort auf diese Frage ist sehr schwer zu verstehen. Doch fast jeder stellt sie irgendwann in seinem Leben. Man muss die Wahrheit dessen verstehen, der vom Schicksal betroffen oder nicht betroffen ist."

Hiermit meint der Weise offensichtlich das Ich, da der Unterschied zwischen Schicksal und freiem Willen nur für den Ego-Geist besteht. Die Wahrheit darüber ist von der Wahrheit des Ichs nicht zu trennen und kann nur durch die Ergründung verwirklicht werden.

Der Weise erklärte weiter, was Schicksal wirklich bedeutet. „Das Schicksal hat einen Anfang, eine Ursache, und zwar das Handeln. Und das kann es nicht ohne einen freien Willen geben. Der freie Wille ist deshalb die erste Ursache, er ist der vorherrschende Faktor. Indem man den freien Willen pflegt, kann man das Schicksal überwinden."

Die Pflege des freien Willens beinhaltet den Prozess der Ergründung und die Frage, die der Weise lehrt, oder alternativ die Hingabe seiner selbst an Gott als die eine Wirklichkeit.

„Was allgemein als Selbstvertrauen bekannt ist, ist nichts weiter als das Vertrauen ins Ich und verschlimmert deshalb die Bindung. Das Vertrauen auf Gott ist das wahre Selbstvertrauen, da er das Selbst ist."

Braucht man nicht einen Guru?

Es ist der allgemeine Glaube der Religiösen, dass jeder, der nach Befreiung strebt, zur geeigneten Zeit einen Guru finden und sich an ihn binden muss. Jemand fragte den Weisen, ob dieser Glaube richtig sei.

Er gab folgende Antwort: „Solange man glaubt, man selbst sei klein (*laghu*), muss man sich an etwas Großem, dem Guru, festhalten. Aber dieser Guru darf nicht als Mensch betrachtet werden. Der Weise ist niemals etwas anderes als das wahre Selbst des Schülers. Ist dieses Selbst verwirklicht worden, dann gibt es weder Guru noch Schüler."

Die Frage wurde erhoben, weil der Weise selbst keinen Guru hatte, zumindest keinen äußeren.

Ein andermal sagte der Weise: „Man braucht einen Lehrer, wenn man etwas Neues lernen will, aber in diesem Fall muss man verlernen."

Wie kann man die Sorgen des Lebens überwinden?

Ein Besucher sagte: „Meine Sorgen wollen kein Ende nehmen. Ich finde keinen Frieden, obwohl mir nichts zum Glück fehlt."

Der Weise fragte: „Beeinflussen dich deine Sorgen auch im Tiefschlaf?"

Der Besucher gab zu, dass das nicht der Fall war.

Der Weise fragte ihn nochmals: „Bist du jetzt derselbe Mensch oder unterscheidest du dich von dem Menschen, der sorglos geschlafen hat?"

„Ja, ich bin dieselbe Person."

Da sagte der Weise: „Dann ist es gewiss, dass diese Sorgen nicht zu dir gehören. Es ist dein eigener Fehler, wenn du glaubst, es seien die deinen."

Meditation und Geisteskontrolle

„Meditation (*Dhyana*) ist ein Kampf. Denn es braucht Anstrengung, sich an einen Gedanken unter Ausschluss aller anderen Gedanken zu halten. Andere Gedanken tauchen auf und versuchen, diesen Gedanken zu vertreiben. Gewinnt dieser eine Gedanke an Kraft, ergreifen die anderen die Flucht.

Wer seine Gedanken nicht direkt kontrollieren kann, der sollte Atemkontrolle (*Pranayama*) üben. Sie wirkt wie eine Bremse im Auto, aber man sollte nicht bei der Atemkontrolle stehenbleiben. Nachdem sie ihren Zweck erfüllt hat – die Beruhigung der Rastlosigkeit des Geistes – sollte man Konzentration üben. Mit der Zeit wird es möglich sein, auf die Atemkontrolle zu verzichten. Dann wird der Geist ruhig, sobald man mit der Meditation beginnt. Wenn man in der Meditation gefestigt ist, kann man sie nicht mehr aufgeben. Sie geht automatisch vor sich, selbst während der Arbeit, dem Spiel und anderen Aktivitäten. Sie geht sogar im Schlaf weiter. Das Mittel, um sich in der Meditation zu festigen, ist die Meditation selbst. Weder *Japa* (die geistige Wiederholung von Wörtern oder Sätzen) noch ein Schweigegelübde sind dazu nötig. Wenn man mit eigennützigen weltlichen Tätigkeiten befasst ist, bringt ein Schweigegelübde nichts. Die Meditation vernichtet alle Gedanken. Dann bleibt allein die Wahrheit übrig."

Bei anderer Gelegenheit sagte der Weise: „Wenn Kampfer verbrennt, bleibt nichts davon übrig. Der Geist muss wie Kampfer sein. Er muss dahinschmelzen und völlig durch den ernsthaften Entschluss, das wahre Selbst zu finden und zu sein, vernichtet werden. Durch diesen Entschluss wird die Ergründung ‚Wer bin ich?' wirksam. Wenn der Geist auf diese Weise vernichtet wird, wenn keine Spur von ihm als Geist übrig bleibt, dann wurde er im Selbst aufgelöst."

Als der Weise gefragt wurde, wie man seinen Guru finden kann, antwortete er: „Durch intensive Meditation."

Leute, die besondere Resultate von der Meditation erwarten, sie aber nicht bekommen, werden mutlos und folgern, dass die Meditation ihnen nichts gebracht hat. Zu ihnen sagt der Weise: „Es spielt überhaupt keine Rolle, ob sich diese Resultate einstellen oder nicht. Die Hauptsache ist, dass Beständigkeit erreicht wird. Das ist der große Gewinn. Trotzdem müssen sie sich Gott anvertrauen und geduldig auf seine Gnade warten. Dasselbe gilt auch für *Japa*. Wenn man nur einmal sein Mantra sagt, bewirkt das Gutes, ob sich derjenige nun darüber bewusst ist oder nicht."

Manche Leute glauben, dass man weiterhin meditieren müsse, selbst nachdem man ein Weiser geworden ist. Folgende Antwort wirft Licht auf diese Frage: „Wenn der Geist im ichlosen Zustand ausgelöscht ist, dann gibt es weder Konzentration noch Nicht-Konzentration." Ein andermal antwortete der Weise auf dieselbe Frage: „Wenn das Selbst verwirklicht ist, dann kann man sich weder um *Samadhi* bemühen noch es aufgeben."

Einige wenige haben schnell Erfolg mit der Meditation, andere müssen sie lange üben. Darüber sagte der Weise: „Meditation wird von den *Vasanas* (den Neigungen im Geist) behindert. Deshalb wird sie erst wirksam, wenn die *Vasanas* schwächer werden. Der eine Geist ist wie Schießpulver, das sofort Feuer fängt und vernichtet wird. Der andere ist wie Kohle und wieder ein anderer wie nasses Brennmaterial."

Folgende Antwort wirft Licht auf das Geheimnis der Geisteskontrolle: „Der Geist kann nicht von dem kontrolliert werden, der ihn für etwas hält, das wirklich existiert. In diesem Fall verhält sich der Geist wie ein Dieb, der vorgibt, ein Polizist zu sein, der dem Dieb hinterherjagt. Bemühungen dieser Art dienen nur dazu, Ich und Geist zu bestärken." Die richtige Methode ist die Ergründung der Wahrheit von Geist und Ich, die zur Suche führt.

Ein andermal sagte der Weise: „Die Leute fragen mich, wie sie den Geist kontrollieren sollen. Ich antworte ihnen dann: ‚Zeigt mir den Geist.' Der Geist ist nichts weiter als eine Reihe von Gedanken. Wie kann er von einem dieser Gedanken kontrolliert werden, nämlich dem Wunsch, den Geist zu kontrollieren? Es ist töricht, den Geist durch den Geist beenden zu wollen. Der einzige Weg ist, seine Quelle ausfindig zu machen und an ihr festzuhalten. Dann wird der Geist von selbst immer schwächer. Yoga schreibt die Unterdrückung von Gedanken (*Chitta-Vritti-Nirodha*) vor. Ich empfehle die Ergründung des Selbst (*Atmanveshana*), die praktikabel ist. Der Geist wird bei einer Ohnmacht oder beim Fasten unterdrückt. Sobald aber die Ursache ausscheidet, lebt er wieder auf, d.h. die Gedanken beginnen wie vorher zu fließen. Es gibt nur zwei Wege, den Geist zu kontrollieren. Entweder suchst du seine Quelle oder du lieferst ihn der höheren Kraft aus, damit sie ihn niederstreckt. Hingabe ist die Anerkennung der Existenz einer höheren, alles beherrschenden Kraft. Wenn der Geist sich weigert, die Quelle zu suchen, lass ihn gehen und warte auf seine Rückkehr. Dann wende ihn nach innen. Keiner hat ohne geduldige Hartnäckigkeit Erfolg."

Der Weise warnt vor der Meditation, bei der man die Augen auf den Punkt zwischen den Augenbrauen lenkt, da sie Angst bewirken kann. Der richtige Weg besteht darin, den Geist allein auf das Selbst zu richten. Das geschieht ohne Angst.

Weiterhin lernen wir, dass über das wahre Selbst nicht im üblichen Sinn meditiert werden kann. Meditation bedeutet gewöhnlich, an ein Objekt zu denken. Sie beinhaltet eine Unterscheidung zwischen Subjekt und Objekt. Deshalb ist keine wirkliche Meditation über das Selbst möglich. Was „Meditation" genannt wird, ist nichts weiter als das Vertreiben von Gedanken, von denen das Selbst verdeckt wird. Sind alle Gedanken vertrieben, erstrahlt das Selbst in seinem wahren Wesen. In diesem Zustand zu verbleiben, ist die einzig mögliche Meditation über das wahre Selbst. Deshalb ist der Weise immer in Meditation, obwohl es den Anschein hat, dass er oft anderweitig beschäftigt ist. Das ist die Wahrheit, der im ersten Einleitungsvers von UN Ausdruck verliehen wird.

Wie soll man Kummer ertragen?

„Indem man den Geist nach innen wendet, kann man den schlimmsten Kummer überwinden. Kummer ist nur möglich, wenn man sich für einen Körper hält. Wenn man die Form überschreitet, weiß man, dass das Selbst ewig ist – dass es weder Geburt noch Tod gibt. Nur der Körper wird geboren und stirbt, nicht das Selbst. Der Körper ist eine Schöpfung des Ichs, das jedoch nie getrennt vom Körper wahrgenommen wird. Es ist tatsächlich vom Körper nicht zu unterscheiden. Wenn man bedenkt, dass man sich im Tiefschlaf keines Körpers gewahr ist, wird man verstehen, dass der Körper nicht wirklich existiert. Erwacht man vom Schlaf, erhebt sich das Ich, dann erheben sich die Gedanken.

Finde heraus, wem die Gedanken gehören. Frage dich, woher sie aufsteigen. Sie müssen aus dem Selbst kommen, dem Bewusstsein. Wenn man diese Wahrheit auch nur vage versteht, hilft das schon, das Ich zu vernichten. Dann wird das eine, unendliche Sein erfahren. In diesem Zustand gibt es keine Individuen – nur noch das eine Sein. Deshalb gibt es keinen Grund mehr, an den Tod auch nur zu denken.

„Wenn man glaubt, dass man selbst geboren wurde, kann man dem Gedanken an den Tod nicht entkommen. Man sollte sich deshalb fragen, ob man überhaupt geboren wurde. Dann wird man entdecken, dass das wahre Selbst immer existiert und der Körper nur ein Gedanke ist – der erste aller Gedanken und die Ursache allen Unheils."

Die drei Stimmungen des Geistes

Der Geist unterliegt abwechselnd den drei Stimmungen. *Tamas*, der Zustand der Mattheit und Trägheit ist der niedrigste. Der nächsthöhere ist *Rajas*, die rastlose Aktivität. Der höchste Zustand ist *Sattva*, Klarheit und Friede. Der Weise sagt, dass der Schüler nicht bedauern oder klagen sollte, wenn die beiden ersten überwiegen, sondern er sollte warten, bis die Stimmung der Klarheit kommt, und dann das Beste daraus machen.

Der Tod

„Die Toten sind wirklich glücklich. Sie sind den Alptraum des Körpers los und sind nicht betrübt. Fürchten die Menschen etwa den Schlaf? Nein, sie sind um ihn bemüht und bereiten sich auf ihn vor. Aber der Schlaf ist zeitweiser Tod, und der Tod ist nur ein längerer Schlaf. Wenn der Mensch stirbt, während er lebt, wenn er durch die Vernichtung des Ichs den Tod stirbt, der kein Tod ist, dann trauert er um den Tod keines Menschen mehr. Da wir ohnehin wissen, dass wir in allen drei Zuständen fortbestehen, mit dem Körper und ohne ihn, warum sollten wir uns dann für uns und andere wünschen, dass die Fesseln des Körpers andauern?

Wenn jemand im Sterben liegt, dann beginnt er schwer zu atmen. Das bedeutet, dass man sich des sterbenden Körpers nicht bewusst ist. Der Geist ergreift sofort einen anderen Körper und pendelt zwischen den beiden hin und her, bis er sich völlig am neuen Körper festhält. Dazwischen gibt es heftige Atemzüge. Das bedeutet, dass der Geist zum sterbenden Körper zurückschwingt. Dieser vorübergehende Zustand gleicht in etwa einem Traum."

Haben Tiere Seelen?

Der Weise behandelt Tiere wie Menschen. Wenn er über ein Tier spricht, bezeichnet er es als „er" oder „sie". (Im Tamilischen werden Tiere als „es" bezeichnet.)

Als er einmal gefragt wurde, ob Tiere den Menschen nicht nachgeordnet seien, antwortete er: „Die Upanishaden sagen, dass der Mensch so lange Tier ist, als er dem Ich unterworfen ist, also bis er sich des reinen Selbst gewahr wird. Es kann sogar Menschen geben, die schlimmer sind als Tiere."

Er hat auch gesagt, dass sehr fortgeschrittene Seelen Körper von Tieren angenommen haben könnten, um in der Atmosphäre seiner Einsiedelei zu leben. Es lebten einmal vier Hunde hier, und sie zeigten viel Hingabe; z.B. wenn sie Futter bekamen, rührten sie es so lange nicht an, bis der Weise selbst bedient worden war und mit dem Essen begonnen hatte. Erst dann fraßen auch sie. Das zeigt, wie ungewöhnlich sie sich in diesem Punkt verhielten.

Hingebungsvolle Übungen

„Viele bevorzugen *Japa* und ähnliches, da es für sie konkreter ist. Aber was ist konkreter als das Selbst? Es ist die direkte Erfahrung eines jeden und wird in jedem Augenblick erfahren. Deshalb ist das Selbst das einzige, das jeder unbestreitbar kennt. Da das so ist, sollte man es suchen und finden, anstatt nach einem unbekannten Etwas, Gott oder der Welt zu suchen."

Was ist Samadhi?

„Die Erfahrung des heiligen Paulus, die ihn zum christlichen Glauben bekehrte, war in Wirklichkeit gestaltlos. Erst danach interpretierte er sie als Christusvision."

Auf den Einwand, dass Paulus zuvor Christus gehasst habe, antwortete der Weise: „Es spielt keine Rolle, ob Hass oder Liebe vorgeherrscht hat. Der Gedanke an Christus war da. Es war ähnlich wie bei Ravana und den anderen Dämonen."[29]

Wie sollen wir in der Welt handeln?

„Man sollte in der Welt handeln wie ein Schauspieler auf der Bühne. In allem Tun ist das wahre Selbst als das grundlegende Prinzip im Hintergrund da. Erinnere dich daran und handle entsprechend."

Das Herz

„Es ist nicht nötig zu wissen, wo oder was das Herz ist. Es wird seine Arbeit tun, wenn du dich mit der Selbstergründung befasst."

Der Verstand

„Der Verstand kann nicht anders, als sich das Selbst in Größe und Gestalt des Körpers vorzustellen."

Der Geist

„Der Geist ist wie der Mond. Er bezieht das Licht seines Bewusstseins vom Selbst, das der Sonne gleicht. Wenn deshalb das Selbst zu strahlen beginnt, wird der Geist nutzlos wie der Mond, wenn die Sonne aufgeht."

Anderen helfen

„Der Weise hilft der Welt nur, indem er das wahre Selbst ist. Der beste Weg, der Welt zu dienen, ist, den ichlosen Zustand zu erlangen."

„Wenn du der Welt helfen willst, aber glaubst, dass du das nicht tun kannst, indem du den ichlosen Zustand erlangst, dann unterwirf Gott alle Probleme der Welt zusammen mit deinen eigenen."

---

[29] Ravana hasste Rama und konnte nicht damit aufhören, an ihn zu denken. Als er starb, war Rama sein vorherrschender Gedanke, und deshalb verwirklichte er Gott.

Arjunas Vision der kosmischen Gestalt Gottes

„Sri Krishna sagte zu Arjuna: ‚Ich bin gestaltlos und überschreite alle Welten.' Trotzdem zeigte er Arjuna seine kosmische Gestalt. Arjuna sah sich selbst, die Götter und die ganze Welt in ihr. Krishna sagte auch: ‚Weder Götter noch Menschen können mich erkennen.' Und trotzdem sah Arjuna seine Gestalt. Krishna sagte: ‚Ich bin die Zeit.' Hat denn Zeit eine Gestalt? Wenn wiederum das Universum wirklich seine Gestalt wäre, müsste sie eines und unveränderlich sein. Warum sagte er zu Arjuna: ‚Sieh in mir, was immer du zu sehen wünscht'?

Die Antwort lautet, dass die Vision mental war und somit den Wünschen des Sehers entsprach. Deshalb sollte man diese Aussagen nicht wörtlich interpretieren. Es war keine Vision der Wahrheit Gottes. Man spricht von einer ‚göttlichen Vision'. Doch jeder beschreibt sie nach seiner eigenen Sichtweise. Und dabei ist der Seher auch in der Vision! Wenn ein Hypnotiseur dir etwas zeigt, nennst du es einen Trick, aber das nennst du göttlich! Warum unterscheidest du zwischen den beiden? Krishna gab Arjuna die göttliche Sichtweise (*Divya Chakshus*) und nicht die Sichtweise des reinen Bewusstseins (*Jnana Chakshus*), in der es keine Visionen gibt. Nichts, was gesehen wird, ist wirklich."

Yogisches Handeln und das Aufgeben von Handeln (Karma-Yoga und Karma-*Sannyasa*)

Auf eine Frage zu diesem Thema antwortete der Weise nicht sofort, sondern ging in den Bergwald, wobei ihm der Frager folgte. Dort schnitt er zwei Äste von einem Baum, machte daraus Spazierstöcke und gab einen dem Frager und den anderen jemand anderem. Dann sagte er: „Diese Stöcke herzustellen ist Karma-Yoga und sie jemandem zu schenken ist Karma-*Sannyasa*." Der Weise hat sie nicht für sich selbst gemacht.

Das Spirituelle Zentrum

Das Spirituelle Zentrum ist nicht geografisch zu verstehen. Es umschließt alle Menschen. Sowohl die zerstörerischen als auch die aufbauenden Kräfte gehören zu ihm.

Versöhnung von Shankara und Ramanuja (dem Vertreter des „eingeschränkten Advaita")

Ramanuja sagt, dass die Welt wirklich ist und es keine *Maya* gibt. Shankara empfiehlt uns, die Wirklichkeit zu finden, die der sich ständig wandelnden Welt zugrunde liegt. Was Ramanuja Veränderlichkeit nennt, nennt Shankara Illusion. „Der Unterschied ist nur sprachlich. Beides führt zum selben Ziel."

Meditiert der Weise über Gott?

„Meditation ist Denken, und Denken steht mit Vergessen in Beziehung. Wer Gott vergisst, muss an ihn denken. Der Weise vergisst Gott nie, so wenig wie wir uns selbst vergessen. Deshalb meditiert er nicht über Gott. Da er Gott nie vergisst, kann man tatsächlich sagen, dass er immer über Gott meditiert."

Gott sehen

Jemand, der sich weder mit der Lehre des Weisen noch mit der alten Überlieferung beschäftigt hatte, stellte dem Weisen eine Reihe von Fragen. Eine davon lautete: „Hast du Gott gesehen?"

Der Weise antwortete lachend: „Wenn jemand mir erschienen wäre und zu mir gesagt hätte: ‚Ich bin Shiva' oder ‚Ich bin Rama' oder ‚Ich bin Krishna', wüsste ich, dass ich ihn gesehen habe. Mir ist aber niemand dieser Art erschienen und hat mir gesagt, wer er ist."

Die Antwort entsprach der Unwissenheit des Fragers. Gott, das wahre Selbst, ist gestaltlos und kann nicht als Objekt gesehen werden.

Ein andermal, als der Weise über das „Sehen Gottes in allen Dingen" gefragt wurde, das in der alten Überlieferung vorgeschrieben wird, antwortete er: „Objekte zu sehen und Gott in ihnen wahrzunehmen sind geistige Vorgänge. Aber das bedeutet nicht, Gott zu sehen, weil er innen ist."

Der Ausdruck „Gott in allen Dingen sehen" bedeutet zu verstehen, dass Gott die Wirklichkeit ist, die von der Welt-Erscheinung überlagert wird. Das nennt man *Pravilapa Drishti* – sich an die Wahrheit erinnern, die der Vielfalt zugrunde liegt – und das wird vom Weisen als ein Mittel der Reinigung und Stärkung des Geistes empfohlen.

Warum sagt uns die Offenbarung nicht, was das Selbst ist?

„Alles, was man tun muss, ist, das Selbst zu finden und das Nicht-Selbst, die Hüllen, abzustreifen. Ein Mensch, der daran zweifelt, ob er ein Mensch ist, geht zu einem anderen und fragt ihn. Der sagt ihm, dass er kein Baum ist und auch keine Kuh usw. und macht ihm klar, dass er nichts anderes als ein Mensch ist. Falls er aber nicht damit zufrieden ist und sagt: ‚Du hast mir nicht gesagt, was ich bin‘, erhält er die Antwort: ‚Dir wurde nicht gesagt, dass du kein Mensch bist.‘ Kann er jetzt immer noch nicht einsehen, dass er ein Mensch ist, ist es nutzlos, es ihm zu sagen. So wird auch uns gesagt, was wir nicht sind, sodass wir, wenn wir das alles beseitigen, das finden, was übrig bleibt, das wahre Selbst."

Wie übt man die Ergründung „Wer bin ich?"

„Der Weg ist subjektiv, nicht objektiv. So kann und braucht er uns nicht von einem anderen gezeigt zu werden. Muss man denn jemandem den Weg in seinem eigenen Haus zeigen? Es genügt, wenn der Sucher seinen Geist still hält."

Die Antwort auf die Frage „Wer bin ich?"

„Eine Antwort, die im und durch den Geist kommt, ist überhaupt keine Antwort."

Die Antwort ist der ichlose Zustand.

Was ist direkte Erkenntnis?

„Die Leute nehmen an, dass es abgesehen von den Gedanken des Geistes kein Bewusstsein gibt. Deshalb halten sie allein die Sinneswahrnehmung für die direkte Erfahrung. Sinnesobjekte sind aber nicht aus sich selbst offenbar. Deshalb ist die Sinneswahrnehmung keine direkte Erkenntnis. Das Selbst ist aus sich selbst offenbar. Deshalb ist die Erkenntnis des Selbst direkt. Fragt man die Leute aber: „Wird das Selbst nicht direkt erfahren, ohne ein Medium", dann weichen sie aus, weil das reine Ich nicht in Gestalt vor ihnen steht."

Über das ewige Leben

„Wenn man das Selbst vergisst, dann ist das der Tod. Wenn man sich an es erinnert, dann ist das Leben. Du wünscht dir ewiges Leben. Warum? Weil das gegenwärtige Leben (in Relativität) unerträglich ist. Warum ist das so? Weil es nicht dein wahres Wesen ist. Du bist in Wahrheit reiner Geist (Spirit), identifizierst ihn aber mit einem Körper, der eine Projektion des Geistes ist, ein objektivierter Gedanke, wobei der Geist im Gegenzug seinen Ursprung im reinen Geist (Spirit) hat. Ein bloßer Wechsel des Körpers nützt nichts, weil es nur eine Übertragung des Ichs auf einen neuen Körper wäre. Zudem: Was ist denn Leben? Es ist Sein (als Bewusstsein), und das bist du selbst. Das ist das wahre Leben, und es ist ewig (jenseits der Zeit). Das Leben im Körper ist bedingtes Leben. Du aber bist unbedingtes Leben. Du wirst dein wahres Wesen als unbedingtes Leben zurückgewinnen, wenn die Vorstellung ‚Ich bin der Körper‘ stirbt.“

Gibt es Grade von Wirklichkeit?

„Es mag Grade der Erfahrung der Wirklichkeit aufgrund der Grade der Freiheit von Gedanken geben, aber es gibt keine Grade der Wirklichkeit.“

Kann man das Selbst verlieren?

Jemand meinte: „In der Bibel steht, dass man seine Seele verlieren kann.“

Der Weise bemerkte: „Das Ich kann und soll verloren gehen, aber niemals das Selbst.“

„Kummer existiert aufgrund der Menge disharmonischer Gedanken, die im Geist vorherrschen. Werden alle Gedanken von einem einzigen Gedanken verdrängt, dann gibt es keinen Kummer. Dann hören sogar das Empfinden, der Handelnde zu sein, und die daraus resultierenden Erwartungen von Ergebnissen des Handelns auf.“

Das Entstehen von Freude

„Wenn ein Gedanke den ganzen Geist besetzt, schließt er alle anderen Gedanken aus. Dann geht auch der eine Gedanke im Selbst unter, und die Seligkeit des Selbst offenbart sich als Freude. Aber diese Freude geschieht noch in *Anandamaya* (der Hülle der Seligkeit). Vollkommene Seligkeit wird nur erlangt, wenn alle Hüllen beseitigt sind."

Die Einheit Gottes mit dem Selbst

„Wäre Gott vom Selbst verschieden, dann wäre er ohne ein Selbst, was absurd ist."

Der wahre Zustand

„Deine Pflicht ist, einfach zu sein – nicht dies oder das zu sein. Wenn das Ich abweicht, indem es sagt ‚Ich bin dies‘, dann ist das Egoismus, Unwissenheit. Wenn es als das reine Ich erstrahlt, ist es das wahre Selbst."

Muss man Zweiheit (*Dvaita*) verurteilen?

„*Dvaita* besteht darin, dass man das Selbst (fälschlicherweise) mit dem Nichtselbst identifiziert. Advaita bedeutet, damit aufzuhören."

Heldenmut

„Wenn sich das Ich erhebt, wird es selbst beides, Subjekt und Objekt. Erhebt es sich nicht (als das Ich), gibt es weder Subjekt noch Objekt. Dem Reifen muss nichts weiter gesagt werden. Da er das weiß, wendet er seinen Geist nach innen, weg von dem allem. Um dazu in der Lage zu sein, muss man ein Held, ein *Dhira* sein. Aber welcher Heldenmut ist nötig, um sich selbst zu finden? ‚*Dhi*‘ bedeutet Geist und ‚*ra*‘ bedeutet, dass die Energie, die nach außen in Gedanken fließt, eingespart wird. Derjenige ist ein *Dhira*, der die Flut der Gedanken eindämmen und den Geist nach innen richten kann."

Die Vermehrung relativen Wissens

Als einmal jemand etwas über seine vergangenen Leben wissen wollte, sagte der Weise: „Schon mit dem Wissen über das gegenwärtige Leben bist du nicht glücklich. Wenn du auch noch deine vergangenen Leben kennst, wird dein Unglück nur noch größer. All dieses Wissen ist nur eine Bürde für den Geist."

Ist das Selbst der Zeuge?

„Die Vorstellung, dass das Selbst der Zeuge ist, gehört dem Geist an. Sie mag nützlich sein, um die Rastlosigkeit des Geistes zu stillen, ist aber nicht die absolute Wahrheit über das Selbst. Zeugenschaft bezieht sich auf Objekte, die bezeugt werden. Sowohl der Zeuge als auch sein Objekt sind geistige Schöpfungen."

„Ichlosigkeit, Liebe, der Heilige Geist und der Geist (Spirit) bedeuten alle dasselbe, das Selbst."

Glück

„Das Glück zu suchen, indem man das Selbst mit dem Körper identifiziert, ist, wie wenn man versucht, einen Fluss auf dem Rücken eines Krokodils zu überqueren. Wenn das Ich aufsteigt, wird der Geist von der Quelle, dem Selbst, getrennt und ist rastlos wie der Stein, den man in die Luft geworfen hat oder wie das Wasser eines Flusses. Wenn der Stein oder der Fluss seinen Ursprungsort, den Grund oder das Meer erreicht, kommt er zur Ruhe. So kommt auch der Geist zur Ruhe und ist glücklich, wenn er zu seiner Quelle zurückkehrt und in ihr ruht. Wie der Stein und der Fluss sicher zu ihrem Ausgangspunkt zurückkehren, so wird auch der Geist unausweichlich irgendwann zu seiner Quelle zurückkehren."

Damit wird versprochen, dass alle das Ziel erreichen werden.

„Glück ist dein eigenes Wesen. Deshalb ist es nicht falsch, es sich zu wünschen. Falsch ist, es außen zu suchen, weil es innen ist."

Samadhi und Ekstase

„Im *Samadhi* herrscht vollkommener Friede. Ekstase stellt sich ein, wenn der Geist am Ende des *Samadhi* wieder auflebt und sich an den Frieden des *Samadhi* erinnert. Bei der Hingabe ist zuerst die Ekstase da. Sie äußert sich in Freudentränen, die Haare stehen zu Berge und die Stimme beginnt zu stottern. Stirbt das Ich endlich und ist damit *Sahaja* erlangt, hören diese Symptome und die Ekstasen auf. Man gerät nicht in Ekstase, wenn man aus dem Schlaf erwacht, weil *Samadhi* Schlaf im Wachzustand ist."

„Buddha war nur daran interessiert, seine Schüler zu unterrichten, wie sie das bleibende Glück erlangen können. Er weigerte sich, Fragen über Gott und andere Dinge zu beantworten, die auf der Unwissenheit des Fragers beruhten. Deswegen wurde er ein Nihilist (*Sunyavadi*) genannt!"

Der Weise, der ein Königreich regierte

Frage: „Wie konnte Janaka sein Königreich regieren, da er doch ein Weiser war?"

Antwort: „Hat Janaka diese Frage gestellt? Sie stellt sich nicht im Zustand rechten Erkennens, sondern nur im Nichtwissen."

Frage: „Vielleicht hat er seine Handlungen als einen Traum betrachtet."

Der Weise: „Auch diese Erklärung beruht auf Nichtwissen."

Seinen Geist von Unreinheiten befreien

„Die Erfahrung des Selbst (*Jnana*) wird selbst alle Unreinheiten des Geistes beseitigen."

Über die Vernichtung des Karmas

„Je mehr du eine Pflanze beschneidest, desto stärker wächst sie. So ist es auch mit dem Karma. Je mehr du versuchst, es zu vernichtet, desto mehr wird es wachsen. Du solltest die Wurzel des Karmas, das Ich, suchen und vernichten."

Über *Brahmacharya*

„*Brahmacharya* (sexuelle Enthaltsamkeit) kann nicht durch reine Willenskraft erzwungen werden. Wahres *Brahmacharya* ist nicht äußerlich. Es bedeutet, in *Brahman*, der Wirklichkeit, zu leben. Ist das erreicht, folgt ersteres von selbst."

Ein gesunder Geist in einem gesunden Körper

„Wenn du weiterhin glaubst, dass körperliche Gesundheit für einen gesunden Geist nötig ist, dann gibt es kein Ende für die Sorge um den Körper."

Die Vorstellung der Hatha-Yogis, den Körper für die Ausübung der Methode, Befreiung zu erlangen, vorzubereiten, indem man ihn für eine unglaublich lange Zeit erhält, ist lächerlich. Sie rechtfertigen das, indem sie den Körper mit einer Leinwand vergleichen, die für das Gemälde vorbereitet werden muss.

Der Weise sagt: „Was ist die Leinwand, und was ist das Gemälde? Das Selbst ist die Leinwand, Körper und Welt sind das Gemälde. Was man tun muss, um sich des Selbst gewahr zu werden, ist, das Gemälde auszulöschen."

Somit ist Hatha-Yoga nicht für den weisen Schüler gedacht.

Geisteskontrolle

„Der Elefantenführer gibt dem Elefanten eine schwere Kette zu tragen, um die beständige Bewegung seines Rüssels zur Ruhe zu bringen. So muss man auch dem Geist die bestmögliche Beschäftigung geben, um sein Umherschweifen zu kontrollieren. Andernfalls wendet er sich irgendeiner unerwünschten Beschäftigung zu. Die beste Beschäftigung für den Geist ist die Suche nach seiner eigenen Quelle. Die nächstbeste ist Meditation oder *Japa*."

Fasten für den spirituellen Fortschritt

„Das Fasten sollte hauptsächlich geistig sein. Reine Abstinenz von Nahrung bringt nichts Gutes. Sie beunruhigt den Geist sogar. Spirituelle Entfaltung kommt eher, wenn man regelmäßig isst. Aber bei einem einmonatigen Fasten hat man die Erfahrung gemacht, dass nach etwa zehn Tagen nach dem Fastenbrechen (wenn es richtig gebrochen wird, indem man dann besonnen isst) der Geist rein und beständig wird und so bleibt."

Antwort auf die Frage eines Pragmatikers

Frage: „Wenn alle Menschen sich der Arbeit enthalten, wer wird dann den Acker pflügen und das Getreide ernten?"

Antwort: „Verwirkliche das wahre Selbst und finde es selber heraus."

Dies ist eine übliche Antwort auf solche Fragen.

Das Empfinden von Schwierigkeiten

„Eine Methode wird einem leicht oder schwierig erscheinen, je nachdem, ob man sie zuvor geübt hat oder nicht."

An die Gleichmacher

„Der sicherste Weg, vollkommene Gleichheit zu erlangen, ist, schlafen zu gehen!"

Geburtenkontrolle gegen Moral

Frage: „Widerspricht die Geburtenkontrolle der Moral?"

Antwort: „Im Maha Bharata steht, dass ein Verlangen desto unersättlicher wird, je mehr man ihm nachgibt."

Vorwärts- oder zurückgehen

Jemand meinte, dass es leicht sei, vorwärts zu gehen, aber unmöglich, rückwärts zu gehen.

Der Weise meinte: „Wie weit man auch vorwärts geht, man ist nur da, wo man immer schon war. Wo gibt es ein Vorwärts oder Rückwärts? In der Isa Upanishad (Vers 5) heißt es: „Es ist fern und doch ganz nah!"

Die Göttliche Kraft zur Heilung von Krankheit usw.

„Es ist nicht nötig, zu irgendeinem Zweck göttliche Kraft aufzunehmen. Sie ist bereits in dir. Du bist sie."

Der Vergleich zwischen Wachen und Träumen

„Den Träumer interessiert die Traumwelt, weil er sie für eine objektive Wirklichkeit hält, die außerhalb seiner selbst ist und sich von ihm unterscheidet. Der Mensch im Wachzustand ist aus demselben Grund an seiner Wachwelt interessiert. Erkennt er durch die Erfahrung des wahren Selbst, dass die Welt nur eine Gedankenform ist, wird sie ihn nicht mehr interessieren."

Existiert die Welt?

Der Weise sagte: „Es gibt einen Unterschied zwischen der Aussage, dass die Welt existiert und dass sie wirklich ist. Letztere widerspricht nicht der scheinbar entgegengesetzten Behauptung, nämlich dass die Welt unwirklich ist, während erstere das tut. Der völlig Unwissende verwechselt die Substanz – die Wirklichkeit, die der Welt-Erscheinung zugrunde liegt – mit der Erscheinung und hält die Mischung von beidem für die Wirklichkeit. Der Schüler des Weisen weiß, dass er die Erscheinung von der Substanz unterscheiden muss, und erkennt, dass letztere allein wirklich ist und der Rest eine Illusion."

Gottes Name

„Wie du auf deinen Namen reagierst, obwohl kein Name auf deiner Stirn geschrieben stand, als du geboren wurdest, so reagiert Gott, wenn sein Verehrer seinen Namen ruft, obwohl er in Wirklichkeit namenlos ist."

Familienbanden entsagen

„Im Tiefschlaf warst du dir ‚deiner Familie' nicht bewusst. Jetzt bist du derselbe, aber jetzt bist du dir der Familie bewusst und spürst, dass sie dich bindet, und denkst daran, ihr zu entsagen. Binden denn die Mitglieder ‚deiner' Familie dich an sich oder bindest du dich an sie? Es genügt, wenn du den Gedanken ‚Das ist meine Familie' aufgibst. Gedanken verändern sich, du aber nicht. Halte das unwandelbare Ich fest. Um das zu tun, musst du nicht das Denken des Geistes anhalten. Erinnere dich einfach an die Quelle der Gedanken und suche sie ernsthaft."

Hingabe

„Je mehr jemand sich hingibt, desto besser wird seine Umgebung und umso größer wird auch seine Kraft für die Arbeit."

Das sagte der Weise zu jemandem, der sich für die politische Unabhängigkeit einsetzte.

„Die heilige Überlieferung ist nur so lange gültig, als man sich nicht in der Ergründung des Selbst nach innen wendet. Sobald man das tut, vergisst und verliert man alles, was man gelernt hat." (s. GVK 147)

Die Welt erfassen

„Die Welt ist nur ein Schatten des wahren Selbst. Es ist nicht möglich, sie richtig zu erkennen oder sie zu ergreifen. Ein Kind versucht, den Kopf des eigenen Schattens zu berühren, kann das aber nicht, weil sich der Schattenkopf bewegt, wenn es sich bewegt. Schließlich legt die Mutter seine Hand auf seinen Kopf und zeigt ihm damit, wie es den Schattenkopf berühren kann. So kann man auch die Welt nur erfassen oder richtig erkennen, wenn man das Selbst festhält."

Fest und unberührt zu sein

Der Weise kritisierte die Anschauung: „Ich bin wie der Schaum auf dem Meer des Bewusstseins", indem er sagte: „So zu denken, ist die Wurzel aller Sorgen. Man sollte es aufgeben. Das Selbst ist das Meer, Welt und Seelen sind der Schaum auf ihm. Wenn man das weiß und sich immer daran erinnert, dann bleibt man fest und frei von Zweifel und Sorgen.

Diese Wahrheit bestätigt sich, wenn man durch die Ergründung ins Herz hinabtaucht. Doch auch ohne dass man nach innen taucht, ist man Das und nichts als Das.

Die Vorstellung von innen und außen besteht nur, solange die rechte Sichtweise nicht akzeptiert und festgehalten wird. Demjenigen, der die Befreiung liebt, wird gesagt, er solle nach innen tauchen, weil er die nichtexistierende individuelle Seele für das Selbst hält, das unendlich ist und alles einschließt, was man sieht. Wer das weiß, wünscht sich nichts mehr, sondern ist immer völlig zufrieden.

Bereits bevor man nach innen taucht, wird das Selbst erfahren. Keiner kann leugnen, dass er existiert. Dieses Sein ist das Bewusstsein des Selbst. Wenn du nicht existierst, kannst du keine Fragen stellen. Deshalb bist du dir deiner selbst bewusst. Die Frucht deines Bemühens, die Wahrheit des Selbst zu verwirklichen, besteht lediglich darin, deine jetzigen Fehler loszuwerden. Es gibt keine neue ‚Verwirklichung'."

Das Selbst ist Licht

„Um ein Objekt zu erkennen, braucht es ein gewöhnliches Licht, das die Dunkelheit vertreibt. Um das Selbst zu erkennen, ist ein Licht nötig, das sowohl das Licht als auch die Dunkelheit erhellt. Dieses Licht ist weder Licht noch Dunkelheit. Aber es wird ‚Licht‘ genannt, weil Licht und Dunkelheit durch es erkannt werden. Dieses Licht ist das Selbst, das unendliche Bewusstsein, dessen keiner sich nicht bewusst ist. Keiner ist ein *Ajnani*, ein Nicht-Kenner des Selbst. Da die Menschen das nicht wissen, wollen sie *Jnanis* werden!“

Die Vierzig Verse (Ulladu Narpadu)

Einleitungsverse

1. Kann es ein Seinsempfinden geben, ohne etwas, das existiert? Ist das wahre Bewusstsein etwas anderes als Das? Da Das (die Wirklichkeit) ohne Gedanken im Herzen wohnt, wie kann man da über es – das „Herz" genannt wird – meditieren? Und wer könnte, von ihm getrennt, über es, das Selbst, meditieren, dessen Wesen wahres Bewusstsein ist? Wisse, dass über es zu meditieren bedeutet, mit ihm im Herzen eins zu sein.

2. Menschen reinen Geistes, die sich sehr vor dem Tod fürchten, unterwerfen sich dem Herrn aller, dem Seligen, dem innewohnenden Selbst, das weder Tod noch Geburt kennt. Durch diese Unterwerfung wird ihr Ego zusammen mit ihren Anhaftungen ausgelöscht. Wie können sie, die auf diese Weise eine Wohnstatt in der Unsterblichkeit erlangt haben, noch an den Tod denken?

I. Die Unterscheidung

UN 1. Da wir die Welt sehen, folgt daraus, dass sie eine Quelle hat, eine einzige Wirklichkeit, die Welt und Geist überschreitet, aus deren Kraft das alles entstanden ist. Das steht außer Frage. Diese Kinovorführung aus Namen und Formen, die tragende Leinwand, das Licht (des Bewusstseins) und der Zuschauer – diese vier sind nur das Höchste Sein, das das wahre Selbst im Herzen ist.

UN 2. Alle Religionen, die es auf der Welt gibt, bestätigen zunächst einmal die Existenz der Welt, Seele und Gottes. Die beiden Auseinandersetzungen, nämlich dass die eine Wirklichkeit als drei wahrgenommen wird beziehungsweise dass diese drei verschiedene Wesenheiten sind, werden als verstandesmäßige Überzeugungen hochgehalten, während das Empfinden „Ich bin der Körper" andauert. Aber der höchste

---

[30] aus: K. Lakshmana Sarma: Ramana Hridayam (Revelation)

Zustand ist, fest in seinem eigenen, wahren Wesen (als wahres Selbst) gegründet zu sein, indem man diese Illusion aufgibt.

UN 3. Wozu nützt es, wenn man behauptet: „Die Welt ist wirklich." „Nein, sie ist eine trügerische Erscheinung." „Sie ist mit Bewusstsein ausgestattet." „Sie ist inaktiv." „Sie bedeutet Glück." „Nein, sie bedeutet Elend."? Dieser Zustand der Ichlosigkeit, der den Glauben sowohl an die Zweiheit als auch an die Einheit überschreitet, der unser natürlicher Zustand ist und dadurch erlangt wird, indem man sich von der Welt abwendet und das wahre Selbst erfährt, ist allen lieb.

UN 4. Wenn das Selbst eine Gestalt hat, dann haben auch Welt und Gott eine Gestalt. Da aber das Selbst gestaltlos ist, von wem und wie werden dann die Gestalten gesehen? Kann das Gesehene von anderem Wesen sein als das sehende Auge? Das (wirkliche) Auge ist einfach das wahre Selbst, und dieses Auge ist grenzenlos, bedingungslos, weltlos und ohne ein Zweites.

UN 5. Da jeder Körper in der Welt aus fünf Hüllen besteht, sind alle fünf Hüllen damit gemeint, wenn man vom „Körper" spricht. Da das so ist, sag, existiert die Welt wirklich unabhängig vom Körper? Sag, kann jemand die Welt sehen, der keinen Körper hat?

UN 6. Die Welt hat getrennt von den Sinnesobjekten wie dem Klang usw. keine Gestalt. Somit ist die ganze Welt nur eine Wahrnehmung der fünf Sinnesorgane. Durch diese fünf Sinnesorgane erkennt der eine Geist die Welt. Da das so ist, sag, ist die Welt denn etwas anderes als der Geist?

UN 7. Beides, die Welt und der Geist, entstehen und vergehen zusammen. Trotzdem wird diese inaktive Welt allein vom Geist erhellt. Wisse, dass dieses einzige, ungeborene, unendliche Sein, dessen Wesen reines Bewusstsein ist und in dem die beiden (Welt und Geist) entstehen und vergehen, das aber selbst nie entsteht und vergeht, das einzig Wirkliche ist, das es gibt.

UN 8. Wenn man Ihn (Gott) in irgendeiner Gestalt und mit irgendeinem Namen verehrt, so ist das zwar ein Weg, Ihn richtig zu erkennen, der (in Wirklichkeit) keine Gestalt und keinen Namen trägt. Doch Ihn richtig zu sehen heißt, eins mit Ihm zu sein, in das transzendente Sein einzugehen, indem man die Identität des wahren Selbst mit Seiner wahren Essenz erkennt.

UN 9. Alle Dreiheiten entstehen abhängig vom Ich-Empfinden. So entstehen auch die Zweiheiten. Wenn man durch die Frage „Wer ist dieses Ich?" ins Herz eintaucht und seine Wahrheit (die Wahrheit des Selbst) erkennt, verschwinden sie alle völlig. Einer, der das tut, ist ein Weiser. Er wird (von ihnen) nicht in die Irre geführt.

UN 10. Wissen ist nie und nirgends in der Welt vom Nichtwissen getrennt, noch ist Nichtwissen vom Wissen getrennt. Wahres Wissen ist das Gewahrsein des ursprünglichen Selbst, das sich durch die Frage: „Wer ist dieses Ich, zu dem diese beiden gehören" zeigt, und nichts anderes.

UN 11. Wie kann das Wissen von Gegenständen, die in der relativen Existenz auftauchen, für jemanden, der nicht die Wahrheit über sich selbst, den Wissenden, kennt, wahres Wissen sein? Wenn man wirklich die Wahrheit über sich selbst kennt, in dem sowohl Wissen als auch Nichtwissen bestehen, dann verschwindet zusammen mit dem Nichtwissen auch das (relative) Wissen für immer.

UN 12. Verstehe, dass wahres Wissen vom Wissen und Nichtwissen frei ist. Verstehe, dass sogenanntes Wissen über Gegenstände überhaupt kein wahres Wissen ist. Das wahre Selbst erstrahlt immer alleine, ohne dass es etwas erkennen oder von jemandem erkannt werden könnte. Deshalb ist es einzig Bewusstsein. Glaube nicht, dass es Nicht-Sein ist.

UN 13. Dieses Selbst, von dem (hier) erklärt wurde, dass es Bewusstsein ist, ist alleine wirklich und ohne ein Zweites. Jedes Wissen, das vielfältig ist, ist nur Nichtwissen. Dieses Nichtwissen (das eine Negation ist) existiert nicht, d.h. es existiert nicht getrennt vom Selbst, das Bewusstsein ist. Sag, existieren die unwirklichen Schmuckstücke getrennt vom Gold, das allein existiert?

UN 14. Die zweite und dritte Person, nämlich du und er, erscheinen, nachdem sich der Ich-Sinn in Bezug auf einen Körper erhoben hat.

Wenn durch die Ergründung des Selbst das Ich ausgemerzt wird, indem man die Frage stellt: „Was ist die Wahrheit, die hinter diesem Ich steckt?", dann gehen damit auch die beiden anderen Vorstellungen verloren. Verstehe, dass das, was dann allein erstrahlt, das wahre Selbst ist.

UN 15. Sowohl die Vergangenheit als auch die Zukunft existieren nur in Abhängigkeit von der Gegenwart. Beide sind zu ihrer Zeit die Gegenwart. Deshalb sind alle drei die Gegenwart. Da das so ist, ist es absurd, ohne die Wirklichkeit der Gegenwart durch die Ergründung zu erfahren, Vergangenheit und Zukunft ergründen zu wollen. Es ist, als würde man ohne die eins zählen wollen.

UN 16. Existieren Raum und Zeit getrennt vom Ich? Wenn wir der Körper sind, dann wären wir ihnen unterworfen. Aber sind wir der Körper, sag? Da das wahre Selbst überall und immer dasselbe ist, wisse, dass es die einzige Wirklichkeit ist, die beides (sowohl die Zeit als auch den Raum) verzehrt.

UN 17. Der Körper ist sowohl für den, der das Selbst nicht kennt, als auch für den, der es kennt, das Selbst. Wer es nicht kennt, glaubt, es sei vom Körper begrenzt und von Gott und der Welt verschieden. Für den, der das wirkliche Selbst im Innern erkennt, erstrahlt es als das unendliche Sein und ist nichts anderes als Gott. Groß ist fürwahr der Unterschied zwischen dem, der das Selbst kennt, und dem, der es nicht kennt!

UN 18. Die Welt ist sowohl für den, der die Wirklichkeit kennt, als auch für den, der sie nicht kennt, wahr. Wem die Erkenntnis der Wirklichkeit fehlt, glaubt, dass das Wirkliche zusammen mit der Welt existiert. Für den, der die Wirklichkeit kennt, erstrahlt das gestaltlose Eine als die Grundlage der Welt. Groß ist fürwahr der Unterschied zwischen dem, der es kennt, und dem, der es nicht erkennt!

UN 19. Nur jene lieben zu debattieren, ob Schicksal oder freier Wille vorherrschen, die nicht erkannt haben, was das „Ich" wirklich ist, das die Wurzel beider ist. Kann der Weise, der von beidem frei geworden ist, indem er die Wahrheit des Ichs durch die Ergründung erkannt hat, sich in sie erneut verwickeln wie einer, der das Selbst nicht kennt?

UN 20. Wenn man eine Gestalt Gottes sieht und sich selbst, den Seher, nicht beachtet, handelt es sich beim Gesehenen um eine Gestalt, die der Geist erzeugt, und nicht um eine wirkliche Vision Gottes. Sieht denn der Weise, der das Selbst direkt wahrnimmt, dieses Höchste Sein, das das wirkliche Selbst ist? Da der Weise das Ich verloren hat, unterscheidet er sich nicht von Ihm.

UN 21. In der heiligen Überlieferung werden zwei Arten des Sehens überliefert, nämlich das Sehen des Selbst und das Sehen Gottes. Ich werde erklären, was damit gemeint ist. Wie kann es ein Sehen des Selbst geben? Da es nicht sichtbar ist, weil es eins (mit dem Seher) ist, wer kann dann Gott (der nur das wahre Selbst ist) sehen und wie? Wisse, dass das Sehen des Selbst und das Sehen Gottes darin bestehen, dass die Seele (das Ich) Nahrung für Gott wird.

UN 22. Dieses selige und transzendente Sein, das reines Bewusstsein ist, erstrahlt immer im Geist als es selbst, das wahre Selbst, und übermittelt dem Geist sein Licht des Bewusstseins. Da das so ist, wie kann da ein Mensch es allein durch den Geist erkennen, ohne dass er seinen Geist mit ihm vereinigt, indem er sich nach innen wendet?

II. Die Ergründung

UN 23. Der Körper, der ohne Bewusstsein ist, besitzt kein eigenes Ich-Empfinden. Keiner sagt jemals: „Ich habe im traumlosen Schlaf nicht existiert." Alles kommt ins Sein, wenn sich dieses Ich erhebt. Suche deshalb mit einem konzentrierten Geist nach der Quelle, in der dieses Ich-Empfinden entsteht.

UN 24. Der träge Körper kann nicht „ich" sagen. Das wahre Bewusstsein hat keinen Beginn. Zwischen beidem entsteht ein Ich, das auf den Körper begrenzt ist. Es ist der Geist, der Knoten zwischen dem Bewusstsein und dem trägen Körper, bedingtes Sein, Ego, Bindung und der subtile Körper. Das ist das wahre Wesen der (sogenannten) Seele.

UN 25. Das Ich, dieses Phantom, das keine eigene Gestalt besitzt, kommt ins Sein, indem es die Gestalt (eines Körpers) ergreift. Indem es diese Gestalt festhält, besteht es fort, und indem es die Sinnesobjekte genießt, nimmt es an Kraft zu. Wenn es (im Tod) die Gestalt aufgibt, ergreift es eine neue. Sucht man nach seiner Wirklichkeit, läuft es mit Sicherheit davon.

UN 26. Wenn sich dieses Ding, das als Ich bekannt ist, erhebt, dann erhebt sich auch diese ganze Welt. Ist kein Ich da, dann gibt es auch keine Welt. Deshalb ist dieses Ich selbst die ganze Welt. Wenn man deshalb das Ich durch die Frage: „Wer ist dieses Ich?" oder „Woher kommt dieses Ich?" auslöscht, wird man die ganze Welt los.

UN 27. Wir sind in diesem Zustand, in dem sich kein Ich-Empfinden erhebt, nur diese eine Wirklichkeit. Aber wie kann man das Ich-Empfinden endgültig auslöschen, wenn der Geist nicht in seine Quelle eintritt? Und wie kann man diesen Zustand erlangen, der unser wahres Wesen ist und in dem wir Das sind, wenn das Ich-Empfinden nicht ausgelöscht wird?

UN 28. Wie man in einen See hinabtaucht, in den ein Gegenstand gefallen ist, und nach ihm sucht, so sollte man mit einem auf eins gerichteten Geist ins Herz hinabtauchen, Sprache und Atem zurückhalten, jeden Gedanken an die Welt aufgeben und fragen: „Woher kommt dieses Ich-Empfinden?" Auf diese Weise sollte man sich des wahren Selbst, des transzendenten Seins bewusst werden.

UN 29. Wenn man ins Herz hinabtaucht, Sprache und Geist zurückhält und fragt: „Wo erstrahlt das ursprüngliche Ich-Bewusstsein?", dann ist das das direkte Mittel, das Gewahrsein des Selbst zu gewinnen. Die Meditation: „Ich bin nicht dieser Körper, ich bin Das" ist zwar nützlich als eine Hinführung auf die Ergründung, aber ist sie die Ergründung des Selbst?

III. Die Erfahrung

UN 30. Verliert sich der Geist, der durch die Ergründung „Wer bin ich?" nach innen gerichtet ist, im Herzen und neigt das Ich in Scham sein Haupt, erstrahlt ein reines Bewusstsein durch sein eigenes Licht als grenzenloses Ich. Dieses Bewusstsein ist nicht das unechte Ich. Es ist das Transzendente, die unendliche Wahrheit. Es ist das selige, wahre Selbst.

UN 31. Bleibt für jenen, der glücklich in der Einheit mit dem Selbst ist – der Einheit, die durch die Vernichtung des Ich-Empfindens zu Tage tritt, dem Zustand von Frieden und Glück jenseits der Relativität – noch etwas zu tun übrig?

UN 32. Der Mensch meditiert aufgrund seiner geistigen Schwäche weiterhin: „Ich bin Das, ich bin nicht der Körper", anstatt seinen eigenen Natürlichen Zustand, der durch die Worte: „Du bist Das" enthüllt wird, zu gewinnen, indem er durch die Frage: „Wer bin ich?" ins Herz eintritt. Die Wirklichkeit erstrahlt immer als das Selbst!

UN 33. Die beiden Aussagen: „Ich kenne mich selbst nicht" und „Ich kenne mich selbst" sind gleich lächerlich. Hat denn jemand irgendwo zwei Selbste, sodass das Selbst ein Objekt werden kann, das man erkennen kann? Wisse, alle Menschen machen dieselbe Erfahrung, dass es nur ein wirkliches Selbst gibt.

UN 34. Der vom Ich verblendete Mensch, der diese Wirklichkeit sucht, die immer im Herzen aller Lebewesen als das wahre Selbst erstrahlt, ist sich seiner nicht gewahr geworden und hat deshalb nicht seinen Natürlichen Zustand der Einheit mit ihm erlangt. Er streitet: „Es gibt etwas Wirkliches." „Nein, das gibt es nicht." „Dieses Etwas hat eine Gestalt." „Nein, hat es nicht." „Es ist eines." „Es ist zwei." „Es ist weder das eine noch das andere."

UN 35. Das wahre Selbst im Herzen zu sein, indem man die wirkliche Erfahrung dieses Selbst macht, das man bereits gewonnen hat, ist der wirkliche Gewinn. Alle anderen Gewinne sind wie jene, die man in einem Traum macht. Bleibt noch irgendetwas, das man im Traum gewonnen hat, beim Erwachen wirklich? Wird einer, der alle Falschheit von sich geworfen hat, indem er im Wirklichen verweilt, jemals wieder von ihnen getäuscht?

UN 36. So lange die Wahrnehmung „Ich bin der Körper" vorherrscht, ist die Meditation „Ich bin Das" hilfreich, um das Selbst-Gewahrsein (durch die Ergründung) zu gewinnen. Aber warum sollte man endlos auf diese Weise weitermeditieren? Meditiert denn irgendein Mensch „Ich bin ein Mensch"? Wir sind immer diese Wirklichkeit!

UN 37. Selbst die Feststellung, dass die Zweiheit so lange wirklich ist als man danach strebt, das Ziel zu erreichen, aber dass es im Ziel keine Zweiheit gibt, ist nicht richtig. War nicht der zehnte Mann im Gleichnis der zehnte Mann, als er angstvoll nach dem Vermissten suchte und als er herausgefunden hatte, dass er es selber war?

UN 38. Wenn das Selbst immer selbst der Handelnde wäre, dann würde es auch die daraus folgenden Konsequenzen ernten. Aber wenn das Empfinden der Täterschaft bei der Verwirklichung des unendlichen Selbst als Ergebnis auf die Frage: „Wer bin ich, der handelt?" abfällt, dann fallen mit ihm auch die drei Arten des Handelns (Karmas) ab. Der Weise weiß, dass dieser Zustand die ewige Befreiung ist.

UN 39. Gibt es den Gedanken: „Ich bin gebunden", dann entsteht auch der Gedanke an die Befreiung. Wenn durch die Frage: „Wer bin ich, der gebunden ist?" das ewig freie, wahre Selbst allein übrig bleibt, alterslos und unsterblich, in wem kann dann der Gedanke an eine Bindung auftauchen? Kann dieser Gedanke nicht auftauchen, wie kann dann im Weisen, der mit allen Handlungen abgeschlossen hat, der Gedanke an die Befreiung auftauchen?

UN 40. Ich mache hier die Wahrheit über die drei Behauptungen klar, die folgende sind: Dass die Befreiung mit Gestalt ist, dass sie ohne Gestalt ist und dass beides wahr ist. Die wahre Befreiung ist einfach die völlige Vernichtung desjenigen, der ‚Ich' heißt und untersucht, ob diese drei Behauptungen wahr sind.

Anhang zu den Vierzig Versen (Ulladu Narpadu Anubandham)

Einleitungsvers

Das ist das Wirkliche, der geheime Schatz im Herzen, in dem allein diese Welt existiert, zu dem diese ganze Welt gehört, aus dem sie ins Dasein kommt, für das allein sie existiert, durch das sie erscheint und das selbst die ganze Welt ist. Wir meditieren über dieses transzendente Wirkliche im Herzen.

I. Der Umgang mit Weisen

UNA 1. Durch den Umgang mit einem Weisen erlangt ein Mensch Anhaftungslosigkeit. Durch Anhaftungslosigkeit wird er von der Täuschung („Ich bin der Körper"), die im Geist vorherrscht, befreit. Wenn er von der Täuschung frei ist, wird er eins mit der bewegungslosen, transzendenten Wirklichkeit und wird befreit, während er noch lebt. Deshalb pflege den Umgang mit dem Weisen.

UNA 2. Dieser transzendente Zustand der Seligkeit, den die Menschen durch die Ergründung des Selbst erlangen, der im Eintauchen (des Geistes) ins Herz gipfelt, wird durch die Gemeinschaft mit einem Weisen ausgelöst. Er kann weder durch das verstandesmäßige Begreifen der heiligen Überlieferung erlangt werden noch indem man Predigten zuhört oder sich verschiedene Verdienste erwirbt und auch nicht durch irgendein anderes Mittel.

UNA 3. Wozu sind für einen Glücklichen, der regelmäßig mit Weisen in Verbindung steht und demütig ist, all diese Regeln nütze, um das höchste Ziel zu erlangen? Wenn der kühle Südwind bläst und Erleichterung von der Hitze bringt, wozu ist es dann noch nötig, einen Fächer in der Hand zu halten?

UNA 4. Der Mond kann nur die Hitze für die Menschen lindern. Ebenso kann der himmlische Wunschbaum nur vom Verlangen befreien und der heilige Ganges nur Sünden wegwaschen. Aber durch den Anblick der Weisen, werden alle drei – die Hitze und alles Übrige – ausgelöscht, sodass es nichts in den drei Welten gibt, was sich mit ihnen vergleichen ließe.

UNA 5. Die heiligen Badeorte – die nur aus Wasser bestehen – können sich nicht mit diesen Großen vergleichen lassen, auch nicht die Göttergestalten aus Stein oder Ton, die verehrt werden. Durch sie wird der Geist eines Menschen nach sehr langer Zeit rein, wenn er sie verehrt. Aber durch den Anblick des Weisen kann er sofort rein werden.

II. Nicht-Zweiheit

UNA 6. „Wer ist Gott?" „Derjenige, der den Geist kennt." „Ich als individuelle Seele kenne immer den Geist!" „Deshalb bist du selbst Gott (und kein Individuum). Zudem sagt die Offenbarung, dass Gott das eine Selbst in allen Geschöpfen ist."

UNA 7. „Mit welchen Licht siehst du (Objekte)?" „Tagsüber ist es die Sonne, nachts Lampen und ähnliches." „Mit welchem Licht siehst du sie?" „Mit den Augen." „Womit siehst du das Auge?" „Mit dem Geist." „Mit welchem Licht nimmst du den Geist wahr?" „Ich selbst nehme ihn wahr." „Dann bist du selbst das Licht allen Lichtes, unendlich und alles überschreitend." „Das stimmt. Ich bin Das."

UNA 8. In der Höhle des Herzens erstrahlt das reine und unendliche Sein als das Selbst, das grenzenlose Ich. Tritt ein ins Herz, tauche durch die Ergründung des Selbst hinab oder indem du den Atem anhältst, und sei so eins mit dem Selbst.

UNA 9. Dasselbe reine, bewegungslose Bewusstsein, das im Lotus des Herzens als Ich erstrahlt, schenkt Befreiung, wenn der Mensch das Empfinden „Ich bin der Körper" aufgibt.

UNA 10. Der Körper ist wie alles Irdische empfindungslos. Er hat kein Ich-Empfinden. Deshalb bin ich nicht der Körper, auch weil es sicher ist, dass das Selbst im traumlosen Schlaf, in dem es keinen Körper gibt, existiert. „Wer sagt ‚Ich'?" Oder: „Woher kommt das Ich?" Jene, die auf diese Weise mit einem reinen Geist das Selbst suchen, werden im Selbst gegründet, dem glückseligen, vollkommenen Sein namens Arunachala, der als Ich erstrahlt.

UNA 11. Dieser Mensch von erhabenem Geist, der in seinem eigenen Ursprung, nämlich dem transzendenten Sein durch die Frage: „Woher komme ich?" geboren wird, wird allein wirklich geboren. Er ist einfür allemal geboren. Dieser Herr der Weisen ist immer neu.

III. Tipps für Übende

UNA 12. Gib das Empfinden vom „Ich" im Körper auf, der nicht das Selbst ist, der träge und voller Unvollkommenheiten ist, und gewinne die Erfahrung des wahren Selbst, der transzendenten Wirklichkeit, die endlose Seligkeit ist. Der Mensch, der hofft, das Selbst mit dem Geist zu erkennen, und darauf bedacht ist, den Körper zu ernähren, ist wie ein Mensch, der versucht, einen Fluss zu überqueren, indem er sich an einem Alligator festhält, den er für ein langes Brett hält.

UNA 13. Das Auslöschen des Empfindens „Ich bin der Körper" ist selbst Gabe, Opfer, Entsagung (*Tapas*), Rechtschaffenheit, Ehrlichkeit, Gnade Gottes, Vereinigung mit Gott, höchste Hingabe, Entsagung, Stille, der Natürliche Zustand, Glück, Wohlhabenheit, Befreiung, Friede, der Tod, der kein Tod ist, und richtige Erkenntnis.

UNA 14. Wem gehören diese, nämlich die Handlungen, die Trennung von Gott, die Trennung von der Wirklichkeit und das Nichterkennen des wahren Selbst an? Diese Ergründung beinhaltet alle Yogaarten[31], den Yoga des Handelns und alle übrigen. Wisse, dass dieser Zustand das wahre, makellose Sein ist, die selige Erfahrung des Selbst, in dem es weder den Sucher namens Ich noch die vier oben genannten Yogaarten (den Yoga des Handelns und alle übrigen) gibt.

UNA 15. Wer übernatürliche Kräfte gewinnen will und nicht weiß, dass er selbst durch die Kraft Gottes handelt, ist wie ein Krüppel, der sagt: „Was wäre es für mich schon für eine Anstrengung, diese Feinde zu besiegen, wenn du mich nur auf die Beine stellen und zu ihnen aufs Schlachtfeld bringen würdest."

UNA 16. Die Weisen erklären, dass völlige Stille des Geistes Befreiung ist. Kräfte können nur durch große Anstrengung des Geistes gewonnen werden. Wie kann dann ein Mensch, der so unintelligent ist, diese Kräfte gewinnen zu wollen, die zeitlose Seligkeit der Befreiung gewinnen, die mit der Stille des Geistes identisch ist?

UNA 17. Obwohl Gott selbst alle Lasten der Welt trägt, versucht die falsche Seele, diese Bürde zu tragen wie die Steinfigur unten am Tempelturm, die den Turm (auf ihrem Kopf) zu tragen scheint. Wer ist

---

[31] [*Karma-Yoga* (der Yoga des Handelns), *Bhakti*-Yoga (der Yoga der Hingabe, *Raja*-Yoga (der Yoga der Geisteskontrolle) und *Jnana*-Yoga (der Yoga des Erkennens)]

daran schuld, wenn jemand in einem Wagen reist, der schwere Lasten tragen kann, sein Gepäck aber auf dem Kopf behält und darunter leidet?

IV. Meditation

UNA 18. Unter den vier Organen verschiedener Farben, die über dem Bauch liegen, ist das Herz. Es gleicht einer Lilienknospe und liegt zwei Finger breit von der Mitte der Brust entfernt.

UNA 19. Es ist geschlossen. In seinem Innern befinden sich die Hauptnerven. Es ist die Wohnstatt der Dunkelheit, der Gewohnheiten, der Lebenskraft, des Geistes und des Lichts (des Bewusstseins).

UNA 20. Das Höchste Sein, das in der Höhle des Herzens wohnt, nennt man den Herrn des Herzens. Wenn man durch die Mediation „Ich selbst bin Er" die feste Überzeugung „Ich bin Er" erlangt, wie man jetzt die feste Überzeugung „Ich bin der Körper" hegt, dann verschwindet das Nichtwissen wie die Dunkelheit vor der Sonne.

UNA 21. Als Rama Vasishtha fragte: „Worin besteht die Wahrheit des Herzens aller Geschöpfe, in dem sich wie in einem Spiegel das ganze äußere Weltall reflektiert?",

UNA 22. antwortete Bhagavan Vasishtha: „Es gibt zweierlei Herzen: das eine muss man zurückweisen und das andere annehmen. Das fleischliche Organ des Körpers, das träge und dem Verfall unterworfen ist, ist dasjenige, das man zurückweisen muss.

UNA 23. Das Herz, das reines Bewusstsein ist, in dem das Weltall reflektiert wird und das sich (von letzterem) völlig unterscheidet, ist dasjenige, das man annehmen muss. Es ist sowohl außen als auch innen und zugleich weder außen noch innen. Es ist für alle Lebewesen das Lagerhaus aller guten Dinge.

UNA 24. Wenn der Geist durch die Ergründung des Selbst in diesem wahren Herzen Festigkeit erlangt, dann werden alle geistigen Makel ausgelöscht. Auch der Lebensatem hört dann auf."

UNA 25. Wirf' alle (geistigen) Anhaftungen von dir, indem du beständig meditierst: „Ich bin dieses makellose, selige Bewusstsein, das stets ungehindert von den Körperhüllen erstrahlt."

UNA 26. Wenn du an diesem Zustand der Wirklichkeit festhältst, der übrig bleibt, nachdem du die Wahrheit aller Seins-Zustände ergründet hast, dann handle in der Welt wie einer, der von Verlangen regiert wird (ohne ihm wirklich unterworfen zu sein). Du kennst die unsterbliche Wahrheit hinter all diesen Erscheinungen. Bewahre dir diese Sichtweise. Sei aktiv in der Welt wie jemand, der vom Verlangen getrieben ist, aber mit einem friedvollen Geist.

UNA 27. Tu so, als empfändest du Freude, Begeisterung, Missbilligung und Eifer. Erfülle die Pflichten dieser Welt, innerlich frei von den unzähligen bindenden Wünschen. Sei allen Lebewesen gegenüber gleich gesinnt und handle wie eine unwissende Person, so wie es die Menschheit erwartet.

V. Lebendig und frei

UNA 28. Wer durch die Erfahrung des Selbst in seinen Natürlichen Zustand wahren Bewusstseins eingetreten und in der Einheit mit der Wirklichkeit immer glücklich ist, wer alle Makel des Geistes losgeworden ist, der sollte als der ungeborene Eine erkannt werden. Er ist der Herr des Gewitters des Selbstgewahrseins, das Feuer des reinen Bewusstseins, der Held, der den Tod besiegt hat, und der Todesgott für die Zeit.

UNA 29. Wie im Frühling die Bäume immer schöner werden, so gewinnt auch der Seher der Wahrheit, der in der Freude an der Seligkeit des Selbst zufrieden ist, an Licht, Kraft und Verstand.

UNA 30. Wie ein Mensch einer Geschichte nicht wirklich zuhört, weil er mit den Gedanken ganz woanders ist, so wird der Weise, der ohne einen geistigen Makel handelt (durch dieses Handeln) nicht zum Täter. Ist der Geist dagegen von den weltlichen Makeln erfüllt, dann handelt der Mensch auch, wenn er (äußerlich) nicht handelt. Ein Träumer fällt von der Bergspitze in einen Abgrund, obwohl sein Körper unbewegt (in seinem Bett) liegt!

UNA 31. Wie für jemand, der in einem Wagen schläft, die drei Zustände (des Wagens), nämlich wenn er sich bewegt, wenn er irgendwo anhält und wenn die Pferde ausgespannt sind, dasselbe sind, so sind für den Weisen, der im Selbstgewahrsein im Körper (Wagen) schläft, die drei Zustände, nämlich der Zustand des tätigen Körpers, der seiner Untätigkeit im *Samadhi* und der im Schlaf alle dasselbe.

UNA 32. Der friedvolle und zeitlose Zustand des Weisen, Wach-Schlaf genannt, welcher für jene, die im grausamen Kreislauf von Wachen, Traum und traumlosem Schlaf leben, der „Vierte Zustand" genannt wird, ist der einzig wirkliche. Die drei anderen sind lediglich falsche Erscheinungen. Deshalb nennt der Weise diesen Zustand, der reines Bewusstsein ist, den Zustand des transzendenten Seins.

UNA 33. Den Begriffsstutzigen wird gesagt: „Die zukünftigen Handlungen des Weisen und jene, die zurückbehalten werden, gehen verloren, aber nicht jene, die bereits begonnen haben, Früchte zu tragen." Aber wie keine von mehreren Frauen beim Tod des gemeinsamen Ehemanns der Witwenschaft entkommt, so gehen alle drei Arten des Handelns (Karmas) verloren, wenn der Handelnde (das Ich) stirbt.

VI. Erkenntnis ohne Erfahrung

UNA 34. Menschen mit wenig Buchgelehrsamkeit haben nur eine Familie, die aus Frau, Kindern und anderen bestehen. Aber kluge und gelehrte Menschen haben viele Familien in ihrem Herzen, nämlich Bücher, die ihre spirituelle Anstrengung behindern. Wie können sie Befreiung finden?

UNA 35. Wenn ein Gelehrter nicht versucht, die Schrift des Schicksals durch die Frage: „Woher kommt dieses ‚Ich', das gelehrt ist?' auszulöschen, was ist er dann anderes als ein Grammophon, oh Arunachala?

UNA 36. Jene Krankheiten, die den Gelehrten befallen, der keinen Geistesfrieden erlangt, existieren für den Ungebildeten nicht. Er wird vom Dämon Stolz nicht befallen. Er muss seine Stimme nicht erheben und sich geistig nicht anstrengen, noch muss er auf der Suche nach Ehre umherwandern. Wisse, dass er nicht nur von einer Krankheit, sondern von vielen bewahrt bleibt.

UNA 37. Selbst jenen, die die ganze Welt als wertlos betrachten und alle Geheimnisse der heiligen Überlieferung in Händen halten, gelingt es nicht, der Knechtschaft der Dirne „Lob" zu entkommen.

UNA 38. Was gibt es anderes als das Selbst? Was spielt es schon für eine Rolle, wenn jemand etwas über dich sagt, sei es Lob oder Tadel? Es ist für den Weisen, der fest in seinem dauerhaften, unumkehrbaren Natürlichen Zustand der Seligkeit gegründet ist und keinen Unterschied zwischen sich und anderen sieht, wie wenn er selbst es sagen würde.

UNA 39. Meditiere immer über die Wahrheit, die ohne ein Zweites ist, versuche aber niemals, die Lehre der Nicht-Zweiheit im weltlichen Leben anzuwenden, mein Sohn. Meditiere über diese Wahrheit, als beträfe sie das ganze Weltall, aber tue das nie in Bezug auf den Guru.

VII. Die Lehre zusammengefasst

UNA 40. Ich lege nun unmissverständlich das tiefgründige Geheimnis, das die höchste Essenz der Folgerung der Upanishaden ist, dar. Verstehe, dass wenn das Selbst durch den Tod des Ichs als die Wirklichkeit verwirklicht ist, nur dieses eine wahre Selbst bestehen bleibt, das reines Bewusstsein ist.

LAKSHMANA SARMAS KOMMENTAR ZU DEN VIERZIG VERSEN

Der erste Einleitungsverses meint kurzgefasst folgendes: Der Geist selbst ist Bindung. Indem man den Geist in seiner Quelle, dem wahren Selbst, auflöst, erlangt man seinen eigenen natürlichen Seins-Zustand als das wahre Selbst, und das ist Befreiung.

Dieser erste Satz erklärte der Meister folgendermaßen: „Jeder ist sich zweier Dinge bewusst, nämlich seiner selbst als der Seher und der Welt, die er sieht. Er nimmt an, dass beides wirklich ist. Aber nur das ist wirklich, was immer existiert. Wenn man diese beiden Dinge, den Seher und das Gesehene, nach dieser Norm beurteilt, sind beide unwirklich. Beides erscheint nur zeitweise. Sie sind nur im Wachen und im Traumzustand da. Im Zustand des Tiefschlafs hören sie auf zu erscheinen. Das heißt, sie erscheinen immer dann, wenn der Geist aktiv ist, und verschwinden, sobald der Geist nicht mehr arbeitet. Deshalb sind beide nur Gedanken des Geistes. Es muss etwas geben, aus dem der Geist auftaucht und in das er wieder eingeht. Dieses Etwas muss eine dauerhafte, ununterbrochene Existenz haben, das heißt, es muss die Wirklichkeit sein."

Der Meister vermittelt im obigen Vers die grundlegende Lehre der Vierzig Verse, nämlich dass sowohl die Welt als auch die individuelle Seele unwirkliche Erscheinungen sind, die aus einer Quelle, der Wirklichkeit, auftauchen. Sie sind wie die eingebildete Schlange, die man in einem Seil sieht. Das ist die Bedeutung des ersten Satzes: „Kann es ein Seinsempfinden geben, ohne etwas, das existiert?"

Dann taucht die Frage auf: Erscheint diese Wirklichkeit aus sich selbst heraus oder anderswie? Dinge, die kein Bewusstsein haben, erscheinen nicht aus eigener Kraft. Sie treten durch etwas anderes in Erscheinung. Nur Bewusstsein erscheint aus sich selbst heraus. Somit lautet die Frage, ob die Wirklichkeit Bewusstsein ist oder etwas anderes. Die Antwort darauf gibt der zweite Satz: „Ist das wahre Bewusstsein etwas anderes als Das?" Daraus folgt, dass die Wirklichkeit selbst Bewusstsein ist.

227

Es kann folgende Frage gestellt werden: Warum sollte man die Wirklichkeit als Bewusstsein beschreiben und nicht als bewusst? Die Antwort darauf lautet: Der Geist ist bewusst, aber sein Bewusstsein ist nicht beständig. Im Tiefschlaf verliert er das Bewusstsein. Wenn die Wirklichkeit nur bewusst wäre und nicht Bewusstsein, wie es hier gelehrt wird, dann wäre sie nicht immer bewusst wie der Geist. Das würde uns dazu zwingen, uns ein anderes, bewusstes Sein vorzustellen, in das sein Bewusstsein eingeht, und so endlos weiter. Endgültigkeit kann es nur in einem Sein geben, dessen Wesen Bewusstsein ist. Deshalb ist es Bewusstsein. Tatsächlich macht sein Sein als Bewusstsein seine Wirklichkeit aus.

Diese Lehre wird folgendermaßen bestätigt: Die Welt und derjenige, der sie sieht, sind nur Gedanken des Geistes. Der Geist ist unwirklich, weil er nicht ununterbrochen existiert. Aber obwohl er unwirklich ist, ist er bewusst. Es ist sein Bewusstsein, das dem Geist den Anschein von Wirklichkeit gibt. Aber dieses Bewusstsein ist nicht sein eigenes, sondern gehört seiner Quelle. Diese Quelle muss zwangsläufig Bewusstsein sein, da sie sonst nicht die Quelle des Bewusstseins des Geistes sein könnte. Da der Geist die Welt enthält, kann die Welt keine eigene Quelle haben. Um dieses Bewusstsein, das die einzige Wirklichkeit ist, davon zu unterscheiden, nennt man es „reines Bewusstsein".

Der Begriff „wahres Bewusstsein" drückt es noch genauer aus. Was wir die „Seele" nennen, ist lediglich der Seher der Welt, der unwirklich und nur ein Gedanke des Geistes ist. Andererseits ist das Selbst eine unbestreitbare Wirklichkeit. Deshalb ist diese sogenannte Seele nicht das Selbst. Was ist dann das Selbst? Es muss das wahre, das reine Bewusstsein sein, das die Quelle beider, der Welt und des Sehers, ist.

Die Vierzig Verse sagen uns, dass es so ist. Das wahre Selbst, das sich vom falschen Selbst, der persönlichen Seele, unterscheidet, ist dieses reine Bewusstsein, das allein wirklich ist. Deshalb sind wir in unserem wahren Wesen nicht endlich und gebunden. Wir sind diese transzendente Wirklichkeit. Bindung und Leiden sind Täuschungen, die im Geist in Erscheinung treten.

Da taucht die Frage auf: Warum sind wir uns nicht bewusst, dass wir dieses reine Bewusstsein, das ohne Geist und Welt ist, sind? Warum haben wir die falsche Vorstellung von uns, endliche Selbste in dieser vielfältigen Welt zu sein? Die Antwort wird im ersten Teil des dritten Satzes gegeben: „Da Das (die Wirklichkeit) ohne Gedanken im Herzen wohnt."

In unserem gegenwärtigen Zustand als endliche Selbste, die mit dem Geist verbunden sind, wird das Licht des Bewusstseins, das die Wirklichkeit ist, von den Wolken der Gedanken, die im Geist vorüberziehen, verborgen. Man kann sagen, dass der Geist selbst die Wirklichkeit verhüllt, weil er nichts anderes als die Gedanken ist. Unwirklich, wie der Geist ist, hat er die Kraft, wirksam die Wirklichkeit, aus der er seine Existenz und sein Bewusstsein bezieht, zu verbergen, wie die unwirkliche Schlange das Seil verbirgt, das als Schlange gesehen wird. Wie das Seil solange nicht als Seil gesehen werden kann, als es als Schlange gesehen wird, kann auch die Wirklichkeit nicht als das, was sie wirklich ist, erscheinen, solange es fälschlicherweise als die Welt der Selbste und Objekte gesehen wird. Aber wenn diese falsche Erscheinung endgültig aufhört – nicht wie im Tiefschlaf, sondern wie es bei der Vernichtung des Geistes im Zustand der Befreiung der Fall ist – dann ist die Wirklichkeit in ihrem wahren Wesen als reines Bewusstsein, das das wahre Selbst ist, sichtbar.

Der Geist wird ein- für allemal ausgelöscht, wenn er zu seiner Quelle, zum wahren Selbst durch die Ergründung, die hier gelehrt wird, zurückkehrt. Mit Vorbehalt wird ein hypothetischer Ort, der „Herz" genannt wird, als die Quelle des Geistes erwähnt, um dem Neuling bei der Ergründung zu helfen. Das Herz wird auch mit Vorbehalt als der Wohnort der Wirklichkeit beschrieben, aber dann wird sogleich erklärt, dass die Wirklichkeit selbst das Herz ist, dass es ort- und zeitlos ist.

Kann denn der Geist nicht, ohne dass er sich in der Wirklichkeit verliert, irgendwie Zugang in seine Gegenwart erhalten? Die Antwort wird im dritten Satz gegeben. Es ist das Wesen des Geistes, weiterhin Vielfalt zu erschaffen, da der Geist zwischen dem Seher und dem Gesehenen unterscheidet, d.h. er wird für immer durch seine Kraft der

Selbsttäuschung diese Welterscheinung, die die Wirklichkeit verschleiert, erschaffen. Der Geist widerlegt deshalb die Wirklichkeit in seinem Bemühen, sie zu begreifen. Er kann nicht anders. Das Äußerste, was der Geist tun kann, ist, sich die Wirklichkeit als einen persönlichen Gott vorzustellen, ein Wesen, von dem er annimmt, dass es nicht das kleine Selbst ist. Diesen Gott muss man besitzen und genießen wie die Sinnesobjekte! Aber die Vierzig Verse sagen uns, dass das Selbst die Wirklichkeit ist, weshalb sie so, wie sie wirklich ist, zu keinem Gedanken- und Meditationsobjekt werden kann.

Daraus folgt, dass der Geist sich im Herzen, der Wirklichkeit, verlieren muss, damit sie erstrahlen kann, wie sie wirklich ist. Dieser Zustand der Geist-losigkeit wird hier als die wahre Meditation der Wirklichkeit beschrieben, weil in ihm diese Wirklichkeit in seinem wahren Wesen als das Selbst manifest ist. Dieser Zustand wird Befreiung genannt, denn wenn er einmal erreicht worden ist, kann es kein Aufleben der Ursache der Bindung und des Leidens mehr geben. Dieser Zustand und der Weg, ihn zu erlangen, sind das Thema der Vierzig Verse.

Zweiter Einleitungsvers: Der Meister sagt, dass es nur zwei Wege gibt, den Zustand der Befreiung zu erlangen, nämlich die Ergründung des Selbst und die Selbsthingabe. Die erste Methode ist das Thema des ersten Einleitungsverses, die zweite Methode das des zweiten Einleitungsverses. Durch die Gnade Gottes – der in Wirklichkeit nichts anderes als das Selbst ist, aber vom Unwissenden nur als Gott vorgestellt werden kann – findet der nach Befreiung Suchende heraus, dass diese weltliche Existenz schlecht ist und auch dass seine persönlichen Anstrengungen völlig ungeeignet sind, sie zu überwinden. Deshalb unterwirft er sich Gott und vertraut sich völlig seiner Gnade an. Diese Hingabe führt sicher, wenn auch langsam, zur Vernichtung des Egos und des Geistes im wahren Wesen Gottes, dem wahren Selbst. So überschreitet der Gottliebende die Begrenzungen der weltlichen Existenz.

I. Die Unterscheidung

UN 1: Dieser Vers erklärt den Prozess, das Wirkliche vom Unwirklichen zu unterscheiden. Das wirkliche Selbst wird mit der unbewegten, erhellten Kinoleinwand verglichen, auf der Bilder erscheinen und wieder verschwinden. Es ist zu beachten, dass der Betrachter – jener, der die Welt sieht – selbst eines der Bilder ist und sich somit vom Betrachter einer Kinovorführung unterscheidet.

UN 2: Das Selbst wird vom Ich-Sinn verdeckt, während das Ich als Nennwert genommen wird, nämlich als das kleine Selbst. Das Selbst kann nicht verwirklicht werden, wie es wirklich ist. Deshalb muss man Ichlosigkeit erlangen. Metaphysische Spekulationen über das Selbst sind vergebens.

UN 3: Im Innern liebt jeder den egolosen Zustand, wo das Selbst das ist, was es wirklich ist. Diesen Zustand muss man erlangen, indem man sich von der Welt abwendet. Für einen, der diesen Zustand wirklich erreichen will, sind Diskussionen über die Wirklichkeit der Welt und ähnliches irrelevant. Aber im folgenden Vers wird dieses Thema für die Sucher erläutert, die es nicht vermeiden können, sich diese Fragen zu stellen.

UN 4: Es gibt keine Welt ohne Gestalten, aber die Gestalten erscheinen nur aufgrund des Ich-Empfindens. Sie sind unwirklich, weil das wahre Selbst grenzenlos und somit gestaltlos ist.

UN 5: Die Welt kann nur gesehen werden, wenn man das Selbst mit einem Körper, sei er grobstofflich oder subtil, identifiziert.

UN 6: Die Welt erscheint allein durch den Geist. Deshalb ist sie nichts anderes als die Gedanken.

UN 7: Beides, Welt und Geist, sind unwirklich. Da sie nicht kontinuierlich sind, ist ihre Grundlage, das Selbst, allein wirklich.

UN 8: Die Verehrung des wahren Selbst als Gott ist legitim. Aber da er gestaltlos ist, kann er nie zum Gegenstand von etwas Gesehenem werden. Er kann nur als das Selbst erfahren werden.

UN 9: Etwas Gesehenes beinhaltet die Dreiheit von Seher, dem Gesehenen und dem Akt des Sehens. Aber alle Dreiheiten wie auch alle Zweiheiten sind unwirklich und gehören dem Bereich des Nichtwissens an.

UN 10 bis 13: Daraus folgt, dass die Zweiheit von Wissen und Nicht-wissen auch unwirklich ist und im Natürlichen Zustand, der Befreiung, nicht existiert. Dieser Zustand ist reines, undifferenziertes Bewusst-sein, das die einzige Wirklichkeit ist. Sie wird vom vielfältigen fal-schen Wissen, nämlich der Erkenntnis von Gegenständen, durch Nichtwissen überlagert. Da die Welt nichts anderes als falsches Wissen ist, ist sie als solche unwirklich

UN 14: Die Unwirklichkeit des Vielfältigen dehnt sich auch auf die Vielfalt von Selbsten aus, die der Ich-Geist sich vorstellt.

UN 15: Die Erkundung der Vergangenheit sowie auch die Spekulatio-nen über die Zukunft sind zum Irrtum verurteilt. Sie werden von Men-schen durchgeführt, die weder das Selbst, das immer gegenwärtig ist, erkennen, noch sich darum kümmern, es zu erkennen.

UN 16: Zeit und Raum sind unwirklich.

UN 17 und 18: Die Wirklichkeit (das Selbst) ist unendlich und gestalt-los. Körper und Welt haben davon getrennt keine eigene Existenz. Das bedeutet weder, dass der Körper das Selbst ist, noch dass die Welt wirklich ist in dem Sinn, in dem die Unwissenden sie für wirklich hal-ten.

UN 19: Der Widerspruch zwischen Schicksal und freiem Willen exis-tiert nur für den Unwissenden, nicht für den Weisen, der beides über-schritten hat.

UN 20 und 21: Da Gott das Selbst ist, kann er nicht als ein Objekt ge-sehen werden.

UN 22: Man kann ihn auch nicht richtig erkennen, wenn man ihn als Objekt, das sich von einem selbst unterscheidet, betrachtet.

II. Die Ergründung

UN 23: Es gibt ein wirkliches Selbst, das die Quelle oder der Ursprung des Egos ist. Es ist der Ausgangspunkt der Welterscheinung. Deshalb muss man diese Quelle des Egos suchen und finden.

UN 24: Es gibt keine individuelle Seele, die sich vom Ego unterscheidet.

UN 25: Das Ego ist unwirklich.

UN 26: Wenn das Ego durch die Ergründung beseitigt wird, hört die Welterscheinung von selbst auf.

UN 27: Die Ergründung der Quelle des Egos ist das einzig direkte Mittel, sein eigenes wahres Wesen als die Seele (Soul) zu verwirklichen.

UN 28: Die Ergründung beinhaltet, ins Herz hinabzutauchen mit dem Ziel, die Quelle oder den Ursprung des Egos zu finden.

UN 29: Die Meditation „Ich bin Das" ist nicht die direkte Methode.

III: Die Erfahrung

UN 30: Erklärt, wie die Ergründung zu diesem Zustand führt.

UN 31: Der Weise, der in diesem Zustand ist, hat keine Pflichten mehr zu erfüllen.

UN 32: Der Zustand desjenigen, der weiterhin meditiert: „Ich bin Das", ist ein ganz anderer als der des Suchers, der mithilfe der Ergründung ins Herz hinabtaucht.

UN 33: Der Weise sagt nicht: „Ich kenne mein Selbst."

UN 34: Der Weise hat keinen Glauben und diskutiert nicht darüber. Nur die Unwissenden hängen an ihrem Glauben und lieben es zu diskutieren.

UN 35: Der Zustand des Weisen ist das einzig wahre *Siddhi*, das es gibt.

UN 36: Da er eins mit dem Wirklichen ist, meditiert er nicht über diese Einheit.

UN 37: Diese Einheit besteht nicht erst seit dem Tag der Ergründung, sondern ist ohne Anfang und Ende.

UN 38: Der Weise muss nicht wirklich die Konsequenzen seines Tuns erleiden.

UN 39: Der Weise ist sich keiner Bindung bewusst und deshalb auch keiner Befreiung.

UN 40: Die Frage, ob ein Weiser eine Person mit einer Gestalt ist oder nicht, ist bedeutungslos, da sein ichloser Zustand das Verständnis des Geistes überschreitet.

ANHANG

(Folgender Text besteht aus Auszügen eines Briefes von Swami Tapasyananda von der Sri Ramakrishna Mission. Er wurde zuvor in der Zeitschrift Vedanta Kesari veröffentlicht.)

Der Maharshi imponierte mir als ein seltener Typ Mensch. Ich weiß nicht, ob er ein *Jnani* ist oder was er ist. Denn, wie das Vedanta sagt, kann der *Jnani* nur von einem anderen *Jnani* erkannt werden, und ich bin bestimmt keiner. Aber er ist nicht wie alle anderen, wie jeder spüren kann. Wir kommen heute überall mit Menschen in Kontakt, die nur die Veränderung der Welt und solche Dinge im Sinn haben. Aber hier ist ein Mensch, der sich völlig bewusst ist, wie man es an seinem Verhalten und an seinen Bewegungen sehen kann. Er hat keinen solchen Gedanken. Seiner Meinung nach gibt es nichts, was er insgesamt zum menschlichen Glück beitragen könnte. Er scheint einfach nur zu existieren, ohne auf etwas zu warten, ohne sich über etwas Sorgen zu machen. Als ich ihn beobachtete, wurde ich sehr an die Stelle in der Gita erinnert, die mit „*Udasinavad*" (wie einer, der unbekümmert ist) beginnt.[32] Soweit ich es beobachten kann, zeigt er nicht einmal für den Ashram, der um ihn herum entstanden ist, Interesse. Er sitzt einfach nur da. Die Dinge gehen weiter, Ereignisse geschehen, und andere Menschen gestalten sie. Die einzige Aktivität im Ashram, an der er anscheinend teilnimmt, ist das Kochen. Er schneidet das Gemüse in der Küche, und wenn etwas Besonderes gekocht werden soll, bereitet er an diesem Tag einige Gerichte zu. Würzen und anderes unterliegt seiner Anweisung.

Auch war ich von seiner Stille ergriffen. Wir haben uns im Scherz gefragt, warum angesehene Professoren, die übers Meer gereist sind, nicht ihre vedantischen Vorträge in Stille halten. Aber es gibt jemand, der genau das tut, soweit es seine Lehre des Vedanta betrifft. Als ich ihn bat, mir etwas über Spiritualität zu sagen, war das erste, was er antwortete, dass Stille die höchste Lehre sei! Das Schöne an diesem

---

[32] „Diese Taten binden mich nicht, oh Dhananjana. Wie einer, der unbekümmert ist, bleibe ich von diesen Handlungen unberührt." (Bhagavad Gita 9.9)

Mann ist, dass er sich darin bis zum Äußersten treu bleibt. Seiner Meinung nach hat der Advaitin keine Position zu vertreten und kein *Siddhanta* (Lehre einer Philosophie) darzulegen. Er bedauert, dass heutzutage selbst Advaita zu einem *Siddhanta* geworden ist, was es nicht ist. Es gibt diese Fülle an vedantischer Literatur, weil sie helfen kann, unsere Zweifel zu zerstreuen. Anders ausgedrückt sprechen die Advaitins nur, um einen Zweifel zu zerstreuen, der in ihnen oder anderen aufsteigen könnte. Unser Heiliger bleibt sich darin treu. Meistens schweigt er und spricht nur wenig, wenn er zu einem Thema gefragt wird. Natürlich macht er Scherze und spricht gelegentlich auch über andere Dinge, aber er hat keine dogmatische Lehre des Vedanta zu verkünden.

Er erzählte mir, er sage zu jedem, der das Advaita interpretiere: „Ja, ja!", selbst zu dem, was seine Schüler in ihren Büchern unter seinem Namen veröffentlichen. Als ich ihn fragte, wie weit die Vorstellungen eines Buches, das ich hier im Bücherladen gekauft hatte, seine Lehre wiedergebe, sagte er, dass das schwer zu beurteilen sei, da er keine festgefügte Lehre habe.[33] Wie die Leute es verstanden haben, so haben sie es niedergeschrieben, und einige ihrer Ansichten mögen richtig sein. Er selbst, so hat er gesagt, empfinde überhaupt keinen Plan und keine Neigung, ein Buch zu schreiben. Aber weil einige Leute ihn angefleht hätten, hätte er einige Verse geschrieben. Er erzählte mir, dass er oft von den Menschen belästigt werde, die daran Gefallen finden, seine Verse in diese und jene Sprache zu übersetzen und ihn bäten zu prüfen, ob ihre Übersetzung richtig sei.

So bleibt der Maharshi meist still. Die Leute kommen, verneigen sich, setzen sich für einige Minuten oder Stunden vor ihn hin und gehen wieder, vielleicht ohne ein einziges Wort mit ihm zu sprechen! Ich hege meine eigenen Zweifel, inwieweit die Leute von dieser Lehre durch Schweigen profitieren. Aber sie kommen von weit her, um seine

---

[33] s.a. Talk 107 in den Gesprächen mit Ramana Maharshi, in dem er sagt, dass sich die Lehren und Anweisungen je nach dem Temperament des Einzelnen und seiner spirituellen Reife unterscheiden müssen. „Es kann keine Belehrung der Masse geben."

stumme Beredsamkeit zu hören, und kehren zufrieden nach Hause zurück.

Obwohl er nur wenig spricht, ist es sehr aufschlussreich, sein Gesicht und seine Augen zu beobachten. Es gibt an seiner Persönlichkeit nichts besonders Einnehmendes, aber seine Augen strahlen Intelligenz und gelassene Ruhe aus, was einmalig ist. Sein Körper ist fast bewegungslos, außer wenn er gelegentlich seine Position ändert oder sich an diesem heißen Ort den Schweiß von der Stirn wischt. Ich habe sein Gesicht sorgfältig beobachtet. Er zwinkert selten mit den Augen und gähnt nie. Ich sage das, um aufzuzeigen, dass ich ausreichend davon überzeugt bin, dass seine fehlende Aktivität nicht auf Trägheit beruht.

Das Dritte, was mir an ihm imponiert, ist das völlige Fehlen jeder Eitelkeit oder Selbstgefälligkeit. Außer dass er nur ein Lendentuch trägt, wäre ein Besucher nicht in der Lage, Ramana Maharshi aus der Menge herauszufinden. Er isst dasselbe wie jeder. Es gibt keinerlei zusätzliches Gericht für ihn. Ich habe bemerkt, dass er im Gespräch auch das erste Personalpronomen benutzt, ungleich einiger anderer Vedantins, die „er" und Dinge dieser Art sagen, wenn sie sich meinen. Ich erwähne das, um zu zeigen, wie schlicht er ist. Ich bin davon überzeugt, dass sein Schweigen nicht dazu dient, die Leute von sich fernzuhalten. Wenn er dieses Schweigen bricht, wie er es tut, wenn ihm eine Frage gestellt wird, ist er der herzlichste und freundlichste aller Menschen.

Er macht zwischen den Menschen keinen Unterschied, was ihre Wohlhabenheit oder Stellung in der Gesellschaft angeht. Ich sah Bauern und Herren in Autos kommen. Er grüßt sie mit derselben Stille. Sie alle sitzen auf dem Boden und erhalten dieselbe Gastfreundschaft. Der Maharshi lässt sich nicht davon beeinflussen, ob der Ashram durch die besondere Behandlung reicher Menschen Geld erhalten könnte.

Ich blieb drei Tage lang im Ashram. Der Maharshi hat mit mir sehr freundlich gesprochen und freimütig verschiedene Fragen beantwortet, die ich ihm stellte. Obwohl die Art seiner Antwort mich nicht so beeindruckte, wie ich erwartet hatte, waren seine Gedanken immer klar, prägnant und frei von allen beschränkten Vorstellungen. Obwohl er nicht viel gelesen hat, wie er mir in irgendeinem Zusammenhang sagte, besaß er doch ein gutes Verständnis von allen schwierigen Punkten im Vedanta.

Mein Eindruck ist folgender: Ob er nun ein *Jnani* oder etwas anderes ist, weiß ich nicht mit Bestimmtheit. Aber ich bin davon überzeugt, dass er eine liebenswerte Person ist, die allen Dingen indifferent gegenübersteht, die nichts für sich zu gewinnen hat, die immer wachsam ist, auch wenn sie versunken zu sein scheint, und von der man sagen kann, dass sie völlig frei von Gier und Eitelkeit ist. Ich glaube, dass ich in ihm eine einmalige Persönlichkeit getroffen habe.[34]

---

[34] Das sind nach der alten Überlieferung die Merkmale eines *Jnani*, eines vollkommenen Weisen. (Anmerkung von K. Lakshmana Sarma)

LITERATURVERZEICHNIS

Ebert, Gabriele: Ramana Maharshi und seine Schüler: Band II. – Norderstedt: BOD, 2017 (enthält einen Artikel über K. Lakshmana Sarma)

K. Lakshmana Sarma: Revelation (Sri Ramana Hridayam). – Tiruvannamalai: Sri Ramanasramam, 1991

K. Lakshmana Sarma: Guru Ramana Vachana Mala. – 3rd ed. – Tiruvannamalai: Sri Ramanasramam, 1967

Muruganar: Guru Vachaka Kovai – The Garland of Guru's Sayings. – Tiruvannamalai: Sri Ramanasraman, 2007

Ramana Maharshi: Die Gesammelten Werke. – Norderstedt: BOD, 2016 (enthält u.a. Ulladu Narpadu mit Anubandham, Upadesa Saram und Arunachala Akshara Manamalai)

Ramana Maharshi: Über die Wirklichkeit: Vierzig Verse mit Ergänzungsversen (Ulladu Narpadu mit Anubandham). – 3. Aufl. – Norderstedt: BOD, 2015